逐梦自由贸易港

我在海南的33年

迟福林 著

中国社会科学出版社

图书在版编目（CIP）数据

逐梦自由贸易港：我在海南的 33 年 / 迟福林著 . —北京：中国社会科学出版社，2021.6
ISBN 978 - 7 - 5203 - 8430 - 8

Ⅰ.①逐⋯　Ⅱ.①迟⋯　Ⅲ.①自由贸易区—经济建设—研究—海南　Ⅳ.①F752.866

中国版本图书馆 CIP 数据核字（2021）第 080594 号

出 版 人	赵剑英
策划编辑	喻　苗
责任编辑	范晨星
责任校对	闫　萃
责任印制	王　超

出　　版	中国社会科学出版社
社　　址	北京鼓楼西大街甲 158 号
邮　　编	100720
网　　址	http://www.csspw.cn
发 行 部	010 - 84083685
门 市 部	010 - 84029450
经　　销	新华书店及其他书店
印　　刷	北京明恒达印务有限公司
装　　订	廊坊市广阳区广增装订厂
版　　次	2021 年 6 月第 1 版
印　　次	2021 年 6 月第 1 次印刷
开　　本	710×1000　1/16
印　　张	26.25
字　　数	294 千字
定　　价	98.00 元

凡购买中国社会科学出版社图书，如有质量问题请与本社营销中心联系调换
电话：010 - 84083683
版权所有　侵权必究

前　言

2018年4月13日下午，我在海南建省办特区30周年庆祝大会现场聆听了习近平总书记的重要讲话。当听到总书记宣布在海南建设中国特色自由贸易港时真的很激动。在会后央视《新闻联播》的采访中，我没想到自己会为此哽咽。30多年来，海南不断探索走向大开放，我也一直为此建言。海南自由贸易港终于落地海南。真的，不能不激动，甚至一时难以控制自己的情绪。

作为成长于改革开放年代的一代人，我深深感受到改革开放是决定当代中国命运的关键抉择。这几十年，我不能不将自己的思想、行动甚至一生与改革开放联系在一起。自1987年12月踏上海南，我就深深爱上了这一片热土。回想建省之初按照中央的战略意图，海南上上下下、风风火火地研讨特别关税区（也就是今天所说的自由贸易港），后来由于种种因素错失了历史机遇。30年后的今天，期望终于落地。建设海南自由贸易港，需要脚踏实地，需要久久为功、不懈努力，更需要方方面面的积极参与。

作为长期在海南工作、生活的学者，在直面和研究建言海南自由贸易港建设中，我感到更多的是责任和压力。我萌生了要撰写一部讲述自己33年来参与和研究从特别关税区到自由贸易港全过程一书的想法。我想，这是一名亲历者难辞的责任。希望借由此书，记录改革开放背景下海南探索大开放的历史进程，使大家了解回顾这段历史，从而倍加珍惜建设海南自由贸易港这一重大历史性机遇。

本书分为总论和上中下三篇；总论是"痴心热土　探索大开放"，概要讲述个人亲历海南33年从探索特别关税区到研讨自由贸易港的过程；上篇为"研讨特别关税区始末"，主要忆述1987—1993年研讨特别关税区的那段历史；中篇为"从国际旅游岛到自由贸易港的探索过程"，主要讲述我和我的同事从20世纪90年代中后期到2018年"4·13"重要讲话前的研究和思考；下篇为"建言海南自由贸易港"，简要讲述我对习近平总书记关于推进海南自由贸易港建设重要指示的理解及自己这几年的相关思考与研究。

本书是我个人亲历海南33年的回忆，难免有某些不准确、疏漏之处。在写作过程中，我尽可能客观讲述。我担任省委政研室、省体制改革办公室主要负责人期间组织汇编的《海南社会主义市场经济体制的基本实践》（10册）、《方针政策　法规　战略——关于海南建省、办大特区文件资料汇编》（4册），以及中改院建院初期出版的若干期《简报》，成为写作中的重要参考资料。本书还参阅了相关史志、回忆录、报道等。希望本书成为研究海南探索大开放这段历史的参考。

我的同事陈薇、甘露、郭达、郭文芹、陈所华为此书的整理做了大量细致的工作；回亮、张飞、方栓喜、马禹、范诗雯等参与本书的资料搜集等相关工作；中国社会科学出版社对本书的出版给予大力支持，在此一并表示感谢！

作为一个有50多年党龄的党员，谨以此书向党的百年华诞献礼！

迟福林

2021年5月1日

目　录

总论　痴心热土　探索大开放 ………………………………（1）
一　我为什么来海南 ………………………………………（2）
二　研讨海南特别关税区的日日夜夜 ……………………（13）
三　我为海南自由贸易港而哽咽 …………………………（22）
四　为海南自由贸易港出力，值！…………………………（34）

上篇　研讨特别关税区始末

一　第二关税区的提出 ……………………………………（47）
　（一）海南岛好好发展起来是很了不起的 ………………（48）
　（二）提出建立第一个社会主义自由贸易区 ……………（57）
　（三）在实践中准备条件 …………………………………（61）
　（四）设立第二关税区写入第一次省党代会
　　　　报告 ……………………………………………………（69）
二　省委集中研讨特别关税区 ……………………………（77）
　（一）成立特别关税区研讨小组 …………………………（78）

（二）首份《关于建立海南特别关税区的请示》
　　　　出炉 ·· (81)
　　（三）提出海南特别关税区的第二种方案：发行
　　　　海南特区货币 ······································ (88)
　　（四）东南亚考察见闻：金融资本、实业财团
　　　　纷纷表态 ·· (90)
　　（五）腊月二十八赶到北京送请示 ················ (96)
　　（六）形势变化后提出上中下三种方案 ········· (100)

三　研讨特别关税区——中改院成立的第一件事 ········· (114)
　　（一）1991年11月1日中改院成立 ················ (114)
　　（二）建院当天高规格研讨特别关税区 ········· (119)
　　（三）北京人民大会堂召开特别关税区研讨会 ······ (126)
　　（四）海口召开特别关税区国际咨询会 ········· (139)

四　南方谈话后海南掀起"再造香港"热潮 ··············· (146)
　　（一）贯彻南方谈话的十二条意见 ················ (147)
　　（二）特别关税区不是搞不搞，而是加快搞！ ······ (148)
　　（三）向中央的第二次请示 ·························· (149)
　　（四）特别关税区研讨被叫停 ······················· (151)

中篇　从国际旅游岛到自由贸易港的
　　　　探索过程

一　提出琼台农业项下自由贸易的建议 ················ (157)
　　（一）用20年时间赶上台湾就是很大的胜利 ········ (158)

（二）建省初期琼台经济合作一度成为热潮 ………… (161)
（三）琼台农业合作交流频繁 …………………… (163)
（四）多次主持召开琼台经济合作研讨会 ………… (165)
（五）"实行琼台农业项下自由贸易"建议引起
　　　两岸多方关注 ……………………………… (172)
（六）加入WTO后的琼台经济合作 ……………… (176)

二　关于建立洋浦自由工业港区的建议 …………… (178)
（一）洋浦：建设特区中的特区 …………………… (179)
（二）突如其来的"洋浦风波" ……………………… (185)
（三）中国首例外商投资成片开发区诞生 ………… (193)
（四）洋浦模式的历史终结 ………………………… (199)
（五）洋浦产业定位：油气综合加工业 …………… (204)
（六）建立洋浦自由工业港区 ……………………… (206)

三　国际旅游岛上升为国家战略 ……………………… (215)
（一）低潮中的海南出路何在：从区域开放
　　　转向产业开放 ……………………………… (215)
（二）产业开放的突破口何在 ……………………… (218)
（三）建言国际旅游岛 ……………………………… (220)
（四）海南国际旅游岛正式获批 …………………… (222)

四　建言全岛设立自由贸易港 ………………………… (229)
（一）从产业开放走向区域开放：打造国际
　　　旅游岛升级版 ……………………………… (229)
（二）而立之年的海南：建立自由贸易港的
　　　战略选择 …………………………………… (236)

（三）彻夜未眠，聚焦海南自由贸易港方案
选择 ·· (239)

（四）忧心忡忡，主动建言 ·· (243)

下篇　建言海南自由贸易港

一　一锤定音·建设中国特色自由贸易港 ······················ (254)
　　（一）梦想变现实，新闻联播忍不住哽咽 ···················· (254)
　　（二）向省长表态，一定竭尽全力 ····························· (256)
　　（三）理论探讨与争鸣 ··· (261)

二　为《总体方案》落地建言 ··· (277)
　　（一）面对多方质疑，呼吁尽快出台海南自由
　　　　贸易港总体方案 ··· (278)
　　（二）2018年最后一天形成《海南自由贸易港
　　　　初步设想》 ·· (282)
　　（三）在海南全面深化改革开放专家座谈会上
　　　　建言 ·· (286)
　　（四）我对《总体方案》的学习理解 ··························· (289)

三　为自由贸易港建设重大问题建言献策 ······················· (297)
　　（一）以特别之举办特别之事：实行特殊的行政
　　　　体制安排 ·· (298)
　　（二）为海南自由贸易港立法建言 ····························· (309)
　　（三）疫情中建言以打造"健康海南"王牌形成
　　　　自贸港开局新亮点 ·· (325)

（四）与企业、社会交流的几件事 …………………（332）

四　海南自由贸易港是一篇战略大文章 ………………（337）
　　（一）如何理解这一国家重大战略？ ………………（338）
　　（二）构建"泛南海经济合作圈" ……………………（343）
　　（三）加强海南自由贸易港与东南亚国家交流
　　　　　合作 ……………………………………………（347）

五　主动有为，跳出海南发展"怪圈" …………………（352）
　　（一）自由贸易港是一篇大文章，不能做小了 ……（352）
　　（二）自由贸易港是一篇长文章，不要做短了 ……（358）
　　（三）自由贸易港是一篇实文章，不要做虚了 ……（360）
　　（四）自由贸易港是一篇好文章，不要做歪了 ……（361）
　　（五）几点建议 …………………………………………（363）

六　我参加"4·13"的三次活动 ………………………（364）
　　（一）主持中改院主办的习近平总书记"4·13"
　　　　　重要讲话三周年研讨会 ……………………（364）
　　（二）参加海南自由贸易港咨询委员会咨询座谈会 …（373）
　　（三）参加海南省高法座谈会 …………………………（376）

七　如何客观总结海南三年来的重要变化 ……………（377）
　　（一）确定了发展方向、找对了发展路子 …………（378）
　　（二）内外投资者的高度关注 …………………………（379）
　　（三）形成了上上下下支持海南自由贸易港
　　　　　建设的氛围 ……………………………………（380）

八　连续20年参加博鳌亚洲论坛年会 …………………（380）
九　我对海南自由贸易港的未来充满信心 ……………（390）

（一）未来的海南开放水平是最高的 …………………（391）
（二）以服务贸易为主导的海南产业发展前景
　　 广阔 …………………………………………………（397）
（三）海南会成为营商环境最好的地区之一 …………（403）

结　语 ………………………………………………………（407）

总论　痴心热土　探索大开放

2018年4月13日，习近平总书记在庆祝海南建省办经济特区30周年大会宣布支持海南逐步探索、稳步推进中国特色自由贸易港建设。2020年6月1日，中央公布了《海南自由贸易港建设总体方案》。海南建省办经济特区33年来，走向大开放始终是海南改革发展的主线。从探索研讨特别关税区到建设自由贸易港，海南是我国改革开放的一个历史缩影。作为从研讨海南特别关税区到推进海南自由贸易港建设的亲历者、见证者，我感到有必要、有责任把这一段珍贵历史记述下来。希望这本书能向读者展示海南不懈探索大开放的历史进程：昨天我们怎样走过，今天我们如何把握，明天我们如何展望，从而把握历史机遇、凝聚信心、奋勇向前，实现中央提出的"将海南自由贸易港打造成为引领我国新时代对外开放的鲜明旗帜和重要开放门户"的战略目标。

◇ 一　我为什么来海南

1987年年底，我作为第一个从中央机关下派到海南的干部。原本计划在海南只工作2年，没想到一晃儿就是33年。时间过得这么快，过程也这么坎坷。刚到海南时，有人不理解："你为什么要来海南？"当然，近两年也有人问我："你怎么那么有眼光，选择了海南！"

我为什么来海南？为什么选择海南？成长在改革开放的年代，我亲身感悟"改革开放决定国家未来"。鉴于此，我将投身改革开放事业作为自己终生奋斗的目标，并选择海南这片改革开放热土，为之竭心尽智。家国情怀、执着精神，成为我们这一代人献身改革开放伟大事业的精神支柱。

1. 成长于改革开放年代，投身改革开放事业

1951年，我出生于黑龙江省肇东市。与共和国几乎同龄的我，切身经历了曲折坎坷岁月，又有幸见证了改革开放给国家带来的翻天覆地的变化。这些经历都深深刺激了我、感染了我。令我感触最深的是，改革开放没几年，基本上解决了老百姓吃不饱饭的问题。正是在这样一个变革的年代，我亲身感受到改革开放给国家与民族自强、给老百姓生活水平带来的巨大变化。正是基于此，自觉参与改革、奉献改革，不仅成为我几十年来的主要工作，而且成为我一生孜孜不倦的追求。

1968年1月，我参军入伍，成为沈阳军区一名学习外语的学员。在那个年代，能在部队里学习外语，是一种幸运。1970年12月，我告别了之前的工作岗位，到部队政治处担任新闻宣传干事，1971年年初被送到《旅大日报》（也就是现在的《大连日报》）学习半年。从山沟里出来的我，开始真正地接触新闻、接触社会，开始了对国家命运、对社会未来的思考。

1976年10月，我从沈阳军区调入国防大学（当时称"军政大学"）。由于我学过两年日语，被分到了外国军队战略教研室。这个教研室在当时可是个热门的"香饽饽"。虽然外军教研室很吃香，但"文化大革命"结束后，我一直在思考，国家百废待举，需要变革。我意识到自己应当从事现实问题研究。从这一点看，可以说我得到了时代给予的一个机会。

1976年10月，从沈阳军区调入军政大学（现为国防大学）在京留影

在我的一再请求下，在外军教研室待了半年后，我被调到政治部当宣传干事，后来又到马列教研室当教员，开始系统学习研究科学社会主义。这段时期，我迸发出极大的学习热情。国防大学的同事说，"小迟的办公室总是灯亮到深夜"。经历了"文化大革命"，我感到耽误了太多学习时间，不得不争分夺秒！

1979年下半年，我有幸进入北京大学进修，开始了在北大国际政治系为期一年半的学习生活。能得到这个机会，个中苦辣此不细说，但我真是倍加珍惜，拼了命地学习。我是穿着军装、以进修教师的身份来到北大的，在国际政治系主要跟78、79级两个班。北大的百家争鸣、兼容并包，给了我很深的思想启蒙。在北大国际政治系老师的支持下，一年半的时间，我除了完成本专业课程之外还跨了哲学系、经济系，考了18门课程，又在半工半读的情况下用了半年时间通过了其余6门课程的考试。后来，北大破格给我颁发了本科同等学力证书。

1984年，我考入中央党校攻读研究生。记得刚入校两个月即当年"十一"后，中央党校召开了一次关于改革开放的理论研讨会。会上，王珏教授（著名经济学家，中央党校特级教授、中央党校研究生院博士研究生导师）发表演讲，我作为学员代表也做了发言。我的发言引起了大家的议论，经整理后发言稿在中央党校校刊上发表。会后，王珏老师找到我，希望我多关注经济改革问题的研究。后来我被推选为中央党校理论部学术组组长，开始重点探讨和研究改革问题。

通过前期在部队和北大学习时的思考和积淀，到了中央党校学习以后，我的角色似乎一下子就变了，与其说是学生，不如说是冲在改革前线的一名战士，对改革的研究开始起航。从那时起，我开始专注于经济改革的一些重大理论问题研究。在这一时期，老一辈经济学家的严谨治学对我影响深远。比如，王珏教授关于商品经济的理论、关于重建个人所有制的理论、关于股份合作制的理论研究，都给我很大的启示。也是从那时起，我开始学习研究邓小平改革思想，在中央党校积极开展改革相关的讲座和改革研讨等。记得一个晚上我作的改革专题讲座，场面十分火爆，听讲座的人络绎不绝，有的领导干部没有座位就坐到水泥台阶上。

在改革开放的年代成长，经历了艰难曲折的求学之路，在中央党校学习的我，找到了自己人生事业的方向和志趣。经历过吃不饱饭、捡粪拾柴的年代，经历过"文化大革命"的动乱，尤其是经历了改革开放的历史性伟大转折，深切感受到改革开放来之不易，感受到改革开放的艰难、复杂，感受到只有改革开放才能发展中国，只有改革开放才能使国家强大。因此，我从30多岁起到今天从事改革研究近40年来，从未懈怠过。中央党校的一位老领导曾鼓励我："福林，做改革开放的研究，就是给老百姓做最大的善事。"我的一生、我的追求、我的行动也与改革开放紧紧联系在一起。

2. 在中央机关了解中央建省办特区战略意图

1986年10月初，我还在中央党校读书时，接到中央通知，抽调我到中央政治体制改革研讨小组办公室做改革研究工作。有了前期的铺垫和准备，一下子研究视野全面打开，开始了国家层面的经济与行政体制改革研究。

放眼我国改革开放的历史进程，海南的改革开放是在20世纪

80年代我国改革开放向纵深推进的大背景下起步的。海南这一"更大的特区"的建立，是邓小平同志着眼于我国改革开放全局布下的一颗重要棋子。邓小平同志作为我国改革开放的总设计师，开发建设海南岛的战略思想是早已形成并不断发展的，从创办"更大的特区"、开创"很了不起"的事业到实现"很大的胜利"，是深思熟虑、精心构想的一个杰作。实现邓小平同志办好海南"更大的特区"的战略构想，完成这一项"很了不起"的伟大事业，出路在于尽快建立起一个符合国际惯例的、高度开放的市场经济体制模式。

大概是1987年10月底左右，中央政治体制改革研讨小组办公室领导向我讲述了一件事情。中央要开一次财经领导小组会议，请我所工作的办公室提出一份材料，即按照邓小平同志的战略意图，海南经济特区应该怎么办？办公室提出的一个思路建议是，在海南建立世界第一个社会主义自由贸易区。据我所知，会议邀请了海南建省筹备组主要负责人许士杰和梁湘同志列席。正好，他们就住在我们办公所在的中央办公厅厂桥招待所。针对"建立社会主义自由贸易区"，产生了一个"先喝'洋奶'还是先喝'娘奶'"的讨论。会上，梁湘同志担心，能不能请专家先做个讨论研究。他担心的是，海南基础设施相当落后，如果很快把海南推向国际市场，"一线放开，二线管住"，会不会外来资本一时进不来，国内投资者又受到限制。

3. 许书记请我来海南

1987年11月的一天，许士杰同志在京找到我，"福林同志，海南要办大特区了，要搞自由贸易区了，怎么样？你来跟我一起干几年好不好？"我回答他："许书记，我还穿着军装。"他说："这有什么呢？你要是同意，我找你们领导说！"我说许书记您不用去找，我去找领导当面汇报。我向他表了态："许书记，请让我考虑。如果我决定了，我会下决心跟着你。"

当时，我感到海南马上要成为改革开放的一片大热土，充满着希望，但我又有点犹豫。因为这个时候我还穿着军装，还在中央机关工作。这是一个临时机构，不是常设机构。所以，到底去不去，成为摆在我面前的一道选择题。后来，我去找了办公室领导，跟他汇报了我的想法。他问我："你是不是下决心了？"我说："我下了决心了。"他又问我："你对海南有多少了解啊？"我说："我了解得很少。"他不吱声，"你再仔细考虑考虑吧"。

10月25日至11月1日，党的第十三次全国代表大会在北京召开。党的十三大结束后，11月9日晚，受中央领导委托，中央办公厅主任在人民大会堂宴请十三大报告起草组同志，为党的十三大顺利召开举杯。没想到，席间我的领导向大家当场宣布，"迟福林要到海南去了，两年后必须回来！"

我还记得，晚宴上宣布这件事情后，中办领导拉着我，说"福林同志，你一会儿有事儿没有？怎么样，陪着我去打会儿乒乓球"。没打两下，他对我说："福林同志，刚才宣布这个事儿，你真的想好了吗？"我说："我本来是征求他意见，我没想到他直接宣布了，既然这样，我就坚定地去。"他接着说："我建议你仔细考虑一下。你现在的工作单位目前还是一个临时机构，你还是个军人。尽管你是代理组长，但是职务还没有解决啊。"我说："我

1987 年 10 月 28 日，出席党的十三大代表、海南建省筹备组组长许士杰（前右）在北京人民大会堂举行座谈会，介绍海南岛的资源和开发情况并回答记者的提问

就不想这么多了，既然已经宣布了，我就去吧，就去两年。"他说："你真的下决心了？"我说："我真的下决心了！"

30 多年后回想起那个晚上，我充分理解和感恩这位领导的好意。直到今天，我也感谢他从关心我的角度说的这一番话。但是，当时作为成长于改革开放年代的一名青年人，真的感到海南是一片充满希望的热土。回看我国改革开放的历史进程，安徽创造了包产到户的模式，江苏创造了乡镇企业模式，深圳创造了经济特区建设的模式。那么，海南就是要创造"社会主义自由贸易区"的大开放模式。海南岛是一张白纸，一切从头开始，它应该是改革开放最好的一块试验田，这张白纸上能够写出好的文章，这片土地能画出好的图画。

4. 下决心脱下军装　投身大特区

从中央机关到海南工作，我面临的第一个问题就是从军人变成老百姓。中央办公厅、中央组织部下通知给国防大学办理我的转业手续。1987年12月21日，我到国防大学转业军人办公室，当时一位姓李的主任对我说："迟福林，你这个情况很特殊啊，中央通知我们给你办转业手续，这样校党委也不用讨论了，就同意你转业了，咱们现在就办手续吧！"不到十分钟，国防大学就把我的转业手续给开出来了。接着，我拿着转业手续骑了一个多小时自行车，从国防大学赶到了国务院军转办，又带着国防大学的转业通知书和国务院军转办的同意函赶到了北京市公安局。

没想到，到了北京市公安局，办理手续的一位女同志问我："你是哪一个迟福林？"我说："还有一个叫迟福林的吗？"她说："我们这里有两个迟福林。"我问："什么意思啊？"她说："一个是国防大学给的进京指标的迟福林，一个是中央组织部通知进京的迟福林，你到底是中央组织部的，还是国防大学的呢？"

我一下子就傻眼了，"还有这样的事呀？我既是国防大学的，又是中央组织部通知我转业的，是同一个人"。"太可惜了，那你就浪费一个进京指标啊！"那个年代，一个军人拿到进京指标谈何容易。后来，又是不到十分钟，我就办理好了进京手续。那位女同志告诉我，"赶紧去国防大学所在的海淀区红山口派出所办理你的户口簿吧！"这样，我下午从北京市公安局大概又骑了一个半到两个小时的自行车回到国防大学。派出所办理手续也很简单，没有问什么，就给上了户口。

不到一天时间内，我从国防大学到军转办，从北京市公安局再到红山口派出所，穿了20年的军装，当了20年的军人，就这样一下子脱掉了军装，变成了一个老百姓。说实话，真是一番滋味在心头，有点恋恋不舍。但是，当年真的是说做就做，说干就干。12月21日办理完转业手续，23日我就来海南报到了。

那个时候在我脑海印象中，海南岛应该是热带风光、旖旎绮丽。可是，一下飞机，第一眼印象跟我想象的海南岛有很大的差距。当时的飞机场在市中心，机场很小，出机场的路也很窄。出了机场，呈现在眼前的尽是破烂不堪的街道、乱哄哄的交通秩序。那时候的海口，连一个红绿灯都没有。

下了飞机后，我被接到了省委招待所13号楼，住进了一个四人间。我问："许书记呢？"他们告诉我："许书记不在，他和梁湘同志在三亚陪着中央领导同志视察，你等等，等几天就回来。"

过了一天，当时一位海南建省筹备组成员、过去海南行政区的主要领导带着组织部一位副部长来到了我的房间。正好宿舍没有人，他们问："迟福林同志，你干吗来了？"这一问，问得我莫名其妙。我说我有中央办公厅、中组部的介绍函。我调海南工作来了，你们应该接到了通知。他们说："主要领导都不在，许书记没有跟我们说。"我一听，心里像被泼了一盆冷水。组织部副部长又说："劝你是不是赶快回去，解决一下地方的职务再过来。"后来，我等了许书记两天。当时三亚电话也打不通，只有一位陈秘书还守在他的办公室。想来想去，我说："这样吧小陈，我把这个大箱子放到许书记办公室，我先回去吧。"

大概12月26或27日，我含着泪回了北京。我一路想，我是第一个从中央机关到海南来的干部，满腔热血来到海南参与建省办特区，可是刚一来就令我一头雾水。我在上海、北京做过这么几场报告，向大家介绍海南大特区，希望大家一起去建设海南，现在自己却被"赶跑"了？回北京，我怎么和大家交代？这一想，心里真的不是滋味。

到北京下飞机，我直接回到原单位办公室。把自己的遭遇一说，当时的主管领导真的气坏了，"许士杰同志这么千方百计做我的工作，去做骨干我才下了决心送你去！"他的一句话让我十分感动，"迟福林，你哪也不去了，就在这工作！"听了他的话，当场我就流了泪。

大概过了新年以后，许士杰书记到北京开会，找到我说："福林同志，你怎么走了呢？我回来听说你走了。这回，我带你回去！"我把来龙去脉说给许书记听。许书记听了以后说："我请的人，他们怎么能这样做呢？"说完以后，许书记对我说："福林同志，你都还不知道吧。你走后第二天，某位中央领导同志在三亚把我喊去，问'老许，怎么中央机关来的第一个干部就被你们赶跑了呢？'我说，'不对啊，迟福林来报到了，应该不会走啊'。这位领导说，'你回去了解一下吧，人走啦！'"后来我才知道，原来是我在中央机关工作的老领导、中央办公厅老副主任、后来的全国人大副秘书长周杰的夫人去看望这位中央领导同志时和他说起了这件事情，"中央机关来的第一个干部就叫海南赶跑了！"

许书记对我说："福林同志，你要不回去，我们没法向中央领导交代呀！一定跟我回去。"后来许书记又找了我的领导，得到的回复是："你们安排好了职务，才允许他走，不能再发生这种情况。"这样呢，我又在中央工作了两个月，同时主要是研究海南、协助海南，参与了一些经济体制改革、行政体制改革方面的研究。

1988年"两会"期间，许士杰书记来北京开会。办公室的领导对我说："你可以和他们多联系，给他们做点服务吧。这次不解决职务，坚决不能走。"这个时候，许士杰书记在"两会"前已经明确了我的职务——海南省政策研究室和体制改革办公室主要负责人，负责全面工作。

1988年4月13日上午，全国人大七届一次全体会议宣布海南建省并设立中国最大经济特区。当天中午，在广东团入驻的中组部万寿路招待所礼堂，举办了广东团庆祝海南建省办特区的午宴。我也参加了那次有一两百人的午宴。许书记十分高兴，劝我多喝点酒。当年，我在中央机关工作时曾被派到广东调研和代表中央去征求对党的十三大报告的意见，广东一些老领导我比较熟悉。我记得，那天中午我第一次以海南省官员的身份参加了这场特殊的午宴，心情很激动，真的多喝了几杯酒。

"两会"结束后，1988年4月24日，我第二次踏上了海南大特区这片热土。我的中央党校同班同学李永春是和我一起来的，飞机到了海口已经晚上十点多，我被接到了海南工委组织部招待所。结果这一次，条件更差，十多个人一个大房间，给了一个桶打点儿水擦擦身子。四月份的海南天气很热，同一屋几个人通宵打牌声音很大，我一夜没睡着觉。许书记知道后，十分生气。第二天，我才被调整到离许书记住处很近的省委招待所。

当时我两进海南，在北京的同事和朋友间也有些议论。有人说，"迟福林真可以啊，敢下到海南去啊"。后来又传，"迟福林被赶回来了!"当初,熟悉我的同事、朋友大都不理解:你到海南去干什么?那个时候我心里想的是:第一,我是个军人,没有参加过地方工作实践;第二,我希望投身改革实践;第三,我更被邓小平同志所说的"办一个更大的特区"、实行大开放的前景所吸引。

◇二 研讨海南特别关税区的日日夜夜

建立海南特别关税区是在当时的特殊条件下提出的。作为省委政策研究室、省体制改革办公室的主要负责人,从我第二次到海南,就紧锣密鼓地参与海南特别关税区的研究和研讨工作。

1. 特别关税区研讨的几个阶段

从1987年下半年中央决定在海南办全国最大经济特区到1993年年初的海南建省,这第一个五年中,特别关税区的提出、研究、研讨,大体经历了四个阶段。

第一阶段,即从1987年10月中央十几个部委领导会集海口讨论研究海南建省办全国最大经济特区的基本政策到1988年1月中央召开中央财经领导小组会议决策海南特区的重大方针政策。根据邓小平同志提出搞一个更大的特区的战略意图,中央曾经提出,为实现以利用外资为主加速海南的开发建设,把海南推向国际市场,要在海南岛的周围设关,把海南从全国统一的关税区体制中划出来，建立"一线放开，二线管住"的第二关税区。由于当时海南处于筹备建省办特区阶段，对如何办全国最大经济特区缺乏经验，担心一下子设立第二关税区外资会不会很快进来、内资进来会不会受影响、岛内物价飞涨怎么办等问题。鉴于这些考虑，海南向中央建议，等经过一两年准备以后再正式设立第二关税区。

第二阶段，即从1988年8月底海南省第一次党代会到1989年1月，海南省委省政府正式向中央请求在海南设立特别关税区。从1988年4月正式建省办经济特区到当年8月的很短时间内，海南上下普遍认识到，要使海南特区比其他特区更"特"，仅仅靠某些具体的优惠政策还不够，必须要创造更加开放的投资环境。在这个背景下，产生了省第一次党代会上全体代表的呼吁：海南特区更"特"的标志是实现人员、资金、物资进出的"三个自由"，实现这"三个自由"的根本出路在于设立第二关税区。这一呼声，写进了许士杰同志在第一次省党代会上所作的工作报告中。

在此之后，由于全国开始了治理整顿，海南经济特区的许多优惠政策难以得到落实。在这种情况下，海南怎么办？根据中央领导和中央有关部门负责人的意见，1988年11—12月，海南省委省政府用了大概两个月的时间，组织了专门的研讨小组，集中讨论建立特别关税区的若干问题。研究小组组长由许士杰书记直接担任，研究小组办公室主任由我担任，办公室负责研讨会的组织协调和文件起草。我记得，在这两个月期间，省委先后召开6次常委会讨论方案，最后，省委、省政府形成了一致意见：向中央正式请求建立海南特别关税区。12月21日，海南省委省政府正式形成了《关于建立海南特别关税区的请示》和设立海南特别关税区的总体方案以及 9 个附件。省委决定兵分两路：一路由许书记带队，组成海南省经济考察团前往泰国、新加坡等地，主要目的是去东南亚看看，公布建立特别关税区以后，外资特别是大的财团到底会不会进来。另一路由刘剑锋副书记带队，12 月底前赶到北京，向中央汇报《关于建立海南特别关税区的请示》。

1988 年 12 月 23 日至 1989 年 1 月 6 日，陪同省委领导出访新加坡、泰国，以及香港地区

第三阶段，即从 1989 年年底到 1991 年年底，由于一些情况变化，建立特别关税区处于一般性研究和议论阶段。两年间对这个问题的研究和议论始终没有停止。面对新的形势，1989 年年底，在许书记的倡议下，海南提出了海南特区发展的三种方案。第一种方案，即关于贯彻落实 24 号、26 号文件的方案。这个方案在概略分析建省办经济特区两年来实践的基础上，提出进一步贯彻落实 24 号、26 号文件需要认真解决的重要问题。如果按照这一方案，海南经济发展仍可以在最初几年时间以略高于全国平均增长率的速度发展，实现 10% 左右的 GDP 增速。第二种方案，即关于在贯彻落实 24 号、26 号文件前提下建立几个经济开发区的方案，并实行比 24 号、26 号文件更加特殊的政策。若实行第二种方案，预计可以带动全岛 GDP 增速年均达到 15%—20%。第三种方案即建立特别关税区，这是一个使海南经济特区更加开放，加快开发建设速度的方案。如此，最初几年可以实现 GDP 年均 20% 以上的增速，实现中央提出的 5—8 年赶上全国平均水平，10—15 年赶上东南亚四小龙的发展水平的目标。

第四阶段，从邓小平 1992 年年初视察南方发表重要谈话至 1993 年年初，海南上下形成建立海南特别关税区的研究、议论热潮。建立海南特别关税区，在海南再造"社会主义香港"成为街头巷尾、茶余饭后社会普遍讨论的热点问题；学术界、企业界也举办各类建立海南特别关税区研讨会，在社会各方面引起强烈反响；省委省政府把研究海南特别关税区问题重新提上重要的议事日程。1992 年上半年，经省委常委会几次讨论，形成了一致意见。当年 8 月 8 日，中共海南省委、海南省人民政府再次向中央呈送

《关于建立海南特别关税区的请示》(琼发〔1992〕21号)。请示中提出,建立海南特别关税区,就是充分利用海南独特的地理条件和资源优势,实行"一线放开,二线管住"的特别关税制度,并相应采取世界上通用的自由港经济政策,建立社会主义市场经济新体制,大量吸引外来资金,以高投入带动高增长,推动海南经济全面高速发展,实现中央把海南建成全国最大经济特区的战略意图。

1993年以后,由于形势和条件发生了变化,海南特别关税区研讨画上了句号。

2. 知难而进 为探索特别关税区不懈努力

经常有人对我说,"老迟,海南的事儿真难啊!"建省之初研讨特别关税区,面临各种障碍和不利因素,真的很难。海南和其他经济特区相比,底子薄、起步晚,又受到了国际环境变化的影响,在天时、地利、人和等方面都有不利之处。这其中有观念上的问题、体制上的问题,也有利益上的问题。要转变人们的观念、理顺各种体制,照顾各方面的利益,是很不容易的。如何把握有利条件,又清醒地估计不利因素,实事求是、抓住时机促成海南特别关税区,确实是一个很大的考验。

从另一方面来说,按照自由港模式建立海南特别关税区,不仅对发展社会主义生产力有利,而且对促进全国改革开放有利,对加快海南经济社会发展有利。因此,建立特别关税区符合中央扩大开放的战略意图,有利于推动海南生产力发展,符合人民群众的根本利益。作为改革的实际工作者,有责任大胆地、积极地去推动。要做成这样一件创举,关键在于要积极主动地争取、敢冒风险地尝试、敢于承担地试验。即便在某些方面有小的失误,只要不影响大局,收回来便是,这不正是改革开放的精神所在吗?所以,时任省长刘剑锋同志有个提法大家都很赞成:"铁嘴钢头往前拱。"

往前拱,真的是那个年代为建立特别关税区努力奋斗、拼搏的形象写照。如何推动建立特别关税区?这里也讲两个小事。

1988年夏天,许书记委托我主持起草海南省第一次党代会报告。连续工作了三天两夜,我们形成了《放胆发展生产力,开创海南特区建设的新局面》这份报告。报告鲜明地提出,"要重点研究和制定有利于境外人员、外汇、货物进出自由的各项具体政策。我们的政策'特'不'特',取决于'三个自由'的开放程度,只有对外更开放,更自由,才有利于吸引外资。为此,要创造条件建立第二关税区"。第二关税区(即后来所说的"特别关税区")写进了海南省建省后的第一次党代会报告。这份报告得到了全体代表的高度赞赏。

在我代表秘书组向主席团汇报参会代表对报告修改意见的时候,我说:"有37处地方可以做一些文字性的修改。"许书记把我拉出去说:"修改什么?一个字都不能改!"我说:"许书记,党的十三大报告听取各方意见还改了上百处啊。文字、标点符号、修辞的这些修改意见也可以吸收嘛。"许书记说:"福林同志,要讲政治,我们要的是方向,不是个别文字的修改!"

第二个故事,是省委省政府第一次请求搁浅后,我们仍然通过各种渠道向上反映海南关于建立特别关税区的意见。1990年,我以"特别关税区问题研讨小组办公室"的名义，形成了一份题为《关于尽快设立海南特别关税区的几个问题》的材料递交到了中央某领导办公室。1990年夏天的一天，我接到中央某领导办公室主任的电话，电话中要我深入思考四五个问题，即特别关税区对内地尤其对深圳等特区能形成多大的冲击？海南的条件到底怎么样，会做到什么程度？他要求我认真准备，过些天，中央相关机构会通知我到北戴河汇报。可惜，由于1990年武汉发大水及其他原因，我未能接到去北戴河汇报的通知。

3. 创办中改院　为特别关税区鼓与呼

1990年以后，我将大部分精力投入到筹建中国（海南）改革发展研究院中。建院当天的第一件事情，就是为海南走向大开放、建立特别关税区热忱、高亢地鼓与呼。

1991年11月1日，在中改院成立当天的留影

1991年11月1日，建院当天，中改院举行了中国（海南）改革发展研究院成立大会暨海南对外开放战略研讨会，重点研讨设立海南特别关税区。可以说，这个会议在海南改革开放进程中具有特殊的意义。一是这个会议的层次较高，中央相关部委的几位领导和数十位重量级专家都参加了研讨会。海南省委书记、省长等也参加了会议。二是在为期两天的会议中，大家深入研讨海南深化改革、扩大开放的战略思路和实际措施，从不同角度、不同侧面研讨海南进一步扩大对外开放、加快经济社会发展的战略选择，提出了许多具有建设性和可操作性的意见。这个会议，不仅在海南引起很大反响，而且在全国反响都较大。在那个特殊年份，又一次掀起了岛内外关于海南实行大开放的热烈讨论，新华社、《人民日报》、《海南日报》以及香港的《文汇报》等都对此作出大篇幅报道。

1991年11月1—2日，中改院召开成立大会暨海南对外开放战略研讨会

1992年5月，中改院在北京人民大会堂海南厅举办《建立海南特别关税区可行性研究报告》咨询会，数十位相关部委的领导和经济学界的重量级专家都参加了此次会议。这也是迄今为止的30年中，中改院在人民大会堂举办的唯一一次的会议。

1992年5月30日，中改院在北京召开"建立海南特别关税区可行性研究报告咨询会"

1992年7月1—2日，中改院在海口举行了建立海南特别关税区国际咨询会，除中方的重要专家外，还有几位国际专家参加，目的是就建立海南特别关税区的重大问题进一步听取国内外专家的意见。经过2天深入的讨论，大家完全赞同建立海南特别关税区到了应当决策、抓紧行动的时候了。

回想起来，建省初期研讨研究海南特别关税区那段岁月，曲折坎坷但又风风火火。由于种种原因，确实错失了重大历史机遇。但回想起来，我仍然觉得激情澎湃。虽然很难，但奔着这样的目标，本着这样的精神、责任感，为之奋斗过、努力过，值得。

◇三　我为海南自由贸易港而哽咽

2018年4月14日，习近平总书记"4·13"重要讲话的第二天，央视《新闻联播》头条《改革开放坚定不移　新的起点再做标杆》播出，其中有我一段40秒左右的采访："总书记代表党中央郑重宣布，在海南全岛建立自由贸易试验区，分阶段、分步骤探索建设中国特色自由贸易港，真的，全场很激动，因为为了这个事情，我们期盼了30年，有了这一条，海南真的会实现我们的海南梦。"情绪稍作平复后，我讲："正如总书记说的，海南这30年的改革开放，是中国40年的改革开放的一个历史见证，证明了只有走改革开放的路子，让我们大有希望。"

一时间，网上的讨论铺天盖地，很多帖子阅读量创造了"10万+"，我的同事告诉我，一篇《昨晚〈新闻联播〉中的这一幕，让无数网友为之动容……》的帖子，引来无数网络跟帖和转载。女儿和我开玩笑，"爸爸，你成了网红了"。

有些人不理解，迟福林为什么会为宣布自由贸易港哽咽？《新闻联播》怎么会播出一个学者哽咽的画面？那一刻，我真的说着说着，不知怎么就说不出话来。

1. 从区域开放到产业开放的探索

经历了海南30多年发展进程的人，都会对20世纪90年代中期那段历史记忆犹新。特别关税区研讨被叫停后，大家对海南的预期一下子冷了下来。1993年总体发展尚有余热，但是1994年开始陷入低潮。1995—1997年，海南GDP增速在全国分别排名倒数第一、倒数第二、倒数第三。1993年下半年留下了占全国10%的积压商品房。全省"烂尾楼"高达600多栋、1600多万平方米，闲置土地18834公顷，积压资金800亿元，海口的1.3万家房地产公司倒闭了95%以上①。

今天看，建省办经济特区之初产生海南"房地产泡沫"的重要原因在于走向大开放期望的落空。1988—1992年这几年，每年大约有数万家企业来海南登记注册。在这种情况下，解决办公用房成为突出矛盾。正是由于办公楼严重缺乏，使之成为房地产的热点，出现了"炒楼花"的现象。那个年代，几乎没有炒居民住宅的。1993年以后，海南开放政策逐步发生某些变化，大批企业开始撤出海南，人走楼空，造成了"房地产泡沫"。客观讲，当年的"房地产泡沫"是表层现象而不是问题的根源。如果只是把"板子"打在"房地产泡沫"上，就很难抓住问题的本质。

记得1998年全省省级和正厅级以上干部参加的海南省理论研讨会在中改院召开。我在会上发言提出，"海南已经进入全国发展的最低行列"。话音刚落，一位省委领导站起来："迟福林，你讲

---

① 《回望1993丨海南房地产泡沫破灭　调控史开启》，《中国房地产报》2018年12月28日。

的事情有根据吗?"我说:"这是昨天《经济日报》二版头条刊登的消息。"她很疑惑。会议休息期间,我请同事到影印室影印了报纸发给大家,大家惊讶不已,"海南 GDP 增速都在全国倒数第二了?"

2. 十年推动国际旅游岛上升为国家战略

1998 年后,海南开始恢复性增长。1998 年海南 GDP 同比增长 8.4%,1999 年 GDP 增长 8.5%,2000 年 GDP 增长 9.0%,2001 年 GDP 增长 9.1%,2002 年 GDP 增长 9.6%,这个阶段也正是我国加入 WTO 前后的时期。那几年,全国都在搞大开发大建设,发展速度是很快的,一对比,海南的相对速度降下来了。"泡沫"破灭后,海南陷入了"到底做什么、怎么做"的困境,出路何在?

1998 年,杜青林担任省委书记,向我提出要求,中改院能不能针对海南发展出路做些研究。1999 年,中改院启动新世纪海南经济发展战略研究,由我担任课题组组长,经过几个月的加班加点,2000 年 3 月形成了《2000—2010 年海南经济发展战略研究报告》和农业、旅游、科技、生态、人力资源 5 份专题报告。2000 年 10 月,这份研究成果在海南出版社正式出版,书名为《以产业开放拉动产业升级——中国加入 WTO 背景下的海南经济发展战略》。也正是在这项研究中,我们提出在中国加入 WTO 特定背景下,海南的发展和改革开放的路子,应当是以产业开放拉动产业升级。第一,海南区域走向大开放的现实可能性不存在了,但一个岛屿经济体不开放是没有出路的,在失去区域开放的重要机遇后，开放的突破点在哪里，只能从产业开放上做文章。第二，产业开放的突破点何在？在于旅游业。通过旅游产业的开放，将海南的资源优势转化为现实的经济优势、发展优势。对于这个观点，当时各方面都比较认同。旅游业是海南最具有特色和竞争力的优势产业，率先实现旅游产业的国际化，既符合产业开放的趋势，也是推进海南大开放进程的现实选择。

在对世纪之交海南发展战略的研究和对国内外旅游产业研究的基础上，2000年前后我的脑海里对于推进旅游开放、建设国际旅游岛的概念逐步形成。

中改院关于海南国际旅游岛建设部分研究成果

从2000年到2009年的9年间，中改院提出并形成国际旅游岛的思路建议。

国际旅游岛提出以后，也有人不赞成。有人说，海南是一个省，怎么叫国际旅游岛呢？海南还有广袤的海洋。也有人说，国际旅游岛的概念,能取代大特区吗?思来想去,有一次在博鳌召开上千人参加的海外华商大会时,我在演讲中提出也可以不叫"国际旅游岛",改为"旅游经济特区",赋予经济大特区一个新的内涵。演讲后,参会的外经贸部龙永图副部长对我说,"'国际旅游岛'是多好的概念啊,可千万别叫'旅游经济特区'"。他又说:"大家都知道海南是个岛屿,国际旅游岛念起来也好,不要改!"我听取了龙永图副部长的建议。这是一个插曲。

2002年2月,我在海南省政协三届五次会议上提交了"建立海南国际旅游岛的建议",提出海南国际旅游岛的机遇与背景、内涵以及相关政策建议。2002年6月,中改院形成了《建立海南国际旅游岛可行性研究报告》,较系统地论证建立海南国际旅游岛的可行性。那时候,老百姓消费结构开始发生变化,更经过2003年SARS危机后,大家逐步意识到海南的环境资源条件的优势,意识到旅游业也可以成为海南发展的主导产业并带动其他行业的发展。在这样的背景下,省委省政府结合海南实际,反复研讨,最终采纳了中改院关于国际旅游岛的建议。2007年4月26日,中共海南省第五次党代会明确提出,"要以建立国际旅游岛为载体,全面提升旅游开发开放水平"。这是海南第一次正式将建设国际旅游岛上升为省委省政府的战略决策。按照海南省主要领导的要求,中改院成立专门的课题组,经过两个多月紧张的研究,形成《推进海南国际旅游岛(方案建议)》。2007年6月,由国家发展改革委牵头的中央六部委来海南就建设国际旅游岛问题进行调研,海南省政府将中改院的建议报告作为向联合调研组汇报的主要参考材料。

2000—2009年,我与中改院的同事相当一部分精力是为国际旅游岛鼓与呼，为海南产业开放鼓与呼。让我们倍感欣慰的是，2009年12月31日，国务院正式发布《关于推进海南国际旅游岛建设发展的若干意见》，国际旅游岛倡议从酝酿、讨论，到写入省党代会报告，再到上升为国家战略，历经近十年的呼吁，大家欢欣鼓舞。海南沉默了很多年，也低落了很多年，终于迎来了一个盼头，形成了海南建省办特区后又一个发展热潮。

3. 提出以更大开放办好最大经济特区的思路

国际旅游岛的建设给海南发展注入了一针增强剂。第一，国际旅游岛给大家带来了一种希望，就是通过发展以旅游业为主导的现代服务业，带动海南地区经济的较快发展。第二，建设国际旅游岛，放大海南的开放效应，明显提高海南的国际化水平。

客观地讲，国际旅游岛建设方案中的很多目标都没有实现或没有较好实现。为什么？从我30多年在海南的经历和研究看，政策与体制不相协调，始终是掣肘海南发展的一大突出问题。

第一，产业开放和区域开放是连在一起的，只有产业开放政策而没有区域开放的整体安排，产业开放政策的效应是十分有限的。举个例子，海南免税购物是多好的一件事情，为了争取免税额度提升一点，为了争取免税店多开一两家，这十年来跑"部"前进不知多少次。第二，产业开放上若没有相关的制度性安排，产业开放的效应也大打折扣。第三，旅游是个全方位的业态，既需要硬件配套，也需要软件的提升，带来了多方面的综合要求。2010年前后，陵水的土地价格一亩是20万元左右，三亚的价格是200万元，相差10倍左右，由于旅游资源条块分割，难以形成

"一盘棋"的安排，难以提升总体效益、规模效益。

2017年6月，习近平总书记就支持海南经济特区进一步深化改革开放问题作出重要批示，提出要出台一份引导和支持海南全面深化改革开放的综合性指导文件，要求海南充分发扬敢闯敢试、敢为人先、埋头苦干的特区精神，发挥自身优势，大胆探索创新，服务国家战略，努力开创海南经济特区改革发展新局面。总书记的重要批示驱使我们再一次思考，站在新的历史起点上，如何按照中央对海南的要求，深化改革、扩大开放？未来30年海南的发展主线是什么？战略定位是什么？发展目标是什么？

2017年6月16日，中改院形成了《打造海南国际旅游岛升级版——从服务贸易项下的产业开放走向自由贸易区（研究框架）》的报告，并在当天下午向省长做了专题汇报。6月20日，我又向省委书记做了汇报。这两次汇报，都是以"打造国际旅游岛升级版"为主题，提出海南有条件走出一条以服务贸易项下产业开放带动区域开放的新路子，并提出适时建立海南自由贸易区。主要建议是，抓住未来1—2年的时间窗口，加快旅游、医疗、健康等服务贸易项下的产业开放。到2021年争取建成"国际旅游岛2.0"，为海南自由贸易区奠定基础；再用3年左右时间，争取2025年左右实现服务贸易项下产业全面开放，基本达到自由贸易区的水平；在条件成熟时，争取国家支持，宣布海南成为自由贸易区，在海南实施更加开放的政策。

2017年6月两次汇报后，省委省政府希望中改院对海南的发展战略做更深入的研究。6月底，我从韩国回到海口，在车上接到省委主要领导的电话。他在电话中提出，希望中改院能对海南发展提出具体建议，并要求要解放思想大胆提。接到这个电话后，我深感责任重大，第二天就组织研究力量专题讨论。

经过反复思考、论证，中改院向省委省政府正式提交了《以更大的开放办好最大的经济特区——关于海南全面深化改革的建议（44条）》。在这份报告中，明确提出"把建立自由贸易港作为海南实现更大开放的重大战略选择"。报告中提出：探索更大的开放是海南全省上下的不懈追求。海南建省办经济特区之初，就曾提出建立"一线放开，二线管住"的"海南特别关税区"。同30年前相比，今天，海南建立自由贸易港的现实基础要好得多，时机要成熟得多，需求要大得多，意义要重要得多；建立海南自由贸易港是以更大程度开放办好最大经济特区的战略选择。在新的特定背景下，建立海南自由贸易港是我国引领经济全球化、推进全球贸易投资自由化进程的战略举措，是加快21世纪海上丝绸之路建设的战略突破。此外，建立海南自由贸易港也将形成海南改革发展的强大动力。

4. 建言建立海南自由贸易港

在完成《以更大的开放办好最大的经济特区——关于海南全面深化改革的建议（44条）》报告后，我与同事们感觉还不解渴，意犹未尽，总觉得还需要再聚焦主题，深入一步。正好，2017年7月下旬省委和中央有关部委在北京研讨海南发展战略问题，我院研究人员带着"44条建议"去参加会议。会议的内容事先并不清楚。会议一结束，我接到同事的电话，说会议研讨的第一个议题就是海南自由贸易试验区和自由贸易港。我一听到这个消息，意识到海南又迎来了一个历史机遇，走向大开放的海南梦又有希望了，激动得整晚睡不着，又体会到了初来海南时的那股冲劲儿。第二天一早，我就组织研究人员讨论研究，主题就集中在"海南自由贸易港"。

8月3日这天，是我66岁的生日。这一天，中改院形成了《建立海南自由港——方案选择与行动建议（16条）》报告，我去省委大楼把报告送到省委书记办公室。他很重视这份报告，提出增加"中国特色"的相关内容。当天，我们形成了《建立海南自由港——方案选择与行动建议（20条）》。8月中旬，为落实习近平总书记重要批示精神，国家发展改革委主要领导带队，由国家发展改革委牵头、35个部委组成的国家调研组到海南实地调研，听取海南对下一步发展的意见和建议。后来得知，中改院向省委提交的"《建立海南自由贸易港——方案选择与行动建议（20条）》"成为汇报材料的两份附件之一。

2017年10月18日至10月24日，党的十九大在人民大会堂举行。习近平总书记代表第十八届中央委员会向大会作了题为《决胜全面建成小康社会　夺取新时代中国特色社会主义伟大胜利》的报告，报告明确提出"赋予自由贸易试验区更大改革自主权，探索建设自由贸易港"，引起了全国乃至全世界的关注。我接到若干个电话，大都问，自由贸易港会不会落地海南。彼时，上海洋山港、浙江舟山港、深圳盐田港，多地释放出了信号，跃跃欲试。2018年年底前后，根据我的了解，关于建立海南自由贸易港，各界有不同的看法。比如，从技术层面认为海南的条件还不具备，建设自由贸易港的时机不成熟。有的提出，海南的干部队伍能承担起这个艰巨任务吗？还有的认为，海南经济基础差，在这么一个欠发达地区、外向度低的省份建立开放程度最高的自由贸易港，能行吗？有一次在中央某部委的走廊里，有位领导遇到我："福林，你老呼吁海南建立自由贸易港，海南这样一个情况，能搞自贸港吗？说一说，你为什么这么乐观呢？"

面对种种疑虑，我想，有必要反映自己作为一名学者对海南的研究和思考。2018年2月8日是小年，我约了新华社记者到中改院来，向他谈了谈自己的主要考虑。我认为，只有实行自由贸易港的体制突破，才能够有发展的活力，才能够有发展的动力。落实党的十九大报告精神，在海南建立自由贸易港，既有条件，又有可能。若在海南建省办特区30周年之际，中央宣布在海南全岛建立自由贸易港，将形成巨大的合力，产生巨大的影响。

后来记者编成了一份题为《专家建议设立海南自贸港服务国家战略需求》的稿件，经内参编发。对这份内参稿件，我还请了国务院政策研究室的老主任，也是中改院学术委员会主任王梦奎把关。

5.《新闻联播》中的哽咽

2018年4月，我接到省委关于参加庆祝海南建省办经济特区30周年大会的通知。4月13日下午，习近平总书记在大会上郑重宣布，"党中央决定支持海南全岛建设自由贸易试验区，支持海南逐步探索、稳步推进中国特色自由贸易港建设，分步骤、分阶段建立自由贸易港政策和制度体系"。会场响起了经久不息的掌声，我也万分激动。

会议结束后，我赶回中改院，参加《我的海南梦》《策划天涯30略》这两本纪念海南建省办经济特区30周年的新书发布会。当时，中央广播电视总台一位记者追上我，希望采访我。我讲了自己聆听总书记讲话后的感受。采访结束了，记者和我再多聊了一句，没想到这一说就抑制不住了。我说着说着，不知不觉就声音也变了、眼泪流了出来。记者一看，赶紧摆摆手，示意摄像同志再次打开镜头。后来，我请我院的同事反复联系记者，不要播出这一段。我的考虑是，作为一个学者，可以进行研究，提出自己的建议、见解，但是动情的一幕还是不播出为好。得到记者的答复是："请迟院长相信央视《新闻联播》。"

2018年4月13日，中改院举办以"以更大的开放办好最大的经济特区"为主题的《策划天涯30略》《我的海南梦》新书发布会

第二天，节目播出来了。一位传媒界的老朋友给我发来信息："老迟，这是《新闻联播》最好的采访之一！"我的同事也收到很多信息："为你们迟院长30年的不懈追求、不放弃感到敬佩。"播

出当晚，我接到老朋友、吉林省政协主席江泽林给我发来的信息："看到您泪洒央视，很受感动。"他还为此作了一首小诗：

又听迟君哽咽声，只因怀梦三十年。
闻者泣下谁最多，当年天涯独行人。

2018年4月14日，中央电视台《新闻联播》播出"习总书记郑重宣布，党中央决定支持海南全岛建设自由贸易试验区，支持海南逐步探索、稳步推进中国特色自由贸易港建设"，视频画面中，我抑制不住哽咽着说，"因为为了这个事情，我们期盼了30年，有了这一条，海南真的会实现我们的海南梦"

这真的来之不易。今天想起来，从建省初期老一辈革命家为建设特别关税区做的努力和探索，到今天习近平总书记亲自谋划、亲自部署建设海南自由贸易港。30年来之不易，真的值得我们倍加珍惜。

◇ 四　为海南自由贸易港出力，值！

为建立海南自由贸易港，我们真的是盼了 30 年，努力了 30 年，建言了 30 年。我和中改院的同事也感到，自己的辛苦没有白费，在推动海南自由贸易试验区和自由贸易港上升为国家战略中，我们加班加点做研究，提建议，尽管很辛苦，但一个字：值！

1. 夜以继日　为研究自由贸易港尽心竭力

2018 年 4 月 13 日习近平总书记重要讲话以后，中改院主要做了几件事情，第一件事情就是成立了中国特色自由贸易港研究院。

记得庆祝大会的第三天，沈晓明省长约我说了十分钟的话，他说，"与书记商量，在中改院设立海南自由贸易港研究院"。"老迟，就给个牌子，不给编制，怎么样？我们下半辈子能够亲身参与自由贸易港的建设，值！"我感到沈省长的这个话说得很重，当即就表了态，"请省长放心，中改院、我本人一定竭尽全力！"

高标准高质量建设自由贸易试验区和中国特色自由贸易港，面临着大量需要全面、系统、深入研究的理论、政策、战略、制度、体制、机制等重大课题，迫切需要一个相对客观、直接服务于海南省委省政府政策决策的智力支持机制。在征求相关专家意见后，中改院于 4 月 16 日形成了《中国（海南）自由贸易港研究院组建与运行方案设计（讨论稿）》。4 月 22 日，中改院又在京召开中国（海南）自由贸易港建设专家座谈会，进一步讨论研究院建设的相关事宜。

5月9日，海南省政府正式批复同意成立中国特色自由贸易港研究院。研究院由中改院牵头，中国南海研究院等单位参与共建，由我担任院长，由中国南海研究院院长吴士存、时任省政府研究室主任朱华友担任副院长。6月27日上午，中国特色自由贸易港研究院成立大会暨揭牌仪式在中改院举行，沈晓明省长专门为研究院成立作出批示。中国特色自由贸易港研究院批复成立后，我们就立即组织开展相关研究、研讨与培训活动。

第二件事情，如何尽快研究形成海南自由贸易港总体方案。

在中央决定在海南探索建设自由贸易港后，各方对此高度关注，也有一些疑虑。在各方高度关注又有疑虑的背景下，如何拿出自由贸易港总体方案设计？在听取各方面专家意见，我组织中改院同事加班加点，强调千方百计、无论如何一定要在2018年12月31日前完成自由贸易港总体方案的研究。31日晚上，我们形成了《海南自由贸易港初步设想（研究建议60条）》，报送至中央有关部委、省委省政府。

当时，中改院的同事不理解，为什么迟院长这么着急一定要赶在2018年年底报送出去？那时，医院检查出我的肺部有一个肿瘤，医生已经反复催促手术。在医生的"连哄带骗"下，预约了1月2日入院进行肺部手术。我当时觉得，我和中改院对自由贸易港总体方案研究设想的报告出炉后，自己才算是完成了心中一件大事，可以上手术台了。直到上手术台，中改院的同事大都不知道这件事。

2. 做客《朗读者》：讲述一代改革人的家国情怀和执着精神

人的一生，或大或小，或深或浅，都要受到社会或他人的影响。要说在海南的33年里谁对我影响最深，我会回答：许士杰书记。

我和许书记是1985年认识的。1985年，我作为中央党校改革理论部调研小组组长，大约是7月到广东调研，他是广州市委书记，在广州越秀宾馆接待了我们。来到海南工作后，一开始，许书记问我能不能做省委研究室主任兼他的秘书。我说，"许书记，研究室你分管就行了嘛，我若兼你秘书，很多的研究工作可能会受影响，我向你推荐一个人，李永春"。为了做许书记的工作，趁着他在北京开会，我还请许书记到我在国防大学的家里。我亲自掌勺，李永春陪着，吃了一顿"家宴"。现在回想起来，一个省委书记，快70岁的人了，爬了五层楼到我那间不到70平方米的小房子里。我当时还做了一道油焖大虾，他一口不吃；反倒是我拌的东北凉菜，他一根不剩地全吃了，饺子也吃光了。

说起许书记给我的印象，第一，他是一个思想解放的改革开放干将。他在1938年18岁就参加了革命，从一个贫困的农村少年，走上了革命的道路。1986年，许书记就被群众民主评选为"广州十大杰出公仆"之首。据说，当时还是在广州文化公园门口，出现了熙熙攘攘的群众争相填写"评选广州地区'十大杰出公仆'活动民意测验问卷"的景象。特别是到海南负责建省办特区以来，为全面贯彻党的基本路线，推进改革开放，加快开发建设，许书记呕心沥血、忘我工作，深受海南干部和群众的爱戴。

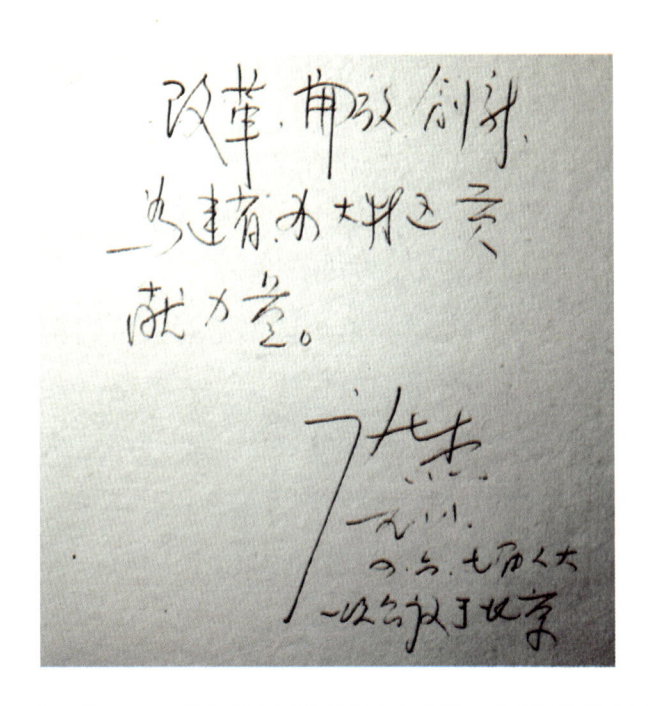

1988年4月13日，第七届全国人民代表大会第一次会议许世杰写下
"改革开放创新为建省办特区贡献力量"

第二，温文尔雅。许书记是个诗人、作家，既有深厚的文化底蕴，又有政治家的敏锐，对文字特别讲究，要求十分严格。我和他出国，每一次我写好报道，他都认真把关。我记得，后来创办《新世纪》杂志，许书记还为杂志写了创刊词。当时，几乎每一篇《海南日报》的社论他都要看。建省初期，《海南日报》一些重要的社论都由许书记亲自来写。

第三，他是一个生活上十分俭朴、淡泊的人。许书记当时住在海南宾馆7号楼的办公室。这个所谓的"宿舍"是一个当年为苏联专家建的楼，房间空荡荡的，只有几把藤制的沙发、一排书柜和一张书桌，一个老破空调响得不行。每当工作时，他光着膀子,拿着大蒲扇,我陪在旁边一起修改稿子。他喜欢光着脚,穿着凉鞋。不像从深圳特区来的梁湘,一年四季穿着皮鞋。许书记吃东西也很简单,我跟他一起在省委小餐厅吃饭,环境真的很一般,一个汤两个菜,等半天才能上。他从来不讲究这些事情,生活上很简单,但是对工作要求却很严格。

第四,胸怀坦荡,待人诚恳。许书记对人特别宽容,很善于理解别人,每到一个地方,眼睛向下,深入基层,自觉同群众打成一片。我在他手下工作,特别高兴,也感到终生难忘。他大胆地叫你工作:"迟福林,你就写,别人怎么说你不管,你就按你的想法写。"那个时候各种改革的议论很多,这并非一件很容易的事情。可是他能放手让你做,发挥青年人的思想解放和活力。在坚持政治原则的前提下,大胆工作,思想越解放越好。另外,他对我的工作全力支持。当时,他看到省体改办 24 个人挤在一个大房子里办公,就亲自过问,很快改善了办公环境。

1989 年以后,他在餐厅吃饭,经常跟我说觉得很腻,"怎么今天油这么多,油少一点吧"。开始以为是胃不好,消化不良。大家反复催促他去医院检查,他都顾不上。到了 1990 年 5 月底,他到省医院一检查,结果是胃癌晚期。他一点都不相信,也不愿意离开。经过多番劝说,5 月 27 日他到广东省医院检查,真的是胃癌晚期。

许书记住院以后,我去广州看望过他两次。进了病房,他紧紧握着我的手,问的全是关于改革开放的事情。他在住院日记中写道:"党和人民给我的东西够多了,我是毫无所求的,只愿身体好后把工作搞得更好,报答党和人民的关怀。这是我最大的希望。"生命垂危、人生弥留之际，他关注的全是中国改革的情况、是海南开发建设的情况。临终前，他都几乎说不出话来，握着我的手，叫我一定告诉他改革的相关情况，"你要跟我说实话，我走了，我要听实话！"老伴潘大姐几次催我走，"小迟，他不能再说话了！"许书记一边拉着我手，一边挥手示意叫她们走，护士怎么劝都不行。在与病魔斗争一年多后，1991年7月27日，许书记在广州溘然长逝。

每每想到此，我都特别触动，忍不住流泪。人这一辈子，为了什么？在与病魔顽强斗争的弥留之际，他想的不是别的事情，是改革开放的前景，是海南开发建设的前景，为党和人民的事业付出了自己的全部。所以我说，这一代人真的是了不起。许书记这样一位纯洁的人、高尚的人，这样一位品格高尚、思想开放的前辈，值得我一辈子怀念，一辈子尊重。

2018年5月的一天，我接到了中央广播电视总台《朗读者》栏目组的电话，他们希望邀请我担任嘉宾参加第二季节目的录制。栏目组讲，第二季这一期的主题是"十年"，1978年改革开放、1988年海南建省、2008年国际旅游岛，2018年宣布建设海南自由贸易港，很契合主题，希望我讲一讲。

起初，我婉拒了节目组的邀请。作为一个学者，虽然我常常接受媒体的采访，做客演播室，但是谈的都是学术研究问题，还真的没有接受过类似文化情感类节目的访问。后来节目组再三做我的工作，说这一期是以改革开放40年为主题的节目。我想了想，接受了节目组的邀请，如果能借此机会讲一讲成长于变革时代的一代人对改革开放的家国情怀和执着精神，或许能符合我的意愿，也有价值。

2018 年 5 月 26 日，受邀录制中央广播电视总台《朗读者》，讲述一代改革者的家国情怀和执着精神

接受了邀请后，就涉及朗诵诗文选篇的问题。《朗读者》嘉宾接受主持人采访后，还要演绎朗诵来自《朗读者》文学顾问团精心挑选的经典之作。起初，栏目组发来了 20 多篇名家名篇，有朗费罗的《人生礼赞》、梁衡的《青山不老》、冯至的《十四行诗》、艾青的《吹号者》、朱光潜的《朝抵抗力最大的路径走》、卢梭的《一个孤独漫步者的遐思》等等。但是，我提出来能不能朗诵许士杰书记的《登高峰　颂椰树》，这是一篇 1988 年 4 月 5 日许书记发表于《光明日报》的小散文。

一开始，栏目组不同意，在《朗读者》朗诵的都是名家名篇，节目最好不朗诵官员的诗文。后来，我请同事向栏目组发过去《登高峰　颂椰树》的文本，还介绍了这一篇目的渊源。大家熟知许书记是官员，但是他还是一位诗人，是中华诗词学会的副会长、中国作家学会会员，他朴实的文字中反映了一代人的精神追求。更重要的是，这篇小散文的写作背景是 1988 年海南建省之初，现在习近平总书记宣布了海南建设自由贸易港，30 年的历史轮回，再合适不过了！

5 月 25 日晚上不到 8 点，我到了位于北京大兴的《朗读者》演播厅，结果到了 11 点后才开始录制。录制过程很顺利，一个小时左右就结束了。后来这篇散文朗读结束后，董卿跟我说："迟院长，太好了。现场听你读，我才知道你选这篇散文的用意，太合适了！"节目播出后，栏目组反馈说收视率很高，网上反响很热烈。许士杰书记的大儿子许守樑也通过同事发来信息，说全家人一起收看了这一期节目，特别感动。

2018 年 5 月 26 日，参加中央广播电视总台《朗读者》节目录制

《登高峰　颂椰树》/许士杰

当你卸下了肩上的重担，轻松地漫步在风和日暖、空气清新的春郊，突然接受了一个十分艰巨，而又分外光荣的任务时，心情是什么样？兴奋抑或担忧？

我接受了来海南参与建省、办大经济特区的任务，心情是复杂的，既极为兴奋又浮想联翩。

海南岛，对我来说并不陌生。我曾到那里搞过调查研究，后来又在那里工作了七年，后期碰到"文化大革命"，被打倒在地，爬起来后离开了。那里有听惯了的蕉风椰雨，有亲切诚恳的眼睛，有敞开心怀的喁语，也有阴晴风雨，冷暖炎凉。但无论如何，我忘不了那耸立在村头路边、昂首云天、无私奉献的椰子树。

离开十六年，黑发变斑之后，又到那里工作。过去种过小株密植的高产试验田，现在是去做另一种性质的"试验田"。我不会因未能像过去那样带着钢尺去量株行距而怅然，却因可以大胆试验而心情十分愉快。

现在，不是去量株行距，而是去爬一个山峰。出发的地方，不是山腰，而是谷底。虽然，远远望去，那苍翠的山头环绕着一抹淡淡的白云，美丽极了。但从低卑的山谷爬到那高耸的山峰，道路修长，且不平坦，某些地段是相当陡峭的，不可能一鼓作气冲上去，而要做相当长期的艰苦努力。汗水湿透衣背是不用说的了，中间可能还要喘口气，找个地方小憩。

目标很明确，道路也清晰，虽不笔直，但有路标指引，错不了。何况，登山的是一大伙，后面还有密麻麻的一大群。信心当然十足，时间却不短暂。原来走在前头，会不会掉队落后，这很难说。我想，脚力尚好，也不懵头转向，还不至于。

有雄心，不转向，又不需再上下而求索。但，既然道路修长，时间不短，我会在适当的时候，退出带头登高的行列，坐在路旁，当啦啦队，为继续前行者鼓劲，助威。

我想，多从登山的实践中，摸索其规律，总结些经验，为后来者省点不必要的白费劲，提高点前进的速度。也想把队伍调整好，使这支登山队，步伐整齐，较为顺利地登上高峰。

在思考，在实践，在尽力而为。

在遍地是英姿飒爽、高耸云霄的椰子树的海南岛，无论是长途的旅行者，登峰的爬山者，当你口渴力疲时，得到一个椰子，削去那碧绿的外衣，找到那硬壳上的芽孔，插下一根管子，吸下清激香甜的椰子水，一股甘美的清流，滋润了干渴的心田，疲劳为之顿消，精力因之充沛。

于是，我想，椰子树可能是鼓舞二十三年红旗不倒的精神力量，也是我们学习的榜样。

椰子树，从头到脚，从生前到死后，把全身无私地奉献给人间。我望到那满山遍野，凌云挺拔的椰子树时，心情为之激荡不已，受到鼓舞，为之歌唱。于是作了一首《椰颂》，既以励己，也以励人。

玉立凌云飘秀发，临风飒爽更多姿。
甘供琼露滋宾客，愿献碧衣作幄帷。
香骨精雕倍眷恋，柔丝织梦更相思。
挺身抗暴卫村落，殷切频歌改革词。

3. 让海南未来30年令世人刮目相看！

古语说："事者，生于虑，成于务，失于傲。"我不到37岁就到了海南，现在已70岁了，但感到自己还是一个小伙子。为什么？我感觉自己在海南，有正在做的事情没有做完，有可以实现的事情没有干成。30多年来，虽然海南取得了很大的成就，在经济社会多方面发生了重大的历史性变化，但是，海南走过了一条不平坦、不一帆风顺的路，由于主观、客观的某些因素和种种条件的变化，仍然没有实现中央对海南建省办特区最初提出的发展目标。我感到有几件事对海南特别重要。

第一，机遇十分重要，机不可失，时不再来。 把握机遇，首要的是把握国家赋予海南的重大战略机遇。海南作为一个岛屿经济体，它的发展必须要和国家开放发展战略相结合。抓住机遇对海南而言太重要了。第一次历史性机遇是1988年海南建省向中央提出建立特别关税区，但是错过了；第二次历史性机遇是1992年邓小平同志南方谈话，海南掀起"再造香港"的热潮，由于多方面原因又错过了一个重大的机遇。抓住机遇具有决定性的意义，重大机遇当前，一定要趁热打铁、趁机而为、因势利导，这样才大有希望。

第二，不要再犯急功近利的历史错误。 海南是个资源十分富饶、环境十分优越的地方。可是，多年来为什么发展不尽如人意？

1984年中央决定开发海南岛,可是全岛倒卖汽车,急于发财,急于一锤子买卖。海南扩大开放,一定要有长远眼光,不再犯急功近利的毛病,不要为短期利益失去重要的历史发展机遇。

第三,要上下一致、解放思想、开阔胸襟,为了一个目标,不为私利地做事情。历史实践说明,海南什么时候改革开放的力度大,什么时候经济活力就强、发展速度就快。反之,如果改革开放的步伐慢了,就会陷于发展困境之中。习近平总书记要求海南自由贸易港建设要"久久为功、行稳致远"。按照这个要求,海南自由贸易港建设要一步一步扎实地做,一步一步抓住机遇往前走。习近平总书记"4·13"重要讲话,一锤定音,为海南走向大开放指明了道路,为海南经济社会发展注入重要动力。只有按照总书记的要求,上上下下齐心协力、一个心眼儿加快海南自由贸易港建设,海南才大有希望。按照中央的要求,海南自由贸易港要用5—15年时间基本建成。实现这个目标,关键要看头一两年、两三年。这两三年太重要了,不能心存杂念,不能自我满足。要解放思想、提振精神,开阔干部的视野,通过长期不懈的努力,让海南的明天更美好。

上 篇

研讨特别关税区始末

放眼我国社会主义现代化建设的历史进程，海南这一"更大的特区"的建立，是邓小平同志着眼于我国改革开放全局布下的一颗重要棋子。其重要战略意图，就是希望通过把海南岛全面推向国际市场，实行比特区更"特"的政策，把落后的边陲地区好好发展起来，使其在推进我国改革开放、加强民族团结、巩固国防、实现祖国和平统一大业中发挥重要而又特殊的作用。

在这个背景下，自1987年年底筹备建省到1993年年初的5年间，海南探索走向大开放，热火朝天地研讨设立特别关税区，受到了国内外关注。当时提出，海南特别关税区是在中央的统一领导和监督下，把海南从国家统一的关税体制中划出来，实行"一线放开，二线管住"的海关制度，实行"海外人员进出自由、货物进出自由、资金进出自由"。1989年1月和1992年8月，海南省委省政府两次向中央提交《关于设立海南特别关税区的请示》。后来，由于多种原因，一再错失机会。作为当时主要的参与者、实践者、研究者，我经历了那一段改革开放激情燃烧的拼搏岁月，觉得有必要、有责任将这段珍贵的历史记录下来。

◇一　第二关税区的提出

20世纪80年代中后期，中央决定将海南行政区从广东省划出来，建立海南省并创办全国最大的经济特区。我认为，这一重要战略意图，就是要在社会主义制度的基础上创立一种新的经济起飞模式，利用海南特殊的地理和区位优势，开展扩大开放的典型试验，使得海南成为面向东南亚国家和地区的一颗重要战略棋子。同时，这对促进两岸关系和国家和平统一大业有着深远的意义。在这样的大背景下，海南好好发展起来，对全国的改革开放和社会主义建设大局都有着重要的先行试验作用。如何建设最大的经济特区？如何能比其他特区更"特"？如何能把海南全面推向国际市场，使其迅速发展起来？中央提出在海南设立第二关税区的设想。

（一）海南岛好好发展起来是很了不起的

1984年2月24日，邓小平同志邀请几位中央领导同志谈建立经济特区问题时曾明确指出："我们还要开发海南岛。如果能把海南岛的经济迅速发展起来，那就是很大的胜利。"[1] 同年4月29日，他在北京会见美国著名企业家哈默时，又说"我们决定开发海南岛"[2]。1987年6月12日，邓小平同志在北京对应邀来访的南斯拉夫客人说："我们正在搞一个更大的特区，这就是海南岛经济特区。海南岛和台湾的面积差不多，那里有许多资源，有富铁矿，有石油天然气，还有橡胶和别的热带亚热带作物。海南岛好

---

[1] 《邓小平文选》第3卷，人民出版社1993年版，第52页。
[2] 中共海南省委：《海南岛好好发展起来，是很了不起的——纪念邓小平同志诞辰110周年》，《海南日报》2014年8月22日。

好发展起来，是很了不起的。"①

从"我们还要开发海南岛"到"我们决定开发海南岛"，再到"我们正在搞一个更大的特区，那就是海南岛经济特区"，体现了邓小平同志关于海南建省办最大的经济特区这一重大决策从酝酿、决策到实践的过程。在邓小平同志的亲自倡导下，中央做出海南建省办最大经济特区的战略决策，并明确海南可以实行比其他经济特区更加灵活、更加开放的政策。自此，海南开始了"走向大开放"的不懈探索。

1. 促进祖国和平统一

实现祖国统一，是全体中华儿女的共同愿望，是中华民族根本利益所在。中国共产党党员始终把国家统一作为自己奋斗的重要目标。按照邓小平同志的话："实现国家统一是民族的愿望，一百年不统一，一千年也要统一的。"② 设立海南省，创办海南经济特区，让海南迅速发展起来，是促进台湾回归、完成祖国和平统一大业的重要战略举措。

我国是个沿海国家，在 1.8 万公里的海岸线上，分布着 7600 多个大小岛屿，但是，小岛多、大岛少；无人岛多、有人岛少；缺水岛多、有水岛少。其中，台湾岛面积最大，为第一大岛，海南岛次之，堪称两大宝岛明珠。同为祖国宝岛的海南与台湾，面

---

① 中共海南省委：《海南岛好好发展起来，是很了不起的——纪念邓小平同志诞辰 110 周年》，《海南日报》2014 年 8 月 22 日。
② 《实现国家统一是民族的愿望》，人民网（http://cpc.people.com.cn/n1/2016/0330/c69113-28236660.html）。

积相近，地理和自然条件相似，经济发展水平却相差悬殊。由于长期位于国防前哨，相对封闭，开发建设不足，海南经济发展不仅远远落后于内地大多数地区，更落后于台湾。1988年，海南GDP只有77亿元，人均GDP为1220元，全岛近1/6人口还处在贫困线以下。台湾1988年的GDP超过4700亿元，人均GDP超过23000元，分别是海南的61倍和18.9倍。

1978年我国实行改革开放政策后，在中共广东省委第一书记习仲勋的倡导下，将海南岛的开发建设逐步提上日程。1980年6月30日至7月11日，根据邓小平同志的指示，国务院和广东省在北京召开了海南岛问题座谈会，决定对海南的经济建设给予大力支持。刘田夫①、罗天②等广东和海南负责人参加了这次会议，专题研究如何加快海南岛经济建设发展问题，形成了《海南岛问题座谈会纪要》，1980年7月24日以"国发〔1980〕202号"文件下发全国。这是我国实行改革开放政策后，中央召开的第一个有关海南岛如何搞好开发和搞活经济的重要会议。

1982年12月12日，中央在北京再次召开海南岛开发建设座谈会。这次座谈会，根据全国实行改革开放三年多的经验明确提出，加快海南的开发建设，主要是给政策。给海南的政策，应该比给广东和福建两省的政策还要宽。具体给什么政策，座谈会决

---

① 原中顾委委员，广东省原省长，中共广东省委原书记，中国共产党十二大、十三大代表，第五届全国人大代表。

② 历任中共广东省委常委、省革委会副主任、广东省人大常委会副主任兼中共海南行政区委第一书记、海南行政区革委会主任、海南军区第一政委，1983年后任广东省第六、第七届人大常委会主任。是党的八大、十一大、十二大、十三大代表，第六、第七届全国人大代表。

定由国务院办公厅特区组和中共广东省委调研后向中央提出建议。这次座谈会后，国务院组织了由8个部委组成的工作组到海南考察。

这两次座谈会在海南改革发展历程中意义重大，为海南建省办经济特区奠定了重要基础。

1983年2月9日、3月5日、3月12日，中央在北京先后三次召集国务院有关部门、广东和海南负责人开会，讨论加快海南开放开发的方针政策。4月1日，形成《加快海南岛开发建设问题讨论纪要》（中发〔1983〕11号）批转全国。这就是著名的"中央11号文件"。以此为标志，海南岛的工作实现了从以国防建设为主到以开发建设为主的根本性转变。

在谋划海南开发建设时，两大宝岛的悬殊差距就落入了人们的视野。1983年1月18日，国务院领导在结束对非洲11国的正式访问后到海南进行调研，在他们听取关于海南岛开发建设问题的汇报时，把中国的第一大岛、第二大岛资源状况、发展程度做了一番比较：海南岛的优点之一就是交通方便，海南建设可以利用海运方面的条件。世界上所有的海岛发展都比较快，原因之一就是海运比较方便。台湾的发展也是如此，便于物资、资源的进出。为此，要把海南岛的开放提到议事日程上来。海南岛是中国第二大岛，有些资源条件比第一大岛台湾岛还好。但是，经济发展不快。多年来的工农业总产值的人均水平居全国末尾，与全国的平均水平差距也不小。① 1983年2月11日，正在海南视察的中央领导在同广东省委、海南区党委负责人雷宇谈话时，也将海南

---

① 《谷牧与海南1980—1987》，《海南日报》2009年11月16日。

和台湾做了比较。他说:"我们的经济实力与政治地位很不相称。海南的地理条件和台湾差不多,但经济是1:14,你们心里有这笔账,是很大的一笔账。"①

在这一系列背景之下,邓小平在1984年年初的经济特区座谈会上关于《办好经济特区,增加对外开放城市》的讲话中说:"我们还要开发海南岛。如果能把海南岛的经济迅速发展起来,那就是很大的胜利。"②

邓小平同志的这篇重要谈话传达后,引起多方面的极大关注。当时,有一种说法是,在中国与英国谈香港问题之前,邓小平同志也曾想过台湾问题。他认为可以先拿海南做试验,使其全面开放,让海南逐步赶上台湾的经济发展水平。美国著名学者傅高义在《先行一步:改革中的广东》③中,就曾以独特的眼光做这样的观察:"为了和平统一台湾,北京官方认为,他们有必要表明自己能够把海南管理好","在海南问题上,邓小平的视野是如此广阔,包括让海南经济发展更快,推动改革开放,海南干部队伍的情况,与台湾的关系,国际上的影响等等,他都考虑进去了","对海南来说,(建省办经济特区)考虑的重点不是为了推动全国其他地方的发展,而是为了给台湾示范"④。

---

① 《谷牧与海南1980—1987》,《海南日报》2009年11月16日。
② 《办好经济特区,增加对外开放城市》,载《邓小平文选》第3卷,人民出版社1993年版,第52页。
③ [美]傅高义:《先行一步:改革中的广东》,广东人民出版社1991年版。
④ 《傅高义专访——"在海南问题上,邓小平的视野是如此广阔"》,《海南日报》2013年5月14日。

一方面，通过创办海南经济特区，力求使原来十分落后的海南岛好好发展起来，这对促成台湾回归无疑具有相当大的说服力和吸引力；另一方面，海南与台湾是祖国的两大宝岛，两岛在经济结构上优势互补，在经济合作上具有便利的交通条件。如果海南经济特区在发展过程中，以其进一步的对外开放，加强与台湾的接触、了解和合作，增强两岛在经济上的依存度，可以使两岛由于经济利益的密切联系和一致性，最终实现台湾对祖国统一的认同，达到以经济促政治的目的。鉴于海南与台湾的可比性强，创办海南经济特区，通过20年左右的时间使海南赶上台湾的经济发展水平，将十分有利于按照"一国两制"的原则解决台湾回归问题；鉴于海南和台湾的资源状况差不多，创办海南经济特区有利于促成海南和台湾的全面经济合作，为按照"一国两制"原则实现两岸统一做出重要贡献；鉴于海南和台湾两岛地理位置的特殊性，创办海南经济特区，能逐步形成两岛的经济、贸易和人员的自由往来关系，使海南在实现祖国和平统一大业中扮演重要角色。

海南建省办经济特区吸引了国内外的高度关注。建省之初，台湾和海南两岛的经济合作也成为国内外各大媒体提问的焦点。《美洲华侨日报》采访许士杰书记时曾发问："海南和台湾十分相似，有报道说海南建省是为了同台湾竞争，在建省过程中，你们把握有多少？"许书记讲："海南的面积比台湾略小一点儿，但资源并不比台湾差。不过由于历史等种种原因，现在我们同台湾比，从国民生产总值等指标看，同台湾有一定的差距，所以我们要采取更加开放的方法。国家给予我们更大的自主权和更加优惠的政策,在这样一个好政策下,我们努力工作,力争在不太长的时间内赶上台湾……十三大以后,有了进一步开放的路线、方针、政策,海南人民是有信心和决心加快开发步伐的。"

2. 开创社会主义制度的经济起飞模式

1984年6月,邓小平同志在会见第二次中日民间人士会议日方委员会代表团时指出:"社会主义阶段的最根本任务就是发展生产力,社会主义的优越性归根到底要体现在它的生产力比资本主义发展得更快一些、更高一些,并且在发展生产力的基础上不断改善人民的物质文化生活。"① "贫穷不是社会主义,发展太慢也不是社会主义。否则社会主义有什么优越性呢?"②

什么是社会主义、怎样建设社会主义,是邓小平同志在领导改革开放和现代化建设这一新的征程中,不断提出和反复思考的基本理论问题。

从坚持社会主义、社会主义优越性的大局和战略高度着眼,海南岛作为全国的典型地区,开发建设和迅速发展具有十分重大的意义,即探求一条经济文化落后地区进行社会主义建设的道路。海南岛既是我国的国防前哨,又是老革命根据地和少数民族聚居地。建省之前,海南岛3.4万多平方公里的面积,绝大部分是农村;海南600多万人口中,有500多万农民。长久以来海南岛形成了封闭、单一的经济格局,经济基础十分薄弱,属于相当不发达和落后的地区。而发展大特区的社会主义的最大优越性,在于

---

① 《邓小平文选》第3卷,人民出版社1993年版,第63页。
② 《邓小平文选》第3卷,人民出版社1993年版,第255页。

它能够采用一切促进生产力发展的制度和办法,在尽可能短的时间内,建设成一个富裕的社会主义宝岛。从以半封闭经济为主的经济形态转变为以外向型经济为主的特区经济形态,这种历史性的跨越是极其艰巨的开拓性事业。因此,把海南迅速发展起来,本身就是一件"很了不起"的事情,是社会主义现代化建设事业的很大胜利。

3. 对外开放的大胆试验

党的十一届三中全会后,我国进入了改革开放和社会主义现代化建设的新时期。实行对外开放,成为实现社会主义现代化战略部署的重要组成部分,写入了党的决议。

1984年1月,邓小平同志到广东、福建、上海等地视察。回到北京后,2月24日邀请几位中央领导同志座谈,内容是关于办好经济特区和增加对外开放城市的问题。邓小平同志在这次谈话中明确指出:"我们建立经济特区,实行开放政策,有个指导思想要明确,就是不是收,而是放。""除现在的特区之外,可以考虑再开放几个港口城市,如大连、青岛。这些地方不叫特区,但可以实行特区的某些政策。"①

3月26日至4月6日,为了研究贯彻落实邓小平同志的重要谈话精神,中央书记处、国务院在北京召开沿海部分城市座谈会。会议作出了扩大特区范围,进一步开放天津、上海、大连、秦皇岛、烟台、青岛、连云港、南通、宁波、温州、福州、广州、湛

---

① 《办好经济特区,增加对外开放城市》,载《邓小平文选》第3卷,人民出版社1993年版,第52页。

江和北海 14 个沿海港口城市的重大决定。

沿海城市开放是我国改革开放的大手笔,是我国对外开放史上的重大事件。这是自 1757 年奉行"一口通商"政策、实行闭关锁国以后的第一次自主开放。当时,《亚洲华尔街日报》这样说,中国决定把沿海的 14 个城市向外国商人和投资者开放,许多外国人说,这个行动是中国政府采取的最大胆的行动。国外的评论还这样说,开放整个海岸,是邓小平跨出的惊人的一大步。开放整个海岸,意味着实际开放半个中国。[①]

这次座谈会,重点是研究进一步办好经济特区和开放沿海港口城市问题。会议也邀请了海南行政区代表,纪要中对海南岛问题专门写了一段,标题是:"搞好海南岛的开发建设。"

专栏 1　　国务院关于批转《沿海部分城市座谈会纪要》的通知(节选)

搞好海南岛的开发建设

中央和国务院考虑到海南岛孤悬海外,经济落后,一九八三年发出专门文件(中发 11 号文件),确定以对外开放促进岛内开发的方针,授予海南行政区在对外经济活动方面较多的自主权。国务院各部门、广东省和海南驻军,从各方面积极支持海南岛的开发建设,并且安排了一批急需的建设项目。当前要帮助海南把港口和机场的扩建、铁路的连接,煤矿、电厂、电讯以及旅游设施的建设及早抓上去,还要抓紧研究利用莺歌海的天然气建设大型石油化工项目的问题。海南行政区要抓紧制定全岛建设规划和近期内的具体安排,运用中央给的政策和权限,积极开展对外经济技术合作。海南全岛党政军、各民族要在各方面支援下,解放思想,加强团结,艰苦奋斗,争取到 1985 年全岛的开发建设取得明显进展,到 1990 年全岛的经济面貌要有大的改观。

资料来源:中国网(http://www.china.com.cn/guoqing/2012–09/12/content_26747629.htm)。

[①]　《谷牧与海南 1980—1987》,《海南日报》2009 年 11 月 16 日。

为什么讲海南因改革开放而生？海南的改革开放，就是在20世纪80年代我国改革开放向纵深推进的大背景下起步的。这是80年代初期中央继开放广东、福建两省和创办深圳等四个特区之后，推进我国对外开放所采取的又一重要措施。

当时，我国改革开放近十年，深圳等经济特区的初步实践向国人展示了改革开放的"能量"。如果对海南岛实行特殊的开放政策，就有可能在较短的时间内改变海南的面貌，使海南迎头赶上。作为国防前哨的海南岛，在全国发展大局中还是一个洼地，与香港、台湾等地区相比，经济发展差距甚大。要在短期内实现较快的发展，唯一的选择就是加快改革开放的步伐，坚定不移地实行"大开放"方针。应当说，以大开放促进大改革、大开发、大发展，是20世纪80年代以来对海南开发一以贯之的大思路。"大开放促进大改革和大开发"这一方针的提出，不仅从根本上转变了把海南主要作为国防前哨而封闭建设的指导思想，而且明确海南在处理对外开放和内部经济建设关系上，要把对外开放作为开发建设的"火车头"。

（二）提出建立第一个社会主义自由贸易区

1988年4月13日，七届全国人大一次会议通过了《关于设立海南省的决定》和《关于建立海南经济特区的决议》。自此，海南开发建设翻开了崭新的一页，也开启了海南走向大开放的实践探索。

1988年4月13日,《海南日报》号外版刊发七届全国人大一次会议
通过决议《设立海南省　建立海南经济特区》

1. 建立第一个社会主义自由贸易区

1987年10月底,根据邓小平同志的战略构想,中央财经领导小组会议讨论海南如何大开放。会议邀请了海南建省筹备组主要负责人许士杰和梁湘列席。会议要求按照邓小平创办海南经济特区的战略设想,根据中央的要求,从筹备建省之初的需要出发,中央有关部门与海南建省筹备组协商尽快拿出方案来。

当时，中央要开一次财经领导小组会议，请我所工作的办公室提出一份材料，按照邓小平同志的战略意图，海南大特区应该怎么办？办公室提出一个题目，即"在海南建立世界第一个社会主义自由贸易区"。但是，限于当时的情况，这份建议没有在办公室范围内讨论，只是跟少数人议论以后，形成了一份在中央财经领导小组会议上的讨论发言。

2. 中央财经领导小组会议研讨设立第二关税区

1988年1月18日和23日，中央领导主持两次中央财经领导小组会议，对海南建省办经济特区的有关政策发表了重要意见。主要有三条：一是主要靠市场调节；二是所有制多样化，比例不受限制；三是国外人员、贸易、外汇进出口是自由的。

按照中央的要求，海南不仅要开放，而且要比深圳特区更"特"，对外更放开、更自由。

如何比深圳特区的开放更"特"，中央领导同志提出："海南要设二线海关，是很明确的。海南岛开放的前提，就是要在海南岛的周围设关，使之成为全国关税区之外的第二关税区。这个问题不解决，还讨论什么特殊政策。"中央领导还指出，"海南要设关，这才是特区，只有后面封了，前面才能放开。当然，要做到这一点，要做许多准备工作，但要有个方向。按照这个方向搞，这就特了"[①]。

当时海南建省筹备组的同志认为，海南刚建省，底子薄，基

[①] 《方针　政策　法规　战略——关于海南建省、办大特区文件资料汇编之三》，1988年10月内部编印。

础差,如果很快划"一线、二线",困难会相当大。基于这个考虑,建省筹备组向中央提出,是不是先学习深圳的经验,中央允许海南先建一个特区,经过两三年的准备,把基础设施搞好了,再逐步全面放开?筹备组副组长梁湘同志与有的专家讨论后提出,请求中央及广东省等加大对海南基础设施的投资,先喝"娘奶",吸收内地的资金、中央各部委的资金,待海南基础设施落后局面有所改善后再全面放开,再喝"洋奶",大规模吸引外资搞开发建设,将海南推向国际市场。

专栏 2   **中央提出设立第二关税区**

海南岛要设二线海关,是很明确的。海南岛开放的前提,就是要在海南岛的周围设关,使之成为全国关税区之外的第二关税区,这是早已明确了的。这个问题不解决,还讨论什么特殊政策。

海南要设关,这才是特区,只有后面封了,前面才能放开。做到这一点,要做许多准备工作,但要有个方向。我说海南岛可以放开就是这个意思,要设第二关税区或什么税区,是因为隔了一个海,所以才这样定。

对香港的鲜活商品出口,总的来说,要有配额,但同时也要看到,水货什么时候都是有的。这种小的乱子一点不出是不可能的。我们不能因为有水货就一切都管死,不能因噎废食。海南岛基础差,水平低,要一下子改变不那么简单,还要艰苦创业。对外开放,不能没有吸引力,光说宝岛,不收税或低收税,人家不来。要比深圳特区更特。因此,只有对外更放开,更自由,不这样,还是要落后。我想,在初期该放什么、不放什么,什么东西要打税,什么东西不要税,可以研究。海南岛要发展不给点条件也不行,可以发一点洋财,但怎样发,也要研究。

海南的二线海关怎么封,要研究。这里面有个内联的问题。要出个题目,研究哪些可封死,哪些不能封死,做到既建立起第二关税区,又不影响内联。海南的开发建设,几十年内都离不开大陆的支持。海南的一个很大的潜力,就是把三线军工拉过去。至于水货和走私,要卡死。人员、资金允许与大陆自由往来。对外放开是为了有利吸引外资,二线封死是为了不影响大陆,但又不影响内联。按这个方向搞,这就特了。

资料来源:《方针　政策　法规　战略——关于海南建省办大特区文件资料汇编之三》,1998 年 10 月编印。

（三）在实践中准备条件

1988年，国务院下发了24号、26号文件，赋予海南相当特殊和优惠的开放政策，有的政策在全国来说是独一无二的。可是在实践过程中，却遇到了执行和落实政策的困难，开放政策和开放体制之间的矛盾开始逐步显露出来。

1. 国务院出台〔1988〕24号、26号文

1987年下半年，建省筹备期间，对于如何推进海南大开放，中央曾委托国务院领导对海南的特殊政策进行调查研究并提出方案。1987年11月2日，国务院有关部门开会并提请各部门讨论，集中了从外交到公安边防，从经济综合部门到专业管理机构，从工业交通到农、林、水共25个部、委、办、局、署的意见，还同几位经济专家进行了座谈。

12月6日，国务院16个部门的负责人在海口举行座谈会，与建省筹备组讨论海南进一步对外开放的具体政策。应当说，这些政策比已有四个特区"特"了很多，但是，海南的同志还要求再"特"些。例如，要求其自产产品出口，除国外有配额的以外，其他不受国内主动配额的限制，不实行许可证管理，等等。据说，双方争执不下，决定不再讨论，拿到中央研究。回到北京后，国务院领导立即向中央和国务院做了汇报。考虑到内外有别，他把在海南讨论定下来的问题分别写成两份文件：一个是《关于海南岛进一步对外开放加快经济建设座谈纪要》；另一个是《关于鼓励投资开发海南岛的规定》。1988年4月14日，国务院以国发〔1988〕24号文批转了座谈会纪要；1988年5月4日，国务院以国发〔1988〕26号文正式公布并实施《国务院关于鼓励投资开发海南岛的规定》。

应当说，国务院〔1988〕24号和26号文件，给海南发展赋予了一系列优惠政策，很"特"的政策。比如，国务院〔1988〕24号文第二条明确规定，在土地使用方面，海南省的国家所有土地实行有偿使用制度，土地使用权可以有偿出让或转让。国有土地使用权出让，一次签约期限最长为70年，期满后可以申请续约。金融方面，在海南岛可以设立外资银行、中外合资银行和境外客商投资的财务公司，并适当放宽其业务经营范围。[①]

再如，国务院〔1988〕26号文件第十四条规定，在海南岛举办的外商投资企业和外商持有25%以上股份的企业均享有进出口经营权，其他企业经海南省人民政府批准也可以享有进出口经营权，进口本企业生产、经营必需的货物，出口本企业的产品；在外汇方面，第十八条规定，海南岛内的企业出口产品和从事其他经营活动取得的外汇收入，均可保留现汇，按当地中国人民银行的规定管理。拿到这份文件后，建省筹备组成员都感到中央对海南岛开发建设的支持力度很大。

[①]《关于海南岛进一步对外开放加快经济开发建设的座谈会纪要》，载《中共经济特区文献资料》，社会科学文献出版社2010年版。

> **专栏 3**　国务院批转《关于海南岛进一步对外开放加快经济开发建设的座谈会纪要》的通知（节选）
>
> （1988 年 4 月 14 日）

一、海南省要紧紧把握住发展生产力这个中心，坚持四项基本原则，进一步对外开放，深化改革，加快经济开发建设，兴岛富民，争取在三五年内赶上全国平均经济水平，到本世纪末达到国内发达地区的水平，进而为赶上东南亚经济较发达国家和地区的水平而努力。

二、海南省的经济建设，应积极利用外资，尤其要大力吸收港澳资金，并积极发展与内地的横向经济联合。

三、海南省内的外商投资企业，按照《国务院关于经济特区和沿海十四个港口城市减征、免征企业所得税和工商统一税的暂行规定》（国发〔1984〕161 号）中有关"经济特区"的规定，享受税收优惠待遇。

四、海南省可以按自借自还的原则，从海外直接筹借资金进行开发建设。

五、大力扶持海南省拓展出口贸易，海南省自产产品出口，应在国家统一政策指导和管理下放开经营。

六、海南省可根据实际需要，自行审批和组织进口省内自用的生产设备、原辅材料和省内市场短缺的商品。

七、海南省生产的产品除用免税进口料件组装生产的国家限制进口产品需经省人民政府审批外，其余可以自主内销外省。内销到外省的产品，所含免税进口料、件，应照章补税。

海南省免税或半税进口的物资和商品限在省内使用和销售，个别的经国家主管部门批准才可转销国内其他地区，并照章补税。

八、支持海南发展旅游事业。授予海南省旅游外联权和签证通知权。

九、海南省向海外派出贸易机构和旅游机构，到海外办企业，除到我有特殊规定的国家（地区）以外，均授权海南省审批，同时报外交部和经贸部或国家旅游局备案。

十、海南省的改革可以有更大的灵活性，要在国家宏观计划指导下，建立有利于商品经济发展、主要是市场调节的新体制框架。

十一、为有利于海南岛进一步对外开放、深化改革，加快开发建设，建议国务院授予海南省更多的经济活动自主权。

十二、海南岛加快开发建设的任务繁重，国务院各部门和有关地区要从各个方面继续积极给予支持。

专栏4　　《国务院关于鼓励投资开发海南岛的规定》（节选）
（1988年5月4日）

第一条　为了吸收境内外投资，加快海南岛的开发建设，特制定本规定。

第二条　国家对海南经济特区实行更加灵活开放的经济政策，授予海南省人民政府更大的自主权。

第三条　国家鼓励境内外的企业、其他经济组织或者个人（以下简称投资者）投资开发海南岛，兴办各项经济和社会事业。

第四条　国家依法保护投资者的合法权益，对投资者的资产不实行国有化和征收，在特殊情况下，为社会公共利益的需要，对投资者的资产可以依照法律程序实行征收，并给予相应的补偿。

第五条　投资者可以下列方式在海南岛投资经营：

（一）投资举办中外合资经营企业、中外合作经营企业、外资企业（以下简称外商投资企业）以及法律允许的其他类型的企业；

（二）购买股票、债券等有价证券；

（三）购买、参股经营或者承包、租赁经营企业；

（四）采用其他国际上通行的投资方式投资经营，开展经济技术合作和交流。

第六条　海南岛国家所有的土地实行有偿使用。

第七条　海南岛的矿藏资源依法实行有偿开采。

第八条　投资者可以合资、合作方式在海南岛投资从事港口、码头、机场、公路、铁路、电站、煤矿、水利等基础设施建设，也可以独资经营专用设施，并可依照国家有关规定投资经营与上述设施相关联的各类企业和服务事业，实行综合经营。

第九条　根据经济发展的需要，经中国人民银行批准，可以在海南岛设立外资银行、中外合资银行或者其他金融机构。

第十条　在海南岛投资兴办各项经济和社会事业，由海南省人民政府审查批准。

第十一条　获准举办的企业作为投资进口的建设物资、生产设备和管理设备，为生产经营进口的原材料、零配件、包装材料和其他物料以及自用的交通工具、办公用品，由海南省人民政府自行审批。

第十二条　在海南岛举办的企业（国家银行和保险公司除外），从事生产、经营所得和其他所得，均按15%的税率征收企业所得税，另按应纳税额附征10%的地方所得税。

第十三条　境外投资者在海南岛内没有设立机构而有来源于海南岛的股息、利息、租金、特许权使用费和其他所得，除依法免征所得税者外，均按10%的税率征收所得税。需要给予减征或者免征所得税优惠的，由海南省人民政府决定。

第十四条　在海南岛举办的外商投资企业和外商持有25%以上股份的企业均享有进出口经营权，其他企业经海南省人民政府批准也可以享有进出口经营权，进口本企业生产、经营必需的货物，出口本企业的产品。

第十五条　海南岛内的企业进口本企业建设和生产所必需的机器设备、原材料、零配件、交通运输工具和其他物料，以及办公用品，均免征关税、产品税或增值税。海南岛内的企业进口供岛内市场销售的货物，减半征收关税、产品税或增值税。

第十六条　国家鼓励海南岛内的企业生产的产品出口。

第十七条　海南岛内的企业生产的产品在岛内市场销售的，除矿物油、烟、酒和海南省人民政府规定的其他少数产品减半征收产品税或增值税外，其余免征产品税或增值税。

第十八条　海南岛内的企业出口产品和从事其他经营活动取得的外汇收入，均可保留现汇，按当地中国人民银行的规定管理。

第十九条　境外投资者从在海南岛投资举办的企业获得的利润，可以从企业的外汇存款账户自由汇往境外，免缴汇出额的所得税。

第二十条　凡与我国有外交关系或者官方贸易往来的国家或地区的外国人，到海南岛洽谈投资、贸易，进行经济技术交流、探亲、旅游，停留时间不超过十五天的，可临时在海口或三亚口岸办理入境签证手续。

第二十一条　香港、澳门、台湾同胞和华侨，凡持有国务院主管部门及其授权机关签发的有效护照或其他有效证件，前往海南岛及转往境内其他地区或者出境，无须办理签证。台湾同胞可以直接在海南岛的口岸申领《台湾同胞旅行证明》。

2. 海南出台"三十条"被叫停

国务院〔1988〕24号、26号文公布后，省委省政府考虑制定一个较为细化的文件，以便于更好落实。1988年8月1日，海南省人民政府颁布了《海南省人民政府关于贯彻国务院〔1988〕26

号文件加快海南经济特区开发建设的若干规定》（以下简称"三十条"）。在国务院〔1988〕24号、26号文件的基础上，又增加了一些更"特"的规定。

例如，第十一条规定，凡在海南注册的企业，均享有进出口经营权。企业凭营业执照办理进出口业务；第十八条规定，国家、省政府放开经营的进出口商品，企业可自主经营，海关凭购销合同验放；第二十四条规定，本省的人民币外汇汇率由省内外汇调剂市场自由调节，各类企业、事业单位、机关和个人均可通过外汇调剂市场自由买卖和兑换外汇；第二十九条规定，凡是国家法律、法规及省政府的条例规章没有明文禁止的，有利于生产力发展的生产经营活动，企事业单位、团体和个人均可放开经营、大胆试验。也就是今天我们说的"法无禁止即可为"。

当时这些政策一经公布，就在岛内外产生很大影响，《南方日报》《广州日报》等都做了大篇幅报道。一股新的投资热悄然涌起，国内外企业一时纷至沓来。《海南日报》曾有报道，一周之内，国内外400多家企业到海口洽谈业务。①

由于"三十条"中的某些条款超出国务院〔1988〕24号、26号文件的范围，所以，这个文件一出台就面临阻力。为了避免冲击全国大市场，"三十条"很快被国务院叫停。

3. 实践证明，开放体制更重要

国务院〔1988〕24号、26号文件的优惠政策，在实际执行中

---

① 黄晓华：《三十条：大特区尝试政策突破》，《海南日报》2008年12月2日。

遇到了很多矛盾。特别是1989年10月全国全面展开治理整顿①以后，困难更大，处在进退两难的境地。当时，我组织省体改办同事针对24号、26号文件执行遇到的困难进行了研究，主要涉及利用外资、土地、进出口贸易、财税、金融、经济管理权限、外事与旅游等。其中，比较突出的是以下三个问题。

一是经济活动自主权、审批权的问题。24号、26号文件赋予或授权海南省人民政府自主权、审批权的有17条。其中没有落实的有：24号文件中的第二条即利用外资权；第四条即对外借款权；第六条即进口省内自用生产设备、原辅材料审批权；第八条即旅游外联权和签证通知权；第九条即驻外机构派设权；第十条即有关价格的管理权；第十一条即经济活动自主权等问题。26号文件的第十条，即建设项目审批权；第十一条即获准举办企业的进口物资审批权；第十四条即批准外商及其他企业享有进出口权；第二十条、第二十一条即入境签证权。大概估算，占24号、26号文件各项政策规定60%左右的大部分自主权、审批权均被收回。

二是鼓励投资的优惠政策问题。在进出口贸易政策方面，主要有四个问题很难解决，即出口问题、进口问题、外汇留成问题、进口退税问题。比如说，按照24号文件规定，属于国际被动配额和属于销往港澳地区实行配额许可证管理的海南生产商品品种要适当减少。但是，建省四年来，非但没有给海南适当减少品种，却和全国一样大幅度增加。1988年全国受许可证管理的出口商品

---

① 治理整顿是"进一步治理整顿深化改革"的简称。1989年10月中国共产党中央十三届五中全会作出的关于我国国民经济的一项重要决策。这次全会决定对国民经济进一步治理整顿，这项任务要求用3年或更多一点的时间完成。

有159种，按照〔1991〕外经管发第79号文件规定，受许可证管理的出口商品已增加到226种，增加了67种。再比如，在外汇留成方面，按照24号文件规定，"海南省外贸自负盈亏，出口贸易收汇，1995年以前，海南省自产产品和用内地的原材料、半成品，经海南省加工增值20%以上的产品出口收汇，全部留给海南省"。国发〔1988〕124号文件对此有新的规定，即贸易出口收汇一律实行倒二八分成。① 国发〔1990〕70号文件对此又做了进一步调整，规定贸易出口收汇实行全额分成，上交中央五成。至此，中央给予海南的外汇全留政策被收回。

三是中央各部门继续给予海南支持的问题。主要的问题有财政问题、外汇贷款问题、重点项目和优先贷款尽先安排问题等，这些事项有的尚未兑现，有的停止执行。比如，按照24号文件规定，"从1988到1995年，国家对海南实行'收支包干、定额补贴'的财政体制'"，但当时的情况是"收支而不包干"。如土地出让收入按照24号文件应留给地方财政，但国发〔1989〕38号文件规定，"土地使用权有偿出让收入，40%上交中央财政"（后1990年《财政部关于国有土地使用权有偿出让收入上交中央部分有关问题的通知》中提出，经国务院批准的深圳市、珠海市、汕头市、海南省经济特区，其上交中央收入的返还比例为85%—90%）。

从国务院〔1988〕24号、26号文件中可以看出，中央给予海

---

① 《国务院关于调整经济特区和三个试点行业外汇留成比例的复函》（国函〔1988〕124号），规定"从一九八九年一月一日起，所有经济特区（包括深圳、珠海、汕头、厦门、海南岛）和经济技术开发区外贸出口收汇，除外商投资企业的产品、机电产品和军品仍实行自负盈亏、全额留成外，其他一律实行自负盈亏、'倒二八'分成（留成80%，上缴中央20%）。原五个特区上缴中央外汇基数的办法停止实行"。

南相当特殊和优惠的开放政策,投资、外贸、外汇、人员等方面的管理,都比当时其他省份的权限大很多。但是,许士杰书记和梁湘省长感到不大满意,"这跟中央说的'三个自由'还有很多差距啊,能不能想想办法,我们更开放一些"。

上述政策执行中产生的矛盾,虽然也可以通过重新明确一些政策予以暂时解决,但若不从体制上理顺海南与中央的经济关系,在政策执行过程中难免会继续出现类似的困难和问题。尤其是作为一个岛屿经济体,它的经济特点决定了没有开放的体制模式,主要靠具体的优惠政策是不够的。有人常问,"中央给海南这么多政策,哪个政策用好了?"同样的开放政策,给海南和给广东、上海等地的实际效果是大不一样的,内地具有广阔的经济腹地,而海南没有。客观讲,海南作为岛屿经济体,执行落实政策的能力较弱。这一点与内地有明显不同。为此,政策虽相同,但是实施和执行的效果却有所不同。

(四)设立第二关税区写入第一次省党代会报告

海南建省办经济特区 30 多年是我国改革开放进程的一个生动缩影。建省初期,海南在多项开放、改革举措上走在了全国前列。我作为这一段时期海南改革决策的主要参与者与见证人,不时回想起那一段值得珍惜的许多事情。比如,在第一次省党代会报告中,就明确提出了"创造条件设立第二关税区""建立市场经济"等。

1. 向香港媒体发布:海南实行"三大自由"

参与建省来到海南以后,我就全身心投入海南改革开放的谋划当中。当时，许士杰书记交代我两件事情："第一个，海南怎么改？尽快拿出一个改革的总体方案。第二个，以后我的重要讲话，由你直接起草。"

1988年4月26日夏令时12点40分（北京时间11点40分），海南建省办经济特区挂牌仪式正式举行，中共海南省委、海南省人民政府在海口市海府大道59号正式挂牌，那真是人头攒动的一天，人山人海。挂牌仪式没几天后，5月4日，应新华社香港分社、香港海南商会的邀请，由许士杰书记、梁湘省长率领的海南省赴港代表团一行19人，乘机前往香港，参加旅港海南同胞举行的庆祝海南建省办经济特区活动。当时，海南最重要的目的是希望吸引港澳台资和外资。

1988年4月26日，海南省人民政府挂牌仪式

1988 年 4 月 26 日，许士杰、梁湘、刘剑锋、鲍克明等海南省领导步行前往揭牌仪式

行前，许书记对我说："你来给我起草讲话稿。"我问："许书记，有什么要求？"他说："就针对当前大家提出的几个问题谈谈。"这样，我连夜给许书记起草了一份讲话，题目就是《讲讲大家关心的几个问题》。令我没想到的是，起草完以后，对文字特别讲究的许书记竟然一个字都没改。

5 月 6 日，海南省访港代表团在香港世界贸易中心举行了记者招待会。针对香港等方面关于海南建省办大特区的经济发展战略、投资环境等问题的关切,许书记主要讲了四个方面。

第一,关于海南建省办大特区的意义。海南为什么建省?海南建省有什么重要意义?讲话中提出,海南建省,最重要的任务是发展生产力,加快海南岛的开发建设;海南设省办经济特区,有利于集中全国力量支援海南,可以比较独立自主地实行比其他经济特区现行规定更加放宽的政策,经济管理体制也可以更为灵活。由于海南有琼州海峡与大陆相隔的地理特点,有利于实行更加开放、灵活的政策。

第二,关于海南省政策稳定性的问题。大家普遍关注:中央、国务院给海南的特殊政策及政策是否稳定,会不会变?许书记强调,政策是稳定的,海南实行特殊政策,是在全国深化改革、进一步开放的大气候下提出并制定的。在海南办大特区的政策已经成为中国改革开放政策的重要组成部分,是我国进一步扩大对外开放的重大举措。海南的干部和群众对中央给予的特殊政策衷心拥护,对海南而言,主要问题不是担心政策变不变,而是如何创造性地把政策用好、用活。要使中央给予海南的特殊政策连续稳定,应当加强立法,把一些成熟的、经过实践和论证的政策变为法律和法规。一些具体政策还要根据实践经验做进一步调整和完善,这是正常的。

第三,关于"小政府、大社会"。这主要是回答海南建省以后,将实行什么体制,能不能提高办事效率?许书记在讲话中正式提出了"小政府、大社会"的基本内容:政企分开、精简高效、法制健全、下放权力。此外,还提出我们要逐步建立和完善社会协商对话制度,拓展对话渠道,充分发挥新闻、舆论在社会生活中的作用。

　　第四，关于海南经济特区同国内其他经济特区以及同港澳台的关系。 海南建省办大特区，会不会对其他几个经济特区产生不利影响？它与香港、澳门、台湾是什么关系？许书记讲，海南办大特区不会对其他特区带来不利影响，海南特区和其他特区是相互促进、共同发展的关系。今后，海南特区和其他特区在某些方面有时会存在相互竞争的问题，这种竞争，只能是相互促进，不存在相互代替的问题。因为海南的地理位置、经济条件等都与其他特区有很大不同，海南就是要利用这些不同，发挥自己的优势。此外，如果把海南和港澳台的优势结合起来，对开发和建设海南岛至关重要，同时也会给港澳台的经济带来积极影响。

　　梁湘省长针对记者提出的海南政策之"特"也进行了阐述。他说："我们还有三个自由权，就是我国常讲的自由港，我所指的自由港，是指海外人员有进出自由，货物进出自由，资金进出自由。我所说的自由，是广义的自由，并不是说以后什么都不管。像香港是自由港，但外地人士出入境仍要凭护照，若干货物亦规定不能进口，海南也如是。自由中仍有若干规定。"[①]

　　当时，参加招待会的有 30 多家新闻单位、中外记者 60 多位，如新华社香港分社、香港《文汇报》、《大公报》、亚洲电视台等。这次讲话可以说消除了外界的某些疑虑。第一次给许书记起草讲话稿，我明白了他的意图：海南实行改革开放要大胆解放思想。

[①]《梁湘详述海南建省经过》，《明报》1988 年 4 月 18 日。

2. 1988年夏天开始起草省党代会报告

1988年7月的一天，许书记突然到我办公室说："福林同志，8月份要开党代会了，我请省委办公厅起草党代会报告已经两个月了，稿子实在不能用。我就不给你看了。省委要讨论了，再没有稿子，开会时间就定不下来。怎么样，你带几个人，咱们到五指山，用十天或者最快一周时间起草一份党代会报告，行不行？"我也不知道哪里来的胆量，说："许书记，您这么忙，也不用带我去五指山了。5天以后我给您交稿。"他问："行吗？"我答复："没问题，您放心。"

之后，我马上组织了文件起草组，以省体改办几位同志为主，也请了许书记的秘书李永春参加。我先是开了一天半的座谈会听取大家的意见，到第二天晚上8点多，我说："你们拿笔记，我来口述。"我讲了将近一个通宵，打字室的值班员连夜打印，到了下半夜4点钟大家才去睡一觉。李永春很吃惊："句号、逗号，连标点符号你都讲了！"第二天一早，我拿着纸稿又开始改，连续工作了三天两夜，形成了《放胆发展生产力，开创海南特区建设的新局面》初稿。我有一个特点，想不好题目，想不好开头，就不会动笔写。我记得，有一天晚上大家琢磨了很久，报告用什么标题好？已经讨论了半天，一开始我想的是大胆发展生产力，但想了半天又觉得不是很满意。这时李永春说了一句："可以用放胆。"我一听，"就用放胆！""放胆发展生产力，开创海南经济特区新局面"这个主题就是这么确定的。最后，经过大家共同修改，形成了大约1.5万字的党代会报告起草稿。

到了第五天,我把稿子交给了许书记。他看了一眼,笑了,没有表扬我,只是说了一句:"小迟啊,真可以呀。"许书记是个文人,对文字的要求很高。

1988年9月1日,中国共产党海南省第一次代表大会隆重开幕,当时我是党代会秘书组组长。可以说,这份报告得到了全体代表的高度赞赏。

有趣的是,在秘书组听取大家对报告修改意见的时候,我提出来:"有37处地方可以做一些文字性的修改。"许书记把我拉出去了,"修改什么?你不懂政治,一个字都不能改!"我说:"许书记,党的十三大报告听取各方意见还改了上百处啊!文字、标点符号、修辞的这些修改意见也可以吸收啊!"许书记说:"要讲政治,我们要的是方向!"

3. "创造条件建立第二关税区"

1988年海南建省办大特区,所面临的经济社会发展大环境与70年代末、80年代初建立深圳、珠海经济特区大不相同。世界经济形势发生了很大变化,全国改革开放进一步深化。很多特殊政策,不只是在经济特区,甚至在许多沿海地区都竞相实施。1988年6月3日,邓小平同志在会见"90年代中国与世界大会"与会代表时提出:"现在有一个香港,我们在内地还要造几个'香港',就是说,为了实现我们的发展战略目标,要更加开放。"①

海南省第一次党代会报告提出:"我们在用好、用活、用足

---

① 《邓小平文选》第3卷,人民出版社1993年版,第267页。

现有政策的同时，还必须从海南的实际出发，根据变化了的情况，及时制定和实行更加灵活、更加开放的经济政策，充分而有效地发挥大特区的政策优势。另一方面，放胆发展生产力，必须充分发挥政策优势。我们的政策好不好，重要的是看对境内外投资者有没有吸引力。大力吸引和鼓励境内外投资者来海南开发建设，是我们制定和实行各项经济政策的基本出发点。"报告还提出："要重点研究和制定有利于境外人员、外汇、货物进出自由的各项具体政策。我们的政策'特'不'特'，取决于'三个自由'的开放程度，只有对外更开放，更自由，才有利于吸引外资。……要创造条件建立第二关税区。"也就是类似于我们今天所说的自由贸易港。

海南省第一次党代会报告提出"要创造条件建立第二关税区"，成为海南探索走向大开放30多年历史的一个重要注脚。

专栏5　　　　　　　　　创造条件建立第二关税区

要对来海南进行基础设施建设的投资者给予优惠的政策，综合经营的政策；鼓励投资者包片开发；实行更加灵活的公司登记政策，放宽审批条件，简化登记手续，自由注册，自主经营；大胆放开投资者的经营范围，逐步取消各种限制；采取更优惠的政策，鼓励台湾投资者来海南搞"台湾投资区"。

要重点研究和制定有利于境外人员、外汇、货物进出自由的各项具体政策。我们的政策"特"不"特"，取决于"三个自由"的开放程度，只有对外更开放，更自由，才有利于吸引外资。实行"三个自由"的开放政策，切实按国际惯例办事，就要创造条件建立海南第二关税区。现在就要抓紧研究，制定对外更开放、更自由，又有利于发展内联的政策。

资料来源：《放胆发展生产力，开创海南特区建设的新局面——许士杰同志在中国共产党海南省第一次代表大会上的报告》，1988年9月1日。

直到今天，我认为，海南省第一次党代会报告反映了我国改革开放大趋势，反映了邓小平同志关于创办最大经济特区的战略思想，反映了最初海南探索大开放的大思路。很多人问我，是怎么写出党代会报告初稿的？来海南前，我就对邓小平的改革思想尤其是邓小平关于海南建省办最大经济特区的战略思想做了较系统研究。海南这一"更大的特区"的建立，是邓小平同志着眼于我国改革开放全局布下的一颗重要棋子。此外，我和许士杰书记、梁湘省长这些老一辈政治家接触，知道他们在关注什么、思考什么。当时，我满脑子都在琢磨如何办好最大经济特区。

◇二 省委集中研讨特别关税区

"实行'三个自由'的开放政策，切实按国际惯例办事，就要创造条件建立海南第二关税区。现在就要抓紧研究，制定对外更开放、更自由，又有利于发展内联的政策"。海南省第一次党代会报告第一次提出建立"第二关税区"，引起了国内外的广泛关注，也引起了全省上下的热议。

党代会上，代表们普遍认同，要实现邓小平同志的战略意图，把海南办成全国最大的经济特区，就要积极创造条件，尽快设立海南第二关税区。当时省工委建议，应当认真研究香港的经济政策和经济法规，结合海南实际，大胆移植、大胆采用。海南作为全国最大的经济特区，完全有可能成为"在内地造几个香港"的先行试验区。当时，各界都在议论：海南什么时候封关？

（一）成立特别关税区研讨小组

海南省第一次党代会报告中提出了设立第二关税区的任务，对全省广大干部群众是一个极大鼓舞，民间都在期盼着能有重要突破。省党代会后，省委很快成立特别关税区研讨小组，对第二关税区（后来称"特别关税区"）进行了为期数月的集中研讨。

1. 加班加点研讨特别关税区

海南省第一次党代会以后，很快组成了一个由省委书记许士杰牵头的省委特别关税区研讨小组。研讨小组办公室设在省体改办，以省体改办几位处长为主要成员，加上省财税厅、人民银行等相关部门组成，由我兼任研讨小组办公室主任。从1988年9月开始到年底，特别关税区研讨小组不分昼夜，深入开展特别关税区政策设计等方面的研讨。许士杰书记非常重视，全程参与，并多次主持省委常委会进行专题讨论。

虽然当时的办公条件相当艰苦，但大家热情高涨、干劲十足，研讨小组办公室成员加班加点是常事。有一天晚上，加班到凌晨2点多，我带着大家到处找夜宵。当时，只有海口泰华宾馆门口有一个大排档。为了海南这片热土，大家都是满腔热情，那段激情燃烧的岁月，让我每每回想起来都感动不已。那时候我经常对大家讲一句话："海南的事情做成了，到街上卖大碗茶也愿意！"

2. "特别关税区"名称的研究

针对第一次党代会报告中提出的"创造条件建立第二关税区",从9月初开始,省委研讨小组连续组织召开了六次常委会、四次专题研讨会,形成了"特别关税区"的一整套文件,拉开了海南"特别关税区"研讨的序幕。

研讨的第一个重点问题,就是海南设关税区后用什么名称。一开始,我们采用了"第二关税区"的提法。但什么是第二关税区?这会让人产生疑问:国内是第一关税区,海南是第二关税区吗?在研究关税区的含义时,我们参考了某些国家经济特区的做法,就海南设关税区后采用什么名称这个问题反复研讨,讨论中多数同志认为采用"中华人民共和国海南特别关税区"的名称为宜,也就是区别于国内一般关税区的"海南特别关税区"。所谓海南特别关税区,是在党中央、全国人大常委会、国务院的领导下,在中央纪律检查委员会的监督下,把海南从国家的海关和关税体制中划出来,并在海南经济特区实行特别关税制度,做到"一线放开,二线管住"。

3. 为什么要尽快设立海南特别关税区

前面讲到,1988年1月中央财经领导小组在讨论海南政策时提出,要把海南建成全国最大的经济特区,就必须在海南岛的周围设关,使之成为全国关税区之外的第二关税区。这样做的主要目的,是让海南有条件更好地吸引外资搞开发建设。当时出于海南建省基础差、底子薄的考虑,如果很快设立,担心外资进不来又失去内地的支持,有可能造成很多困难,所以提出建省两三年后再放开。但是,建省以后,又逐步感到不设立第二关税区困难更大。当时由于体制不顺,中央给予海南的许多特殊政策难以兑现,不能切实按照国际惯例办事,形成不了大力吸引境外投资者的长期稳定的政策环境,又适逢全国的治理整顿,外商顾虑更大,困难更多。

我们认为,要从根本上扭转这一局面,关键在于尽早地建立海南特别关税区。这样做的好处,能使海南进一步对外开放,尽快地走向国际市场,走出一条特区建设的新路子。同时,有利于理顺中央与海南的关系,有利于全国治理整顿的大局,也有利于继续贯彻改革开放的总方针。

第一,设立海南特别关税区,是解决现行体制同实行更加开放的特殊政策不相配套问题的根本出路。设立特别关税区,既能够保证中央对海南的统一领导,有利于实现中央的战略意图,又能够保证海南有更大的改革开放自主权,保证政策的连续性和稳定性。海南只有实行特别关税区的体制,才能够有发展的活力,才能够形成发展的动力,也就能从根本上解决政策与体制不相配套的突出矛盾。

第二,设立海南特别关税区,是大力吸引外资、加速发展外向型经济的根本出路。当时,很多国家特别是一些东南亚国家和台湾地区的实业界对到海南投资有很大热情。我曾随海南代表团分别出访东南亚几个国家,当地的许多大财团都提出了到海南投资的意向和合作项目。如果海南能够建立特别关税区,切实实行"三个自由",真正按国际惯例办事,一些资金就会流向海南。

这不是设想，而是当时的现实。尤其是很多外商，特别是一些大财团对海南的基础设施建设很感兴趣，愿意投资，这就消除了原来很多人的疑虑和担心。此外，加上中央继续给予我们一些必要的支持，建立特别关税区是完全可行的。对此，大家十分有信心。

（二）首份《关于建立海南特别关税区的请示》出炉

经过近3个月的集中研讨，1988年12月21日，省委省政府形成了《关于建立海南特别关税区的请示》以及设立海南特别关税区的方案及9个附件，准备正式向党中央、国务院提交建立海南特别关税区的请求。当时，省委估计只要一上报，中央就会很快批复。

专栏6 　海南省首份《关于建立海南特别关税区的请示》

党中央、国务院：

海南自建省以来，在中央的关怀和支持下，初步取得一定的成绩，但是海南的基础差，起点低，要实现预期的战略发展目标，必须要有特殊的政策保证。目前海南面临的主要问题是，由于体制不顺，中央给予海南的许多特殊政策难以兑现，不能切实按照国际惯例办事，形成不了大力吸引境外投资者的长期稳定的政策环境，现在又适逢全国的治理与整顿，外商顾虑更大，困难更多。

我们认为，要从根本上扭转这一局面，关键在于尽早地建立海南特别关税区。这样做的好处，能使海南进一步对外开放，尽快地走向国际市场，走出一条特区建设的新路子。同时，有利于理顺中央同海南的关系，有利于全国治理与整顿的大局，也有利于继续贯彻改革、开放的总方针。

年初，中央领导同志曾提出在海南建立第二关税区的问题。一年来海南建省办大特区的实践证明,这个重要意见是符合海南实际的,将是加速海南特区开发建设的一条新途径。

海南特别关税区是在党中央、全国人大常委会、国务院的领导下,在中央纪律检查委员会的监督下,在海南经济特区实行特别关税,做到"一线放开,二线管住"。为此,我们请求中央在下述几个方面给予支持:

在海关方面,建议海南特别关税区的海关归属海南省政府领导,业务上受国家海关总署指导,建议全国人大授权海南省人大制定《海南特别关税法》。海关税收所得,留归地方。

在外贸方面,出口商品除属于国际被动配额的外,建议对海南的进出口完全放开,不实行配额,许可证管理。出口商品所需被动配额,请经贸部切块下达,由海南按核定计划组织出口。对于国家专控的商品,海南同内地往来视同进出口,海南出口贸易收汇,留给海南。

在财政方面,海南在1989年至1990年继续保持现行的"划分税种、核定收支、分级包干、定额补助"的财政体制。在此期间,请财政部继续按照中央关于海南建省的决定,拨给开发建设资金和启动费。1991年至1992年,建议继续维持现行的财政体制,从1993年开始,实行定额补助每年递减百分之十。请中央各部继续给海南以支持,以后视经济发展情况,海南向国家做贡献。建议全国人大授权海南省依法制定海南经济特区的税种、税率,依法决定税收的征收管理和减免。

在金融方面,按照国务院〔1988〕24号文件的精神执行,即"海南的银行存款(不含中央财政存款)全部留作信贷资金,多存多贷";信贷计划实行切块管理部分,建议从1989年起至1993年,请中国人民银行总行向海南省人民银行每年下拨信贷资金20亿元。建议允许海南根据自己的偿还能力自主对外举债。

在基本建设方面,建议由海南省人民政府自主审批、安排基本建设项目和固定资产投资项目(包括内联项目和利用外资项目)。国家计委已经立项的基本建设项目,请继续予以支持。

在物资方面,海南上调国家的四种计划商品(橡胶、食盐、食糖、铁矿石)和国家计划调入海南的八种商品(钢材、水泥、煤炭、汽车、化肥、棉花、成品油、粮食),其上调和下拨的办法不变,数量与价格由省同中央有关部门另议。供岛内生产和生活的所需物资,仍保持原流通渠道。

海南建立特别关税区,有相当风险和严峻困难,尤其是初期物价可能有较大幅度上涨,对此,我们做了认真的分析,并组织人员研究和论证了具体的实施和方案。我们的态度是,在党中央、国务院的领导和支持下,团结全省广大干部、群众艰苦创业,努力改善投资环境,大胆进行体制改革,同时防止各类社会动荡,决心渡过难关。

目前，王震副主席在我省视察期间，对于我们建立海南特别关税区的请示予以了肯定、支持和鼓励。我们坚信，在中央的领导和关怀下，我们一定能够把海南特区的各项工作搞上去。

以上请示妥否，请批示。

资料来源：中共海南省委、海南省人民政府《关于建立海南特别关税区的请示》1988年12月21日。

1. 特别关税区：关于海关的初步设想

海关工作对海南的改革开放、建设发展起着特殊作用。尽管彼时实行的海关管理已经给海南较为优惠的待遇（1988年1—11月特定减免税达3亿元），但仍然不能完全适应海南发展外向型经济的需要。在海南建立特别关税区，实现在海关管理体制上有所突破和创新。海南形成的方案提出，海南要成为特别关税区，即在全国人大授权下自行制定适合海南经济发展的关税法；海口海关由海南省领导，同时接受海关总署的指导监督，执行海南省人大通过的特别关税法；禁止、限制、应税的进出口商品由海南省人大立法确定。

研讨中提出，建立海南特别关税区，能在国际上鲜明地树立我国进一步改革开放的形象。海口海关作为一个重要组成部分，能保证特别关税区的关税政策得以贯彻实施。海南特别关税区建立后，由于进出口商品基本无税，海关税收锐减。尽管海关税收全部留地方，但是海南地方财政预计将减少4000万元。这个缺口，将由优化投资环境后从农、工、贸、旅的大发展中得到弥补。如果海南与内地往来的二线主要由海口海关管理的话，海南出岛补税将成为海南财政收入的一大来源。此外，监管手续费、罚没收入、规费等也能成为比较稳定的收入。①

2. 外经外贸：利大于弊

海南建省以前，出口创汇额较低，徘徊在 2000 万美元以下。1984 年实行开放政策后，出口创汇额比 1983 年增长了 160.8%，岛内货源出口额几年来保持在 3000 万元美元左右。1988 年海南建省办经济特区，出口创汇大幅增加，达 2.5 亿美元，省内货源出口额也增加了 1 倍。②

在外贸方面，研讨中大家认为设立特别关税区后，从长远来看对海南和国家都大有好处。就短期来看，有利有弊。不利之处在于，一是大幅度减少省外货源出口外汇的收入，预计值为 1.7 亿美元；二是对欧美出口的纺织品被动配额可能不给海南（历年来从未给过海南）；三是海南鲜活商品可能冲击港澳市场。③ 有利方面，一是企业创汇出口继续全留海南；二是省内产品出口发展不受计划和许可证限制；三是全面放开符合国际关贸总协定（GATT）的宗旨，即减轻贸易保护主义，以比较低的关税水平来代替数量限制，有利于走向国际市场。

研讨中建议外贸方面采取 7 项措施，如充分扩大原有省内受

---

① 海南省特别关税区研讨小组 1989 年 1 月《关于设立海南特别关税区的几个问题》之附件三。

② 海南省特别关税区研讨小组 1989 年 1 月《关于设立海南特别关税区的几个问题》之附件三。

③ 1988 年 7 月，国家重新制定的受许可证管理的出口商品有 159 种，出口被动配额指对欧美出口纺织品类的限制。对港澳地区出口实行配额限制的商品有：鲜活商品 7 大类 107 种，土畜、医药、五矿、轻纺等类商品 47 种。

许可证限制的出口货物出口量，由此增加量预计 1991 年可达 5000 万美元。再如，关于海南放开后鲜活商品是否会冲击港澳市场的可能性问题，当时有人担心放开会搞乱港澳鲜活商品市场。但是，我们测算得出，以海南的乳猪出口为例，1986 年海南出口港澳的数量仅 2.9 万头，还不到港澳地区乳猪市场的 1%，即使海南出口扩大到 15 万头，也仅占 1986 年港澳市场的 5%。① 退一步考虑，如果海南放开确实影响国内鲜活资源在香港的销售，香港是自由港，也可以利用转口贸易功能开辟或选择更为有利的国际市场。

此外，在三资企业方面，海南建省一年多以来，批准的三资企业数量和投资总额均超过筹备建省前 8 年的总和。② 当时，三资企业面临的问题主要是受全国集中划一的外贸外经体制束缚，很多优惠政策难以兑现，经营范围难以放开，对这方面有投资意愿的一些外商，取消了原有投资打算。当时，海南利用外资规模仅占投资总额的 10% 左右，相对于外向型经济的标准是偏低的。建立特别关税区后，对三资企业彻底放开，利用外资的规模肯定会呈不断上升的趋势。我们得出这一结论的主要根据：一是海南有独特的自然和资源优势，丰富的水产、矿产、林产十分有利于发展种养业和加工业，如果这方面出口贸易不受限制，外商将会踊跃投资；二是来料加工业也会得到发展，在内地受到限制的来料

---

① 海南省特别关税区研讨小组 1989 年 1 月《关于设立海南特别关税区的几个问题》之附件三。

② 自 1987 年 9 月筹备建省至 1988 年 12 月 20 日止，海南全省已发批准证书的三资企业有 423 家，其中合资企业 191 家，合作企业 112 家，独资企业 120 家。按照合同规定人民币投资总额是 71701 万元，外汇投资总额 36682 万美元。其中境外投资人民币 43851 万元，外汇 31574 万元，各占投资总额的 61% 和 86%。

加工商品会倾向于转移到海南；三是允许外商经营，很可能使得海南成为类似香港的转口贸易中心，由此带来的效应是吸引外资在金融、信息、旅游、服务等第三产业方面加大投入。

3. 实行特殊财税体制

长期以来，海南经济落后，财力绵薄。记得1988年刚到海南时，建省前财政局负责人黎琼珠给梁湘省长介绍海南的财政情况。黎琼珠讲了全省财政收入，连几毛、几分都讲出来了。梁湘省长一下站起来，说道："搞什么名堂？你介绍几毛几分？我要听你的思路！"黎琼珠说："对不起，我们过去都这么汇报的。"梁湘立即要求她改变做法："我要大数字，要的是大账，别再搞几毛几分！"

这个故事，从另一个侧面说明了海南真的没有钱。举个数字，1987年海南工农业总产值52亿元，地方财政收入2.9亿元，远远低于内地中小城市的水平。海南财政资金严重短缺，除了海南自身的种种原因之外，也可以从中央与海南的经济关系中发现问题。一方面，不等值的物资调拨，影响了海南经济发展和财源开发；另一方面，海南财政长期不能自足，依靠中央补贴，建省后百业待兴，更是显得财力不足。造成这种现象的原因主要有三个：一是为了创造好的投资环境，促进经济发展，必将取消或减免某些税种，许多企业和经济实体少纳税或不纳税，这会大大减少财政收入；二是培养和开通新的税源需要一定的时间，从外资投入到形成生产经营能力再到缴纳税款，一般要有5—10年的时间；三是海南是新建省份，人员经费、事业经费等支出增长是正常现象。

研讨报告提出,海南建立特别关税区后,随着经济繁荣发展,财政状况也会逐渐好转,财力不断增强,这需要一个过程。为此,我们提出加强税务管理、开辟非税财政收入、节约开支等5条举措,还提出特别关税区的税制立法权等问题,请求中央给予必要支持,以走出低谷、渡过难关。我们预计,今后中央再予以23亿元左右的支持,加上特别关税区新体制的活力和全省人民的艰苦奋斗,十年后海南的财政就可以自立,此后开始为国家财政做贡献。

4. 形成全新的金融体制

海南大特区经济发展对金融体制改革提出了重大现实需求。海南设立特别关税区,将使海南金融界面临国际金融市场的竞争和挑战,必将给海南金融体制改革带来巨大动力。

当时的主要建议是:一方面,海南成为特别关税区后,信贷资金体制应当实行切块管理。在实行存款全留、多存多贷的原则下,今后5年每年中央向海南切块下达10亿元信贷资金;另一方面,提高海南各级金融机构组织存款、扩大信贷资金来源的积极性,充分挖掘海南的资金潜力。此外,海南成为特别关税区后,应有权根据偿还能力自主对外举债,为海南开辟一条更为宽广的筹资渠道,使海南建设资金来源多元化、国际化。

但是,若形成全新金融体制,海南面临的第一个问题就是资金缺口大、资金来源不稳。据测算,1989—1993年5年间海南的信贷借差将达到100亿元人民币。我们提出,建立海南特别关税区后,海南只向中央申请50亿元信贷资金,剩下的50亿元巨大缺口由海南设法解决。对策主要有：第一，大力引进外资银行。当时海南已经有10家外资银行有申请开业意向，深圳当时已经有15家左右外资银行，5年后海南有可能达到深圳的水平。第二，积极吸引内地资金来琼设立金融机构。我们认为，海南成为特别关税区后，很可能引发新一轮内地来琼投资热潮，海南是可以吸收更多内地资金的。第三，积极慎重地对外举债。海南拥有对外举债自主权后，可以根据偿还能力向国际市场筹措资金。根据有关部门计算，政府每年可以对外举债2亿美元，5年共计10亿美元。按照当时调剂价1：7计算，可筹集资金70亿元人民币。

第二个问题是防范债务危机。举借外债搞经济建设的前提是认真地考虑偿还能力。因此，海南必须调整经济结构和产业结构。同时，加强外债统一管理，原则上只有具备创汇能力的企业和项目才能举债，而非盲目冒进。此外，要加强金融管理，防止外汇金融投机。因此，要制定一套完备的金融法规和条例，加强金融管理，大力引进金融人才，以应对复杂的金融形势，加强金融宏观调控，在国际金融市场竞争中求生存、求发展。

（三）提出海南特别关税区的第二种方案：发行海南特区货币

为解决海南面临的外贸和金融的突出问题，海南特别关税区研讨小组又提出设立海南特别关税区的两种方案。第一种方案，是以设立海南海关为前提，逐步理顺海南同中央的关系，我们称这个方案为分步到位的方案。第二种方案是一种比较彻底的方案，即一步到位。这个方案主张在海南建立特别关税区的同时，发行海南特区货币，认为只有把货币问题解决了，才能在体制上理顺海南同各地区、各方面的关系，海南才能彻底对外开放，真正实现"资金、货物、人员"的进出自由。这是非常大胆超前的想法。

虽然发行特区货币是一种比较彻底的方案，但对于是否已具备发行货币的条件，当时还有不同的意见。若海南发行特区货币，需要9亿—10亿美元的外汇储备，因此主张待条件成熟后再发行。

| 专栏7 | 关于设立海南特别关税区的两种方案 |

1. 第一个方案是以设立海南海关为前提，逐步理顺海南同中央的关系，我们称这个方案为分步到位的方案。这个方案包括六个方面的内容：

（1）海关方面，建议海南特别关税区的海关归属海南省政府领导，业务上受国家海关总署指导，建议执行由全国人大授权海南省人大制定的《海南特别关税法》。海关税收留归海南。

（2）在外贸方面，出口商品除属于国际被动配额的外，建议对海南的进出口完全放开，不实行配额、许可证管理，出口商品需被动配额，请经贸部切块下达，由海南按核定计划出口，对于国家专控的商品，海南同内地往来视同进出口。海南出口贸易收汇留归海南。

（3）在财政方面，海南在1889年至1992年继续保持现行的"划分税种、核定收支、分级包干、定额补助"的财政体制。在此期间，请财政部继续按照中央关于海南建省的决定，批给开发建设资金和启动费。从1993年开始，实行定额补助每年递减百分之十。请中央各部继续给海南以支持，以后视经济发展情况向国家做贡献。建议全国人大授权海南省制定海南经济特区的税种、税率、税收管理和减免的法规。

（4）在金融方面，按照国务院〔1988〕24号文件的精神执行，即"海南的银行存款（不含中央财政存款）全部留作信贷资金，多存多贷"；信贷计划实行切块管理，建议从1989年起至1993年请中国人民银行总行向海南省人民银行每年下拨信贷资金20亿元，允许海南根据自己的偿还能力自主对外举债。

(5)在基本建设方面,建议由海南省人民政府自主审批、安排基本建设项目和固定资产投资项目(包括内联项目和利用外资项目)。国家计委已经立项的基本建设项目请继续予以支持。

(6)在物资方面,海南上调国家的4种计划商品(橡胶、食盐、食糖、铁矿石)和国家计划调入海南的8种商品(钢材、水泥、煤炭、汽车、化肥、棉花、成品油、粮食)其上调和下拨的办法不变,数量与价格由省同中央有关部门另议。供岛内生产和生活的所需物资,仍保持原流通渠道。

2. 第二个方案,主张在海南建立特别关税区的同时,发行海南特区货币。认为只有把货币问题解决了,才能在体制上理顺海南同各地区、各方面的关系,海南才能彻底对外开放,真正实现"资金、货物、人员"的进出自由,主要的理由是:

(1)货币问题是理顺体制中的关键问题,这个问题不尽早解决,海南想对外更开放、发展外向型经济是很困难的。

(2)发行特区货币也未必以具有一定的外汇储备为前提。澳门发行澳币没有外汇储备,解放区发行货币时也没有什么储备,何况海南目前的资源十分丰富,必要时也可以考虑用一些资源做抵押筹措到相当数量的外汇。

(3)如果让海南流通港币,政府无法对其进行控制,可能会出现许多不好解决的问题。

(4)发行特区货币,对于大量地吸引外资会产生明显的作用,经过一段时间就能克服海南资金不足的困难。

资料来源:海南特别关税区问题研讨小组《关于尽快设立特别关税区的几个问题》,1989年1月。

(四)东南亚考察见闻:金融资本、实业财团纷纷表态

经过多次讨论,海南在设立特别关税区的方案上终于达成了共识。1988年12月21日,海南省委省政府正式形成了向党中央、国务院《关于建立海南特别关税区的请示》。同时,省委决定兵分两路:一路是12月21日,许书记带着省外办主任、省委办公厅主任和我4人,组成以许书记为团长的海南省经济考察团前往泰

国、新加坡、香港地区进行为期两周半的考察访问。主要目的是去东南亚看看，一旦放开以后，外资到底会不会进来？另一路是刘剑锋副书记带队去北京，向中央提交并汇报《关于建立海南特别关税区的请示》。

没有想到，考察团抱着试探的态度到访东南亚，迎来的是新加坡、泰国的海南籍华人、华侨对投资建设家乡的极大兴趣和热情。

1. 泰国侨商巨子热情之至

1988年12月23日晚上，考察团乘飞机抵达了泰国曼谷国际机场，受到了泰中友好协会、泰中促进投资贸易商会、海南同乡会等代表及中国驻泰国大使馆张德维大使的热烈欢迎，开始了对泰国为期10天的考察访问。

当时，我们到访了泰国时任总理差猜·春哈旺上将家中，这位总理祖籍是广东澄海，和许书记还算是半个老乡。我们商谈了一个多小时，就海南同泰国的经济合作等问题交换了意见。泰方表态："你们海南一旦放开，泰国很多人真的会去！"泰国1988年GDP达616.67亿美元，经济总量排名世界第33位。① 考察团还会见了泰国的时任外长实·沙域是拉空军上将。泰方高层官员对泰国同海南的经济合作极为关注，并对海南的基础设施建设，特别是飞机场的建设提出了具体的建议。许士杰书记邀请差猜总理和实·沙域是拉外长有机会访问海南，他们对此也十分高兴。差猜

---

① 聚汇数据（http://gdp.gotohui.com/data-3432）。

1988年12月23日至1989年1月6日,陪同许士杰书记
出访新加坡、泰国,以及香港地区

总理表示,1989年3月他对中国正式访问期间,将安排时间到海南访问,并表示他退位以后将来海南住一段时间,给海南当个顾问。第二年的3月15日,差猜总理抵京,同国务院领导进行了会谈,还特别就开发海南的问题深入交换了意见。

代表团在访泰期间，同泰国的实业家就他们来海南投资的问题进行了广泛的讨论。代表团同泰中促进投资贸易商会就泰国同海南的经济合作问题深入交换了意见，并共同签订了合资组建《琼泰经济发展有限公司合同书》。代表团还同泰国的盘谷银行探讨如何加强金融方面合作的问题。盘谷银行董事长许敦茂[①]先生表示了尽早到海南办分行的意向。许多泰国实业家对到海南投资很感兴趣，并就投资中的具体问题同代表团进行了磋商。

专栏 8   **盘谷银行**

盘谷银行是泰国最大的银行，总资产约 1.7 兆泰铢（510 亿美金），创立于 1944 年，总行设在泰国曼谷，是东南亚第七大重要区域性银行，在服务公司及中小企业方面处于泰国领先地位。盘谷银行拥有大约 1700 万个账户，包括企业及个人客户，在泰国拥有 230 多家分行和办事处、1100 多家支行的全国服务网络，包含自动存取款机、电话银行、双语网上银行，是快速全天候的银行。除泰国外，盘谷银行拥有数量众多的海外分支机构，在 13 个经济体设有 28 家海外分行、子公司和代表处，包括中国、中国香港、美国、英国、日本、中国台湾、新加坡、马来西亚、越南、菲律宾、印度尼西亚、老挝和缅甸。包含两个全资子公司——泰国盘谷银行有限公司 [Bangkok Bank Berhad (BBB)] 和泰国盘谷银行（中国）有限公司 [Bangkok Bank (China) Company Limited (BBC)]，在中国拥有 4 个分支机构，进入中国的历史可以追溯到 1986 年，盘谷银行在北京开立第一家代表处。

向海南同乡介绍海南的现状和发展，加强他们同家乡的联系和合作，是我们访泰的重要目的之一。泰国的海南籍华人、华侨特别多，当时约有 100 万人。泰国的海南同乡对代表团的来访十

[①] 1915 年生于泰国北柳府，原籍广东饶平，曾担任泰国国民议会议长、泰国社会民族主义党主席等要职。由于政绩卓著，曾先后 8 次荣获"泰国之王"的赐勋。1972 年以后，多次率代表团访问中国。

分高兴，专门成立了以吴多福①先生为主席的欢迎海南经济代表团委员会。28 日下午，代表团同海南同乡的 30 多位代表人士座谈。许书记向他们详细介绍了海南的情况，回答他们提出的问题，听取他们对海南建设的意见。当晚，海南同乡举行了近 400 人参加的盛大欢迎晚宴，表达他们对家乡的情感。气氛十分热烈，许书记挨桌向海南同乡敬酒，晚宴一直到很晚才结束。

此外，代表团参观了海南同乡的一些企业，并同这些企业家具体商谈了他们来海南投资办企业事宜。许书记一再表示，要为海南同乡回家乡投资创造条件，提供方便。有的企业家当即表示了回乡投资的计划。他们对海南建省办中国最大的经济特区十分高兴，家乡要大开放了，他们很受鼓舞。泰国海南冯氏宗祠理事长、中泰航运公司董事长冯裕德，泰国海南林氏宗祠理事长、泰国大西洋制药厂有限公司董事总经理林猷仁等都表示年初即到海南商谈、落实投资办厂事宜。

10 天的考察访问十分紧张，从早到晚安排得很满。连续几天，泰国的一些报纸和电视台对代表团的活动做了报道，一时之间，此次泰国之行成为中泰两国交往合作的舆论热点。

2. 新加坡金融家：第一天宣布，我第二天就去办银行！

1 月 2 日早上，代表团乘机离开了曼谷前往新加坡，对新加坡进行了为期 5 天的考察访问。在新加坡，重点考察了金融业。

---

① 籍贯海南琼山，旗下通城集团，主要业务：名牌手表，地产。家族财富：9 亿美元。产业主要分布在加拿大、中国香港。

令我印象特别深刻的是大企业家、金融家、新加坡华联银行集团主席连瀛洲①老先生。他十分热情地接待了我们，请了十多位部长和我们共同参加他主办的晚宴。连老先生在晚宴上宣布："我对海南岛有兴趣，海南建立特别关税区以后我马上进去，也请政府支持！"老先生当时已经是84岁高龄了，那几天一直陪着我们。他一再表示，他要尽早率员来海南省进行实地考察，抓紧确定双方合作的具体事项。

当时，我们还考察了新加坡政府经济发展局、贸易发展局、税务局，听取了新加坡经济发展的主要情况和基本政策介绍。新加坡经济发展局、贸易发展局和三巴旺公司对与海南的经济合作问题十分关注，提出愿在基础设施建设、旅游、天然气利用、海洋捕捞等方面进行合作，并表示马上派员来海南省进行实地考察，具体落实合作项目。

代表团在新加坡期间，还先后与新加坡中华总商会、新加坡琼州会馆及新加坡澄海同乡会进行了座谈。许书记向他们介绍了海南的投资环境和发展规划，认真听取他们对海南省开发建设的意见和建议。新加坡的海南同乡对家乡的开发建设十分关心，不少人表示准备回乡投资办企业。5日晚，琼州会馆特地为海南省代表团举行有200多人参加的欢迎晚宴。我记得，当时人头攒动，不得已限定每个姓氏派几位代表参加，大家对家乡的开发建设都充满了热情。

---

① 连瀛洲，新加坡最大的银行大华银行创始人。1928年创立华兴公司，经营进出口贸易兼船务代理，事业稳步发展。1949年连瀛洲与数名马来西亚华商成立华联银行，进入金融业。2001年华联银行与大华银行合并，跻身新加坡第一大银行。

今天回想起那一幕，仍然印象深刻。在东南亚的海南籍华人、华侨，是海南与东南亚的重要桥梁，是海南发展在海外的一支重要力量。海南充分发挥华人、华侨的作用，大有可为。

（五）腊月二十八赶到北京送请示

根据省委安排，本应在1988年12月底向中央提交的请示，因为一个意料之外的原因而未能及时上报。直到腊月二十八（1989年2月4日），许书记派我把海南省委省政府关于建立特别关税区的请示送到中央。后来由于多种原因，这次请示被搁置，我们错过了一个重要的历史机遇。

1. 意料之外的插曲

东南亚出行的最后一站是香港。香港的实业巨头也纷纷表态，投资意向很积极。经过对新加坡、泰国、香港的考察，了解了外商的态度后，许书记特别高兴，在香港兴高采烈地给省里打电话，问刘剑锋副书记："北京批了没有？"结果没想到，刘剑锋说没去。许书记问："剑锋同志啊！省委定的你为什么不去？"

刘剑锋副书记说："许书记，对不起，等回来再向您汇报。"

"不行！现在就汇报，怎么回事？"

"梁湘省长不让我去。"

"他为什么不让你去？省委决定而且是他同意的事情。"

我后来了解到的情况是，梁湘省长还是有点担心：许书记到外面去看，万一情况不好，中央批了，外商又不进来的话怎么办呢？后来，梁省长告诉我，这是时任海南省副省长邹尔康给他提的建议："等许书记回来，看外商会不会进来我们再上报。"

可是，那个时候机遇对海南太重要了！那真的是我第一次见到许书记发脾气。

等我们1月15日回到海口，才知道连瀛洲老先生带着夫人前脚也到了海南。我陪着许书记到琼苑宾馆拜访老先生，老先生第一句话就问："老许，你们批了没有？我来办银行来了！"许书记很无奈，只能和老先生说，需要等一等。所以，连瀛洲老先生想办的文华银行没有办成，变成了后来海口的文华酒店。直到现在，每次我经过文华酒店的时候都特别有感触。

2. 向国务院领导汇报

1989年春节前即1月17—21日，受中央领导委托，一位国务院领导来洋浦考察调研，陪同的还有国务院特区办主任等。真的不凑巧，那几天海南阴雨连绵，道路泥泞不堪。在会上，刘剑锋代表省委省政府向国务院领导做了海南省委省政府关于特别关税区总体研讨情况的三点汇报：第一点，为什么请求设立海南特别关税区；第二点，关于设立海南特别关税区的两种方案；第三点，对可能出现问题的估计。

记得刘剑锋副书记在汇报时一开头就讲到，在海南设立特别关税区问题，是中央领导同志1988年1月初在中央财经领导小组讨论海南政策时最先提出来的。1988年年底，又指示海南认真研究这个问题。从1988年12月到现在，海南连续召开4次常委会，反复、认真地研究了这个问题,并组成了由省委、省政府主要领导牵头,有关部门负责人参加的专题研讨小组。目前已经形成了一个《关于建立海南特别关税区的请示》报告,以及有关的9个附件。

他在汇报中讲,去年年初中央领导同志提出这个问题时,士杰同志、梁湘同志找了一些人进行议论,认为海南刚建省,基础差、底子薄,如很快划开,恐怕困难会相当大,也就有些疑虑。以后,在实践中碰到很多难以解决的问题,我们越来越迫切地感觉到,不建立特别关税区,这些问题很难解决。1988年9月1日,士杰同志在第一次党代会报告中,明确提出抓紧研究建立海南特别关税区的问题。在11月,省委又派刘剑锋同志和鲍克明同志到北京,向有关领导和部门汇报我们的工作和想法,听取意见。我们总的感觉是,中央关于设立海南特别关税区的意见是完全符合海南实际的,是走出一条特区建设新路子的根本性措施。正像中央领导同志当初指出的那样,设立特别关税区是海南办大特区的基本前提,现在看来,没有这个基本前提,就难以实行更加特殊的优惠政策,大特区就"特"不起来。

设立海南特别关税区的意义十分重大。第一,这很可能是解决现行体制同实行更加开放的特殊政策不相配套问题的根本出路。第二,如果把海南划出来,海南进一步开放不会对国内治理整顿产生不良影响,同时也不会在治理整顿中对海南采取"一刀切"的政策。海南办大特区是我国改革开放的重要标志,在国内和国际上影响很大。把海南从全国统一的关税体制中划出去建立特别关税区,有利于贯彻改革开放的总方针。此外,既能够保证中央对海南的统一领导，有利于实现中央的战略意图，又能够保证海南有更大的自主权，保证政策的连续性和稳定性。第三，这很可能是大力吸引外资、加速发展外向型经济的根本出路。

按照这样一个考虑，我们认为，设立海南特别关税区不仅是必要的，也是可行的，应当抓紧实行，宜早不宜迟。如果不实行或者过迟实行，就会错过时机，正如中央领导同志说的："不要搞得大家很失望，冷下来再搞就不行了，以后再鼓劲就更难了。"

3. 我赶到北京向中央提交请示

腊月二十八（1989年2月4日），许书记派我立即把海南省委省政府关于建立特别关税区的请示送到中央。"迟福林，你马上去，请把这份请示递交给中央领导同志。"

来到北京，我从机场立即赶到时任中共中央办公厅副主任张若琦的办公室。他说："福林同志，真的不凑巧。中央主要领导同志刚刚离开办公室去机场到珠海。他在珠海考察和春节休假期间计划找许士杰、梁湘同志谈话。"1988年2月7日大年初二，中央领导同志先找了梁湘谈话，初四找了许士杰谈话。他要求："你们要统一认识，如果省里两位主要领导认识不统一，中央怎么决策？你们回去好好研究，然后两会前给中央一个报告。"

2月22日下午，省委省政府在省委礼堂召开由省直机关、省直属公司处以上干部1300多人参加的大会，传达2月上旬中央领导同志接见许士杰和梁湘、邹尔康同志时对海南工作的若干指示和许士杰率团出访泰国、新加坡的情况。

会上，许士杰同志传达了2月7日中央主要领导在珠海与他的谈话精神。许书记说，中央领导仔细地听取了他汇报的海南的政治、经济体制改革，党的建设，建省以来的主要工作情况，以及农业问题；海南市场流通问题；机关廉政问题；外国银行在海南开展业务问题以及提高劳动力素质和工业发展等问题，并做了若干指示。[①] 随后，梁湘同志传达了中央领导同志在深圳、珠海接见他和邹尔康同志时对海南工作的若干指示。

许士杰、梁湘在传达中说，中央领导强调指出，中央对海南开放改革的方针、政策不会变。希望海南把工作做得扎实一些，强调海南的开发要一片一片地开发。[②] 对于海南建立特别关税区提出，要统一思想，加强调查研究，统一思想后尽快再次向中央上报。由于春节后不久遇上了政治风波，建立海南特别关税区的事情就此搁浅。回想起来，如果1988年年底能按照省委意图尽快向中央提交请示，可能情况会大不一样。海南真的错过了一次重要的历史机遇。

（六）形势变化后提出上中下三种方案

第一次请示搁浅后，我和省委体制改革研究室的同事并没有气馁，按照许书记的要求，继续深入研讨特别关税区的相关重要问题。

---

① 《海南建省办经济特区20年纪事》，海南史志网（http：//hnszw.org.cn/dssk.php? Class=13434&Deep=3）。

② 《中共海南历史大事记（1950.5—2004.12）》，海南史志网（http：//www.hnszw.org.cn/data/news/2014/01/67200/）。

1. 贯彻党的十三届四中全会精神，加快海南改革开放步伐

1989年6月23—24日，中国共产党第十三届中央委员会第四次全体会议在北京召开。全会选举江泽民同志为中央委员会总书记。全会强调，要继续坚决执行党的十一届三中全会以来的路线、方针和政策，继续坚决执行党的十三大确定的"一个中心、两个基本点"的基本路线。四项基本原则是立国之本，必须毫不动摇、始终一贯地加以坚持；改革开放是强国之路，必须坚定不移、一如既往地贯彻执行，绝不回到闭关锁国的老路上去。[①]

6月29日，省委体制改革研究室听取了省委传达党的十三届四中全会精神。7月6日，以琼研字〔1989〕14号文件向省里提出《关于贯彻党的十三届四中全会精神 加速我省改革开放步伐的报告》。

报告中写道，海南办大特区，是邓小平同志提出来的，并且始终得到了党中央、国务院的关怀和支持。在深入学习领会党的十三届四中全会文件精神、贯彻执行四中全会各项决议中，我们十分赞同许士杰同志的意见，联系海南实际，更大胆更放手地改革开放，加紧工作，做出成绩。

如何做到这点？通过认真讨论，我们认为坚决贯彻执行邓小平同志"要比过去更开放"的指示，充分利用中央所肯定的海南的特殊地位，以及给予的一系列优惠政策，把海南改革开放的步子迈得更大些。为此建议：一是向中央领导重提在海南实行中华

---

① 《第十三届中央委员会第四次全体会议公报》，1989年6月24日，中国共产党新闻网（http://cpc.people.com.cn/GB/64162/64168/65386/4441846.html）。

人民共和国特别关税区的建议方案。建立海南特别关税区，直接关系到我国对外进一步开放的基本国策和形象。二是请求党中央、国务院尽快批复海南省关于洋浦开发区的报告。邓小平同志对创建洋浦开发区是积极支持的。因此，我们认为这个问题，有可能很快得到解决。

2. 上中下方案的路径选择

第一次请求建立特别关税区搁浅以后，我所在的省委体制改革研究室一直没放弃特别关税区研究。在当时的改革开放历史背景下，经济特区如何起步、如何发展，人们有不同的议论，也有不同的要求。但实践证明，若不能从体制、政策、规划等各方面作出明确的规定，海南经济特区就难以解决严重困扰自身的各种矛盾、困难和问题。

1989年6月，一位中央领导在同许士杰书记谈话中指出，中央给予海南的政策不变，要保持海南政策的连续性和稳定性，这对海南的广大干部和群众是个极大的鼓舞。1989年11月6—9日，中国共产党第十三届中央委员会第五次全体会议在北京召开。全会审议并通过了《中共中央关于进一步治理整顿和深化改革的决定》。决定提出："进一步办好经济特区，充分发挥它们在对外开放方面的窗口和基地作用。继续提倡和鼓励沿海地区发展外向型经济。经济特区和沿海开放地区的基本政策措施不变，并在实践中逐步加以完善。"

依据中央这一精神，许士杰书记提出，能不能从海南实际出发，综合分析各方面意见，提出进一步办好海南经济特区可供选择的三种方案？许书记找到我，请省委体制改革研究室按照中央的要求，提出海南特区改革开放的上中下方案。1990年2月18日，我和省体改办同事起草形成了《关于如何进一步办好海南经济特区的三种方案》。

第一种方案，贯彻落实24号、26号文件，实现GDP 10%左右的增长。

建省初期，中央决定在海南实行比其他特区更"特"的政策，在国内外引起了强烈反响。很多"闯海人"讲，没有赶上深圳经济特区开发的大潮，海南要办经济特区，要赶快来！国务院〔1988〕24号、26号文件出台后，虽然普遍认为两个文件在某些政策上有些放宽，但没有充分体现比其他地区更"特"，更重要的是文件下达不久就遇到全国治理整顿，使得文件中的许多主要政策难以贯彻执行，许多事项尚未兑现，赋予海南省政府经济活动的某些自主权已经收回。

产生这些问题的原因还有体制不顺，特别是海南缺乏用足用好政策的本事、工作做得不够扎实等。在第一种方案中，我们提出按照中央领导同志要求，贯彻落实好24号、26号文件，除了海南省委省政府要在用好用足政策、改进工作作风上狠下功夫外，这个方案在概略分析两年来实践经验的基础上，提出进一步贯彻落实24号、26号文件需要认真解决的四个问题。

一是关于体制问题。体制方面需要解决的问题主要有三个：第一，为了使得文件中的主要政策得到根本落实和保证，建议依据24号、26号文件精神，制定《海南经济特区基本条例》，可采取两种方式：其一，经海南省人大通过，全国人大常委会批准作为法律文件下达；其二，由海南省人民政府提出，经国务院批准，作为行政法规贯彻执行。这是因为，国家有关法律、决定、行政法规的原则同 24 号、26 号文件不尽一致，如 24 号文件中的土地有偿出让或转让，一次签约期限最长 70 年的政策规定与某些法律规定不相同。因此，如果不从法律上对 24 号、26 号文件的基本精神加以明确，中央赋予海南的政策落实就很难得到保障。此外，作为全国性的单项法律或行政法规也很难照顾海南特区的实际情况，这种条件下海南的优惠政策也很难贯彻执行。

第二，应当允许并且明确海南要逐步建立社会主义宏观指导和控制下的特区经济模式。这个模式的主要特征是以发展外向型经济为目标，逐步建立同国际市场相联系的、以市场调节为主的经济运行机制。从海南的情况看，由于农村经济比较落后、商品经济很不发达，对农业方面的领导还是要多一点计划性和指导性。但是，尽管"双轨制"的状况还不会很快解决，在其他方面的经济发展中，市场调节的范围要大于计划指导范围。例如，要逐步放开价格，特别是粮食价格，以培育各类生产要素市场；要逐步建立以间接管理为主的有效的宏观调控体系；要逐步建立开放型的市场体系、正常的市场秩序和平等竞争的环境。与此相配套，准备按照中央的要求，用 5 年左右的时间，分步对以养老、医疗、失业、工伤为主的社会保险制度，以及工资制度、住房制度等进行综合改革，初步建立起新型社会保障制度，为海南稳定发展提供保证。

第三，为保障"小政府、大社会"得到正常的培育和发展，建议采取集合资金办法，即请国务院将中央各部门应当给予海南的各项支持款项集中起来，每年一次性下达给海南。此外，海南"小政府"的各个机构接受中央各部门的业务指导，凡涉及政策规定方面的问题，建议由国务院核准下达或由海南省人民政府上报国务院。

二是关于经济活动的自主权问题。方案中提出，从 24 号、26 号文件的情况看，主要有三个问题要解决。第一，海南省内属于中央管理的外事、公安、边防、税务、海关、金融等工作需要制定专项办法。第二，按照 24 号文件中央授予海南省内的经济活动自主权应继续予以保证。例如，投资额在 3000 万美元以下的利用外资项目和自借自还的国外贷款项目，建设和生产经营条件不需要国家综合平衡的由海南省自行审批。第三，按照 24 号文件规定，在财政、信贷计划、物资等方面建议实行切块管理。

三是关于优惠政策问题。为保证主要优惠政策得到落实，需要进一步明确进出口贸易政策、外汇留成政策、土地政策等。例如，海南省出口贸易刚刚起步，困难还相当多，出口收汇份额不及广东的零头。为支持企业出口创汇，促进特区外向型经济发展，建议中央有关部门进一步明文规定海南出口收汇继续按照 24 号文件规定执行，即"一九九五年以前，海南省自产产品和用内地的原材料、半成品，经海南省加工增值 20% 以上的产品出口收汇，全部留给海南省"。再如，按照 24 号文件规定，"境内外投资者可以在海南成立合营或独资的开发公司，成片开发土地（含国营农场）"。由于规定海南省出让国有土地使用权的批准权限仅为耕地 1000 亩，其他土地 2000 亩以上的由国务院批准。这样，海南搞"成片开发土地"的政策就很难落实。为保证"成片开发土地"

政策的有效实施，建议国家根据外商对海南投资的实际情况，每年一次性批准外商用地，在这片地域内，由海南省根据投资项目实际需要自主审批，实行有偿出让。

四是关于继续给予支持的几个具体问题。例如，外汇贷款问题、开发项目建设支持问题、人才问题等。从海南建省两年的实际看，如果文件中的主要政策能切实落实，对于吸引内外投资、加速海南的开发建设仍然可以起到积极作用。如果按照这一方案，我们估计海南经济发展仍可以在最初几年时间以略高于全国平均增长率的速度发展，实现年均 GDP 增速大约 10%。

第二种方案，即在贯彻落实 24 号、26 号文件的前提下建立几个经济开发区，带动全岛年均 GDP 增速达到 15%—20%。

当时，洋浦开发区规划引起国内外广泛关注，成为衡量海南能否继续贯彻执行对外开放政策的重要标志。这个方案同第一种方案的区别在于，它提出在整个海南经济特区贯彻落实 24 号、26 号文件的前提下，建立几个各具特点的开发区，实行比 24 号、26 号文件更加特殊的政策。

第二种方案从模式选择、开发方式和封闭程度、分期实施的可能性三个方面提出了构想。我们研究提出，国际上类似自由港并与海关关境有关的经济特区主要有三种模式，即自由港模式、自由贸易区模式、出口加工区模式。

专栏 9　　　国际上类似自由港并与海关关境有关的经济特区三种主要模式

1. 自由港模式：在本国领土上划出在本国关境之外的独立关税区，一般以沿海港口为依托，实行人员、资金、货物自由进出的政策。

2. 自由贸易区模式：本国关境之外的隔离地区，与自由港区别在于，多数自由贸易区的本国居民不享有关税优待。

3. 出口加工区模式：在本国关境之内的免税隔离区，一般面积较小。此外，国际上还有一些经济特区，在区内设立保税工厂或保税仓库，由海关监管进口免税物品，或实行出口退税。这样的经济性特区与国内其他地区并不隔开，或不完全隔离。

资料来源：海南省委体制改革研究室《关于如何进一步办好海南经济特区的三种方案》（讨论提纲），1990年2月18日。

在模式选择方面，从海南沿海各个港口的实际情况出发，在近期内可以建立经济开发区的有洋浦、八所、清澜三个港口。洋浦港处于新亚湾、洋浦湾和北部湾三面水域围住的半岛顶端，可以选择自由港模式进行开发，称为"洋浦自由港"。八所港腹地是矿产资源比较集中的区域，莺歌海天然气资源也在附近，可以在此开辟以资源深加工为主体实行自由贸易区政策的工业开发区，称为"八所工业区"。清澜港水域仅能停靠5000吨级的船只，但周围是著名的侨乡，劳动力充裕，可以选择出口加工区模式进行开发，称为"清澜出口加工区"。

在开发方式和封闭程度方面，洋浦自由港采用土地使用权有偿转让的开发方式。海南已就洋浦港周围30平方公里的土地开发与香港熊谷组（集团）公司达成土地有偿转让承包开发的初步协议。洋浦选择自由港模式进行开发，决定其封闭程度很高，必须利用半岛的有利地形，设若干通道实行全封闭。

八所工业区周围资源比较丰富。我们设想八所港周围开辟50—100平方公里，采用土地产权和资源开采权折价为资产股份与外商投资者合资的开发方式。因八所工业区范围大且地形复杂，不可能达到封闭的程度，因此，为了使区内外有所区别，只能在港口、铁路、公路等交通要道上设立若干关卡，实行半封闭。

清澜出口加工区的开发方式有两种构想：一是以土地产权入股引进外资进行较大面积的开发方式，建立大规模的半封闭的出口加工区，区内设若干保税工厂、保税仓库，突破国际上现有的出口加工区模式；二是学习台湾建出口加工区的经验，由我方投资建立若干小规模（面积在3—5平方公里）的全封闭出口加工区。

在分步实施方面，洋浦自由港的建立是海南省集中开发几块地方的突破口。分期实施的第一步就是要争取并请求国务院尽快作出关于开发洋浦的决策，批准建立洋浦自由港。海南与香港熊谷组（集团）公司达成洋浦自由港30平方公里开发区的初步协议，已经包括这30平方公里开发区的封闭线、基础设施投资等内容。因此，洋浦自由港的开发建设机会难得，具有较大的可行性。八所工业区与清澜出口加工区的开发建设，是分期实施的第二步。海南正在抓紧这两个经济开发区的前期准备工作，包括可行性论证、港口设施的扩建，等等。除以上三个经济开发区的规划构想之外，还欢迎外国投资者在海南沿海其他地方以外资和我方土地入股的合资方式开辟其他小型经济开发区。

方案中提出，为了在沿海几个集中开发的地方大量引进外资，就要在24号、26号文件基础上有较大的突破，在这些地方实行更加开放的政策。这些政策主要有土地政策、矿产资源政策、贸易政策、海关政策、财税政策、金融体系等。若实行第二种方案，预计可以带动全岛年均GDP增速达到15%—20%。

第三种方案，即建立海南特别关税区，最初几年可以实现年均GDP增速20%以上。

实现中央在海南建省办大特区的战略意图，彻底解决问题的根本途径是建立海南特别关税区。因为第一方案和第二方案有两个问题不能彻底解决：政策与体制的矛盾问题和大量吸引外资问题。第三种方案较为彻底，提出"一揽子"解决问题的总构想，是一个使海南经济特区更加开放，加快开发建设速度的方案。如此，最初几年可以实现 GDP 年均增速达到 20% 以上，由此实现中央提出的 5—8 年赶上全国平均水平，10—15 年赶上东南亚"四小龙"发展水平的目标。

方案提出建立海南特别关税区的基本问题：

——把海南从国家的海关和关税体制中划出来，单独实行特别关税区制度，实行"一线放开，二线管住"的政策，海南在经济方面与内地联系受海关管制，视同进出口。

——建立海南特别关税区，海南省要在党中央、全国人大常委会、国务院统一领导下，在中央纪律检查委员会的监督之下，具有相对独立地位，有更大的经济活动自主权。凡是涉及海南经济建设模式、体制和政策问题，由海南自行决定，报中央备案。

——为保证海南特别关税区切实执行中央意图，向中央负责，同时也保证海南的各项权利，必须由全国人大制定《海南经济特区基本法》。

——原属中央各部门管理或中央、地方双重领导的农垦、铁矿、铁路等全部放权给海南，中央各部门继续给予必要的支持，海南按计划完成国家上调任务。除军事、外交、边防和少数最必要的事务外，省内事务尽可能交给海南管理。

当时，我们认为提出的第三种方案具有重大现实意义。第一，能够大量吸引外资。建立海南特别关税区，实行减免关税、成片开发、外汇自由兑换、举办外资银行等特殊政策，可以形成良好的投资环境，吸引大量外资来海南进行开发建设。第二，能够解决体制与实行更加开放的特殊政策不相配套的问题。设立海南特别关税区，中央对海南实行切块管理和一个口子领导，海南的特殊政策不会因为与内地情况不同而受到条条管理限制。第三，将会对我国改革开放产生重大影响。当时，国内外普遍把海南作为中国改革开放的重要标杆，海南实行更开放的体制，将会提升中国的国际声望，消除一些人的疑虑和误解。与此同时，海南的进一步开放也会给内地提供有益的借鉴。

此外，设立海南特别关税区具有现实可能性。一方面，国际上有大量的闲置资金寻求投资场所，不少外商对海南有极大的兴趣，特别是东南亚的外商投资意向更强烈。只要体制问题理顺了，切实按照国际惯例办事，实行资金、货物、人员进出自由，大量外资投向海南就不是设想而是现实；另一方面，海南有良好的自然条件，地上、地下和海洋资源都很丰富，三次产业都能够开发和发展，对外商有强烈的吸引力，在一定程度上可以弥补资金、技术方面的不足。再者，海南有独特的地理条件，便于划开、管理。只要加强管理，海南放开不会冲击国内经济，即使出现失误也不会对内地造成大的影响。更重要的是，有党中央、国务院的正确领导和有力支持，有将近两年建省办大特区的经验和准备，海南完全能够办好、管好特别关税区。

许书记作为一个65岁赴任海南的改革开放干将，真的想实实在在地推动海南改革发展。许书记和我说："中方案，中央肯定会同意，至少可以朝着这个目标走。我们按照中方案，海南至少可以保持 15% 左右的增长速度，能实现中央建省办特区提出的用 3—5 年赶上全国平均水平，5—8 年赶上全国发达地区水平，15 年以后赶上东南亚'四小龙'发展水平的目标。当然，如果建成特别关税区，比这个还要好。"可是，由于某些情况的变化，直到今天海南都没有赶上全国平均经济发展水平。

3. 美国兰德公司报告

许书记交办的特别关税区上、中、下方案设想提出以后，我与同事们再做特别关税区的深入研讨。这个时候，正好国家科委国际合作中心受联合国开发计划署委托，把海南特区大开放战略课题委托给了美国兰德公司。

美国兰德公司是国际知名的咨询公司，从 1988 年 6 月开始，就参与了海南发展战略研究。联合国开发计划署资助的"海南发展战略规划研究"课题，从 1988 年下半年开始、1989 年 3 月 1 日正式签字，初步预计 18 个月完成，是由美国兰德公司等以及中方有关方面联合组织进行的，他们关于开发海南的观点，可以看作国际上的某些观点和看法。当时，联合国开发计划署（UNDP）驻华代表处代表莫里和夫人专程来到海口参加签字仪式，时任常务副省长鲍克明以及国家有关方面和省直有关部门的代表也参加了签字仪式。

1990 年 1 月 13—17 日，兰德公司几位著名的经济学家来海南调研，为首的是兰德公司国际经济研究部主任兼兰德研究生院院长 C. 沃尔夫博士，还有一位是台湾籍的经济学家叶孔嘉。17 日，许书记、刘剑锋省长（1989年6月后，刘剑锋任海南省省长）和鲍克明常务副省长在海南宾馆会见专家组全体成员。会见中，双方对海南的公共财政系统、对外贸易、金融和特区开发政策等方面的问题进行了探讨，并提出了咨询性建议。调研期间，我把特别关税区总体方案向他们做了介绍，没想到得到了沃尔夫博士的高度赞赏："我们还研究什么呢？要的就是你这个方案！"他们也认为，一个岛屿经济体只有通过开放才能发展，如果说中国最开放的地方，应当是海南。

1990年6月，应美国兰德公司副总裁莱昂博士邀请，我与时任省经济合作厅毛志君厅长陪同鲍克明常务副省长到美国进行考察，与兰德公司的专家就海南经济发展战略问题进行较深入的交流，其中重点讨论了海南特别关税区。他们认为，按照这个方案搞特别关税区，海南将大有希望。

1991年2月，兰德公司向海南省政府提交了一份研究报告，即《海南实施市场导向政策的综合提要》。这份报告对海南的经济改革、部分新兴工业化经济区改革的经验与海南现实的比较、货币、外汇和贸易改革、财政体制改革等做了深入且详细的研究。报告认为，经济特区是作为"进口替代和出口导向"混合发展战略的一个组成部分而设计的，这个战略的核心是在内地实行进口替代的同时，力图发展出口导向经济。尽管如此，这个战略并不是要使经济特区成为与中国其他地区隔绝的"飞地"，而是要通过它来打开经济和技术合作的大门，并成为连接中国内地与外界的桥梁。所以，海南省政府的政策重点应当符合经济特区广泛的出口导向发展战略，集中进行与中央政府的政策相一致的市场导向型改革。

报告还简要地提出了海南省是建成一个自由贸易岛,还是设立一个自由贸易区或是获得特别关税区地位的问题,并分析了各自的利弊。他们的研究结论是,在自由贸易岛与自由贸易区这二者之间比较,海南全省建成自由贸易岛要优于设立一个自由贸易区,建立海南特别关税区可能更具有实际意义。他们认为,海南搞改革开放,要搞就搞成自由贸易岛,这比建立几个小的自由贸易区更为有利。而建立自由贸易岛,起步就是建立特别关税区。另外,要搞就加快搞,千万不能错过机会。当时国际竞争很激烈,要争取时间,如果不搞特别关税区,不搞全岛大开放,只搞一两个小的特区,可能造成基础设施投资配置失当和资源配置失当,小特区之外是高成本区,就不能调动全岛积极性,使得全岛优势无法充分发挥。

对于建立海南自由贸易岛,美国兰德公司从七个方面做了论证并提出了主张:进行金融改革,控制信贷,严格控制货币供给量;财政改革,广开财源,缩小开支,取消补贴,实施"公共财政";贸易改革,全面放开,自己不作人为限制,即使被动配额,中央对海南也要有所照顾,一定要刺激外资的投资热情;工资和价格放开,工资与劳动生产率挂钩,价格与成本挂钩,取消全部福利工资,如住房等,全部转化为货币工资;产权改革,保护产权,通过保护产权建立起激励机制和竞争机制;建立安全阀,实行社会保障制度;特别关税区一定要有可自由兑换的货币,唯此,才能与国际经济挂钩。当然,这一切都基于政府的改革和政府职能转变。必要的政府控制还是需要的,但必须限定在宏观上。应该说,兰德公司专家的一些观点,虽然未必都对,但是值得我们研究参考。

我记得，1992年我到美国做访问学者时，很多人都不知道海南岛在哪里。我只好向他们比喻：海南岛就是中国的夏威夷。我住在一个美国家庭里，一对夫妇一位70岁、一位68岁，都是毕业于芝加哥大学国际政治专业的资深外交官，而且长期驻扎亚洲。他们问我，你来自哪里？我说我来自海南。他们感到很疑惑，海南是个什么地方？结果一看美国的地图，海南这样一个3.54万平方公里的南海明珠，在美国地图上却连名字都没有，这真的给了我很大的刺激。

三 研讨特别关税区——中改院成立的第一件事

1991年7月1日即建党70周年那一天，我在中改院建院筹备组会议上，以"改革开放与中国共产党"为题和筹备组成员做了一次交流。从建院那一天起，中改院就为海南走向大开放热情高亢地鼓与呼，在党领导中国人民开创的改革开放时代中自觉奉献。

（一）1991年11月1日中改院成立

常有朋友问我，为什么在1991年创立中改院？为什么要把中改院设在海南？我的回答是，特定条件下的特定产物。中改院是中国改革的产物，改革开放以后的大环境所创造的体制和机制，为中改院的产生、成长、发展壮大提供了非常好的土壤，使它可以在这样的环境、这样的土壤上积极地作为，为国家、为企业、为社会做贡献。回过头看，中改院正是呼应改革的时代需求、在改革的大潮中应运而生的。

1. 从研究所到研究院

1988年5月的一天，我向许书记提了一个建议："能不能允许我来创办一个海南省改革发展研究所，就设在省体改办下？"许书记问我："你的主要考虑是什么？"我说："主要目的就是建一个相对独立的研究机构，请一些人来帮助海南出主意。"许士杰书记很支持我。1988年6月，海南省改革发展研究所正式成立，省委决定由我兼任所长。我们从省委党校借了几间房作为办公场所，从北京调了几个人就开始办公了。这就是中改院的前身。

20世纪90年代初，改革开放陷入了低潮。改革何去何从，需要研究和回答。在那个背景下，我与海南的很多同事和北京的很多朋友都认为，经济大特区有需求也有条件建立一个从事改革研究的智力支持机构。此外，深化改革的迫切需求也激起了我重新做改革研究的想法。在当时的背景下，我意识到自己与其做一个官员，不如做一个改革研究者，研究改革、推动改革，可能更符合改革事业的需求，更符合我个人的意愿，也更能发挥我的作用。

1990年，时任国家体改委主任的陈锦华、副主任高尚全到海南考察，陈锦华主任找到我说，"迟福林，你要同意，就把海南改革发展研究所中的'海南'两个字括起来，成立中国（海南）改革发展研究院，由国家体改委与海南省联合办，建立一个全国性的改革研究和培训基地"。我说："那太好了！"

在这个背景下，1991年，在陈锦华主任的大力支持下，国家体改委决定与海南省合作建立中国（海南）改革发展研究院。3月10日，海南省体改办向海南省委提出《关于正式成立中国（海南）改革发展研究院的报告》。3月12日，海南省委常委会议研究，同意把省体改办下属的海南改革发展研究所改为研究院，由海南省人民政府和国家体改委合作筹办，作为一个体改研究与培训的基地；按原定的80名事业编制不变（其中30名由财政全额拨款，其他为自筹经费）；干部实行聘任制，要制定聘任制度；并明确由国家体改委负责业务指导，由海南省政府负责行政管理。

10月31日，在海口召开了由刘剑锋省长主持的"中国（海南）改革发展研究院院务委员会第一次会议"。经讨论，会议确定刘剑锋省长任院务委员会主任委员，高尚全兼院长，我任秘书长兼常务副院长，主持全面工作。

1991年10月31日，召开中改院院务委员会第一次会议

建院之初的场景，我还历历在目。从1991年年初海南省委常委会决定与国家体改委合作建立中国（海南）改革发展研究院，到其11月1日正式成立，只有短短几个月的时间，创办初期的艰辛可想而知。那时候，全院员工总数包括服务人员在内也只有30多人，大家边忙于中改院院址基建的收尾工程，边筹备建院成立大会暨海南对外开放战略研讨会。部门负责人当施工总监，当客房领班，杂志编辑当服务员，没日没夜地工作，既赶基建工期，又赶会议筹备。记得离11月1日只剩下几天了，但建筑工地还是一片脏乱，这样肯定不行！全院员工上上下下花了3天时间擦洗、搞卫生，一瓶矿泉水、一块面包顶了一天的饭，有人累病了，有人累哭了。开会那天，十几位部长和著名专家从北京赶来海口时，我刚打扫完卫生，裤腿上还带着泥和水，匆匆理了个发就赶去机场接机了。一上车，时任中国经济体制改革研究会副会长的童大林就问我："迟福林，你怎么搞得这么狼狈？"那段日子不可谓不辛苦，至今回想起来，仍然能感受到当初创业时的激情。

1991年11月1日，中改院成立当天的全体合影留念

2. 30 年坚持"立足海南"

曾经有媒体这样描述:"有这样一个群体:偏居祖国边陲、南海之滨,20 年来却始终不渝,为中国改革发展贡献智慧,建言献策,成为推动中国改革大潮的一股中坚力量。"在很多人眼里,海南岛有这样一个智库机构,不仅能够为海南的改革发展不断出谋划策,而且能够在服务全国改革决策和推动全国改革开放进程中发挥独特作用,而且坚持了 30 年,是个"奇迹"。

1993 年,我带领中改院部分同事第一次到德国考察。当时,德国经济合作部正在考虑要不要与中改院合作,德国经济合作部中国处处长问我:"迟先生,中改院为什么要设立在海南,在海南岛开展改革研究工作对全国的改革决策能起什么作用?"我告诉他,"海南是中国改革开放的重要试验基地,是中国改革开放的一个前沿。中改院设立在这样一片热土,能在某些方面发挥比设在北京、上海更为特殊的作用"。

中改院诞生于大特区的热土之中,它的成长和发展离不开历届省委省政府的关心和支持,离不开海南各界对中改院的认同与肯定。这么多年来,中改院作为在国内外都有一定知名度的中国改革智库,之所以能立足海南,是因为始终坚持以高度的使命感、责任感关注海南、研究海南、策划海南,积极主动地服务于海南省委省政府的政策决策,为海南的改革开放和发展不断做出新的贡献,赢得了海南各界朋友的关爱和支持。

(二) 建院当天高规格研讨特别关税区

1991年11月1日,建院第一天,中改院就举行了中国(海南)改革发展研究院成立大会暨海南对外开放战略研讨会,重点研讨海南设立特别关税区。可以说,这个会议在海南改革开放进程中具有特殊的意义。

1991年11月1日,举行"中国(海南)改革发展研究院成立大会暨海南对外开放战略研讨会"

这次研讨会的层次很高,有中顾委委员、中国经济体制改革研究会会长安志文,国家体改委副主任高尚全,中国科协副主席何康,国务院研究室副主任王梦奎,中国经济体制改革研究会副会长童大林,国务院经济社会发展中心副主任吴明瑜,全国人大法律委员会委员、中华美国学会会长李慎之等国家机关和有关方面负责人；还有史维国、胡平、王珏、周叔莲、张卓元、陈吉元等著名专家学者；海南方面出席会议的有邓鸿勋、刘剑锋、鲍克明、李志民、王厚宏、曹文华、毛志君、李天相等领导同志。此外，还有中国石化总公司、中国国际经济技术交流中心等有关方面负责人和联合国开发计划署北京代表处官员。在为期两天的会议中，大家深入地研讨海南深化改革、扩大开放的战略思路和实际措施，从不同角度、不同侧面研讨海南在进一步扩大对外开放、加快经济社会发展中的战略选择，提出了许多具有建设性和可操作性的意见。

这次会议，不仅在海南引起很大反响，而且在全国反响都较大。在那个特殊年份，又一次掀起了岛内外关于海南实行大开放的热烈讨论，新华社、《人民日报》、《海南日报》，以及香港的《明报》《文汇报》都对此做了大篇幅报道。

会上，刘剑锋省长的发言主题就是"建立海南特别关税区，走向大开放"。他在会议总结时感慨地说："我们在海南工作的同志，在这个会上尤其感到心情激动，因为我们有这么多的支持者发表了这么好的意见，使得我们在海南工作信心更大了，可以说壮了我们的胆，我们学到了很多的好东西，这是大家的共同感受。""研讨会增强了我们的紧迫感，我们意识到了肩上的责任，我们有这个决心和信心，把海南改革开放迅速地向前推进一步。"

这次研讨会的贡献在于进一步明确了海南的唯一选择就是加快改革开放的步伐，建立特别关税区，坚定不移地实行"大开放"的方针。

1. 特别关税区是"必然选择"

研讨会上，与会领导和专家、学者所达成的共识是：海南作为全国最大的经济特区和综合改革试验区，在20世纪90年代争取一个较大的发展，唯一的选择就是加快改革开放的步伐，坚定不移地实行"大开放"的方针。

什么是"大开放"？代表们认为，"大开放"就是在对外的程度、范围、方式等方面都要有新的突破、有大的动作。安志文同志概括为：大开放的实质性含义，就是根据中央建设大特区的要求，在海南实行比其他特区更特殊的政策和体制。与会代表从不同角度论证了海南要实行"大开放"方针的必要性和迫切性。

第一，实行"大开放"的方针，符合邓小平同志和党中央、国务院建设海南大特区、扩大对外开放的战略意图。海南建省办大特区，通过在海南实行更加开放的政策，在经济体制方面进行创新，使之与国际经济惯例相适应，与国际市场对接，从而创造出一个在社会主义制度基础上的经济起飞模式。这是邓小平同志关于在中国建设几个"香港"的战略构想的具体组成部分。正如邓小平同志所说的，海南岛经济特区好好发展起来，是很了不起的，是很大的胜利。通过实行"大开放"方针，促进海南岛的开发建设，可以向世界证明，在社会主义制度下，完全可以实现经济高速发展的奇迹。

第二，实行"大开放"的方针，是从海南实际出发的战略决策。海南岛拥有十分丰富的自然资源和优越的地理条件，但是，海南岛经济基础十分薄弱，经济发展起步晚，没有深圳等经济特区的"先发优势"。因此,海南的真正优势在于开放。要使自然优势和政策优势转变为现实的生产力,必须实行更大的开放,通过"大开放"求得大发展。

第三,实行"大开放"的方针,是经济生活国际化趋势的客观要求。第二次世界大战后,特别是进入20世纪80年代以后,世界经济发展最引人注目的现象就是越来越强的经济生活国际化趋势,所有国家的经济都通过世界市场的纽带相互联系。90年代,经济生活国际化的趋势将进一步发展。开放是经济国际化的前提,经济一体化、国际化的程度越高,相应地要求开放度也越高。海南经济要适应越来越强的经济生活国际化的趋势,客观上要求实行更加开放的经济政策。通过大开放更大程度地参与世界市场竞争,从而促进海南经济的迅速发展。

第四,实行"大开放"的方针,是海南在当前国际经济环境之下的应对之策。从当前的世界经济政治格局来看,我们面临的是一个国际风云变幻的大环境,但是和平建设和经济竞争将依然是20世纪90年代国际经济秩序的主题。海南毗邻东南亚各国,不仅有"四小龙"经济发展的强大压力,而且泰国、马来西亚、印度等国也酝酿着新的经济起飞。与海南最为邻近的越南也开始实行较大程度的开放政策。在周边国家和地区相继实行大开放、大发展的国际环境下,海南的应对之策,就是相应地实行更大开放的方针,积极主动地参与国际市场竞争,否则就将再次痛失发展时机。

第五,实行"大开放"的方针,也是国内对外开放格局调整后海南必须采取的相应对策。近年来,较早设立经济特区的南方省份，受到了来自上海、烟台、青岛、天津、大连等北方港口城市深度开放的压力与挑战。目前，开放城市和经济特区都在争取对外开放方面的优惠政策，海南本来经济基础差，起步晚，其发展更大程度地依赖政策优惠。如果海南不尽快地在扩大对外开放上寻求新的路径，政策优势的级差将很快丧失殆尽。因此，海南在对外开放方面必须要有新的突破，有大的动作。

2. 海南特别关税区的基本思路

与会代表认为，海南要实行"大开放"的方针，就必须提出与海南省情相适应的对外开放新思路和相应的政策设计，在实行更加开放的政策方面有新的突破和新的动作。通过讨论，代表们对海南实行"大开放"方针提出了以下基本思路。

一是政策基础。全面落实《国务院关于鼓励投资开发建设海南岛的规定》（1988年26号文件）和国务院批转的《关于海南岛进一步对外开放加快经济开发建设的座谈会纪要》（1988年24号文件）。由于这两个文件下发不久即遇到全国治理整顿，在服从治理整顿大局的情况下，24号、26号文件的许多条文都没有落实。目前在三年治理整顿的基本任务已经完成的情况下实行更加开放的方针，其政策依据就是全面逐项落实国务院24号、26号文件。

二是体制创新。海南现行体制并没有充分体现一个"特区省"所应该具有的地位，从而成为全面落实中央24号、26号文件不可逾越的体制性障碍。在海南现行体制下，由于受到条条框框的限制，24号、26号文件中的许多条款在实行过程中必将与中央职能部门发生矛盾和摩擦，从而很难全面落实。要使中央给予海南的各项优惠政策能够真正得到落实，就必须进行体制创新，实行中央对海南的一个口子领导。

三是总体构想。设立海南特别关税区的总体构想是：在国家海关总署的指导下，实行"一线放开，二线管住"的特别关税区制度。海南与内地的经济联系受海关管制，视同进出口。海南在中央统一领导和监督之下，具有相对独立的经济地位和更大的经济活动自主权，以及具有更全面的省内事务管理权。与此同时，要在海关体制、金融体制、货币制度、财政税务体制、外贸管理体制、物资管理体制、基本建设体制等方面进行与特别关税区制度相适应的制度创新。

四是基本条件。海南具有设立特别关税区的基本条件。首先，海南四面环海，与内地有琼州海峡相隔的天然屏障。实行"一线放开，二线管住"的特别关税区制度，其封闭成本低，同时具有较大的可操作性。其次，海南经济水平低，占全国经济总盘子的份额小，建立特别关税区所产生的震荡对经济的整体影响不大，从而降低了进行整体性改革的难度和协调成本。最后，海南是一个贫困落后的、农业人口占绝大多数的地区，又是我国最大的经济特区。如果利用其可控性较强的特性，通过封关进行对外开放的典型试验，对全国的改革开放具有其他特区所无法比拟的示范效应。

五是具体步骤。与会代表倾向性的看法是，海南要扩大对外开放，设立海南特别关税区是一个时间问题。但是，特别关税区是一个牵涉面广、政策性强的重大措施，原则上应采取逐步过渡、分步到位的做法。具体来说，作为过渡，近期应以洋浦开发为基本模式的成片开发，作为海南扩大开放的主要路子。这种模式通过一段时间的试验之后，再逐步推广到全岛，即在全岛建立特别关税区。

在研讨会上，有代表指出，在海南进行成片开发或设置保税区、加工区等，即实行大特区套中、小特区的方式。但是，这种方式不能作为海南扩大对外开放、发展外向型经济的目标模式。因为：第一，只开几个小口子是很难把整个海南岛的开发建设带动起来的。第二，如果只在海南搞几个"一线放开，二线管住"的出口加工区或保税区，其封闭成本很高，封闭效果不一定好，而且还容易出现资源的错误配置。第三，在目前基础上搞几个出口加工区、开发区或保税区的"小特区"，并不能根本解决实行"大开放"与现行体制的矛盾。全国许多开放城市都在搞保税区或出口加工区，海南作为一个基础差、起步晚的最大特区，要保持自己的独特优势，就必须跳出这种模式去探索更大开放的新路子，应当立即着手实施建立特别关税区的方案。

代表们还就实施特别关税区方案可能遇到的各种矛盾以及当时普遍担心的问题进行了讨论。倾向性的意见是：第一，海南实行特别关税区制度，风险是有的，但是可以承受的，对全国来说影响也是不大的。第二，海南建立特别关税区，困难是有的，但基本条件是具备的，而且主要的困难如资金问题、财力问题等，只能通过"大开放"，在实行特别关税区制度的过程中来解决。至于"一线放开，二线管住"则属于技术性的、管理方面的问题；即使不搞大开放，客观上也存在着海关管理问题。

在研讨会上,安志文等领导同志指出,海南实行特别关税区制度的时间表,现在尚不明确。但有关的问题,特别是海关制度和货币制度这两个核心问题,必须进行超前研究,要通过深入细致的研究,充实并完善特别关税区的构想,为最终实行特别关税区制度进行前期准备。有代表提出,设立海南特别关税区必须克服一个认识的障碍,即在海南实行特别关税区制度是整个经济体制改革的组成部分,属于经济管理体制改革的范畴,而不是政治制度概念。

(三) 北京人民大会堂召开特别关税区研讨会

1992年5月30日,中改院在北京人民大会堂海南厅举办《建立海南特别关税区可行性研究报告》咨询会,旨在寻求实现海南建省办全国最大经济特区的重要战略突破。这个会议的层次比较高,国家体改委副主任兼中改院院长高尚全主持,中顾委委员、著名经济学家于光远,中顾委委员胡昭衡,全国人大常委会副秘书长周杰,全国工商联副主席经叔平,国务院发展研究中心副总干事吴明瑜、常务干事李伯溪,中华美国学会会长、原中国社会科学院副院长李慎之,原中国科协书记处书记李宝恒,中国银行副行长周小川,著名经济学家、中国社会科学院研究员蒋一苇,国家计委研究中心副主任黄范章,经贸部国际联络司司长龙永图,海关总署政策法规司司长李克农,中央政策研究室经济组组长蒋祖祺,国务院研究室研究员修培生等40余人出席了会议。

上篇　研讨特别关税区始末 | **127**

建立海南特别关税区可行性研究报告

（征求意见稿）

中国（海南）改革发展研究院"建立
海南特别关税区"研究组
组长：迟福林

一九九二年五月二十日

建立海南特别关税区可行性研究报告

会上，我扼要介绍了中改院起草的《建立海南特别关税区可行性研究报告》基本框架，得到了大家的一致赞同，认为报告阐述的建立海南特别关税区的基本思路，是正确、可行的，并就完善这一报告提出了许多宝贵意见。

1992年5月30日，中改院主办的"建立海南特别关税区可行性研究报告咨询会"在北京召开

第一，要从全国改革开放的高度，乃至世界经济发展的趋势看建立海南特别关税区的重大现实意义和历史意义。建立海南特别关税区，是中国改革开放的重大突破，将对全国改革开放的全局产生重要影响。

中国是社会主义国家。东欧剧变、苏联解体后，世界都注视着中国。邓小平同志南方谈话后，中国进入改革开放的新时期。建立海南特别关税区，实行世界通行的"自由港"政策，在经济体制上创新，与国际市场相衔接，完全有可能在探索建设有中国特色的社会主义实践中创造一个"海南模式",走出一条比其他经济特区更特的新路子。因此,建立海南特别关税区不仅是海南实施"大开放"战略方针的一件大事,而且是中国改革开放的一项重大突破。

——建立海南特别关税区,进行建立社会主义市场经济运行机制先行试验,可以为全国发展社会主义市场经济提供实践经验。

——建立海南特别关税区,实行货币自由兑换、自由贸易政策,进行股份制改革、社会保障制度改革等,其探索的改革经验,对于全国的改革开放,尤其是对"三沿"地区的改革开放具有非常重要的意义。

——海南地处亚太地区中心,四面环海,实行"自由港"关税制度后,可以成为我国除香港之外的又一个供资金、物资出入的新通道,成为连接内地走向世界的桥梁,成为中国加强同东南亚经济联系的重要基地。

建立海南特别关税区,既符合中央战略方针,同时也是海南改革开放的内在要求。要从建设有中国特色社会主义的基本理论,从发展商品经济、市场经济,对外开放理论的高度上认识建立海南特别关税区的必要性和可行性。这是事关全局的一件大事,要理直气壮,宣传尽快建立海南特别关税区对中国改革开放全局的重大意义。在海南3.4万平方公里土地上,中国再造"香港",甚至是世界最大的自由港,这是改革开放的一个创举,是建设有中国特色社会主义的一个重要创造,是社会主义发展史上前所未有的大事,其影响相当深远。当时有人还提出了一句口号:"80年代的改革开放看深圳,90年代的改革开放看海南。"

第二，建立海南特别关税区，既能给海南带来巨大的发展变化，也能给国家带来巨大好处。建立海南特别关税区，首先对国家有利，能给国家带来巨大好处：对祖国统一有重大意义；对改善和提高我国在国际上坚定的改革开放形象非常有利；中央财政无须付出什么成本和承担什么风险，对减轻国家财政负担有利；通过在海南建立特别关税区取得更有价值的经验，特别是建立市场经济体制的经验，对推动全国改革开放有利。此外，建立海南特别关税区能给海南带来巨大的经济利益，如能够尽快增加就业，增加出口收入，促进新技术和新的管理经验的迅速传播等，中央政府和海南省政府可以共同分享由于海南经济发展和土地价格上升而增加的财政收入；建立海南特别关税区，海南可以在改革开放中发挥更突出、更重大的示范作用。专家们认为，海南按现在这样一种政策环境，即使经济以15%—20%的速度增长，也难以达到中央关于海南建省办全国最大经济特区的战略目标。同时，要摆脱海南在经济上对国家的依赖也是十分困难的。希望中央、国务院重视和关心海南特别关税区的建立，促成海南特别关税区早日建成。

第三，建立海南特别关税区，完全符合中央关于海南建省办全国最大经济特区的战略意图。现在已经到了全面贯彻落实的时候了，不能延误，再失良机。专家提出，海南要求建立特别关税区，已是"亡羊补牢"，不是新倡议。邓小平同志几年前就提出在内地再造几个"香港"，中央财经领导小组早在海南建省办特区之前即1988年年初就提出了这一战略构想。当时，由于海南方面认识上的原因，这一构想没有实现，海南错失一次大开放的良机。

海南建省办特区的 4 年实践，充分证明中央关于建立海南特别关税区的战略意图是正确的。只有这样，海南才有可能摆脱现行体制与政策不相配套的困扰，走向国际市场，高速或超高速发展经济，成为能在全国对外开放中发挥更大作用的最大经济特区。

专栏 10 　　　　　　　　《建立海南特别关税区可行性研究报告》前言

早在 1984 年，中国改革开放总设计师邓小平就提出："我们要开发海南岛，如果能把海南岛的经济发展起来，那就是很大的胜利。"海南岛地处南中国海，是中国连接东南亚国家的前沿地区，战略地位十分重要，把这里的经济和文教科技事业尽快搞上去，对于加紧开发南海海洋资源，加强中国同东南亚国家经济合作，巩固国防，完成祖国统一大业，都有着十分重要的意义。

1988 年 4 月海南建省办经济特区。4 年多来，海南的投资环境有了明显改善，经济社会发展取得一定成效。由于海南经济特区的起点低，各方面的基础十分薄弱，有广大的农村和 500 多万农民，是一个孤悬海外的岛屿，如何把海南办成中国最大的经济特区，需要作深入研究。

海南的经济带有明显的岛屿经济特征。世界上岛屿经济成功经验，特别是亚洲"四小龙"发展外向型经济的成功经验表明，海南要真正办成中国最大的经济特区，实现经济的高速发展，就必须实行高度开放的经济政策，大规模吸引外资，走以开放促开发的经济发展道路。

海南省提出，海南经济特区是坚定不移地实行"大开放"的战略方针。"大开放"不是一般意义的对外开放，它是能够完全按照国际惯例办事的全方位开放；是实行特殊优惠政策大量吸引外来投资和真正形成有利于各类企业平等竞争局面的深层次开放；是全岛 3.4 万平方公里的全范围大开放。实行"大开放"的根本性措施，是建立海南特别关税区。建立海南特别关税区，说到底，就是利用海南优越的地理条件和港口条件，再造社会主义的"香港"。

世界上实行特别关税区制度的自由港或自由贸易区，是至今为止国际上公认的、对开放程度最高的经济特区，它所实行的投资政策比一般经济特区更"特"。世界上有关国家和地区的实践证明，它是建立外向型经济结构，实现经济高速增长和社会全面发展的最成功的发展模式。建立海南特别关税区，目的是使海南经济特区走出一条比其他经济特区更"特"的新路子，由此真正实现早在 1987 年邓小平就提出的，在海南岛搞一个更大的特区，把海南岛的经济好好发展起来的战略意图。

中国（海南）改革发展研究院一建院，本着"立足海南，面向全国，走向世界"的办院宗旨，把建立海南特别关税区的研究作为重要课题。以常务副院长迟福林为组长的"建立海南特别关税区课题组",于 1992 年 5 月提出了《建立海南特别关税区可行性研究报告》(讨论稿),并广泛征求了海南省和中央有关部门以及中外专家的意见,先后在北京人民大会堂、海口召开了"建立海南特别关税区可行性研究报告咨询会""建立海南特别关税区国际咨询会",就建立海南特别关税区的可行性及其具体操作方案进行咨询。在听取咨询意见的基础上,课题组对研究报告又进行了修改。研究报告分为五个部分:(一)建立海南特别关税区的基本含义,说明建立海南特别关税区的含义及其实行的政策原则;(二)建立海南特别关税区提出的背景,从多方面说明建立海南特别关税区的必要性;(三)建立海南特别关税区的方案建议,从海关、物资、外贸、金融、财政、税收等八个方面提出了建立海南特别关税区的初步方案;(四)建立海南特别关税区的可行性分析,从海南的地理条件、资源优势、投资环境和社会管理条件诸方面就建立海南特别关税区的可行性进行分析;(五)建立海南特别关税区的意义评价,阐明建立海南特别关税区对于海南经济发展、促进中国对外开放和推动中国统一的意义。

建立海南特别关税区,已成为海南 600 多万人民群众的强烈呼声和迫切要求,是众多海外投资者普遍关注的焦点问题。相信本研究报告的提出,能为促成海南特别关税区早日建成作出贡献。

邓小平同志南方重要谈话发表后,全国各地掀起改革开放新的浪潮,改革开放的大好时机已经到来。海南经过 4 年打基础,以水、电、交通为主的投资条件,以市场经济为基础的经济社会条件,以"小政府"宏观调控为重点的管理条件,以及改革开放方面的经验已比较成熟。现在海南已经到了完全有条件贯彻落实中央当初关于海南建省办全国最大经济特区战略意图的时候了。

当时,国际形势发展很快,东南亚尤其是与海南相邻的泰国、马来西亚、越南等国经济正在迅速崛起。作为地处亚太地区中心位置、南中国海前沿阵地的海南,若不尽快建立特别关税区,就不可能有经济发展的高速度,就会落后甚至大大落后于周边国家和地区。这将对整个中国的改革开放、经济建设以及在国际社会中的地位带来不利的影响。

从现实条件看，海南建省办经济特区的 4 年实践充分说明，要解决海南现行体制与实行中央给予的优惠政策不相配套的矛盾和解决建设资金严重不足等困难，最好的出路是建立海南特别关税区。建立特别关税区后，海南省拥有较大的经济活动自主权，在中央统一领导下，实行更加开放、更加优惠的"自由港"政策，能够开创一个大规模吸引外资的新格局，促使海南特区经济高速发展。

会议提出，建立海南特别关税区是一个当前需要决策的紧迫问题。在这种关键时刻，海南特别关税区的建立，极有可能成为中国进一步对外开放的重要标志。党的十四大就要召开，海南应当抓住不可多得的历史机遇，抓紧建立特别关税区的各项准备工作，促使海南特别关税区早日建立。提出建立海南特别关税区已有几年，其间做了许多论证，这在大的方向上不会有错（深圳也已提出建特别关税区的设想）。现在中改院已经拿出了比较系统、比较成熟的建立海南特别关税区的可行性研究报告，为尽快建立海南特别关税区奠定了一个很好的基础。咨询会后，对研究报告的某些具体技术问题做一些修改、完善，再报给海南省委省政府，以便省委省政府尽早做出决策。北京有关方面也要通过各种渠道向中央反映建立海南特别关税区的建议。

这是中改院 30 年建院史上唯一一次在人民大会堂开会。

专栏 11 　　《建立海南特别关税区可行性研究报告》咨询专家学者名单

中方专家：

于光远　　原中顾委委员、著名经济学家

胡昭衡　　原中顾委委员、海南开发促进会副会长

高尚全　　国家体改委副主任

周　杰	全国人大常委会副秘书长
吴明瑜	国务院发展研究中心副总干事
李慎之	全国人大法律委员会委员、原中国社会科学院副院长
经叔平	全国工商联副主席、中信公司总经理
蒋一苇	中国社会科学院研究员、《改革》杂志社社长
周小川	中国银行副行长
杨守正	原中国驻苏大使
龙永图	经贸部国际联络司司长
李克农	海关总署政策法规司司长
蒋祖祺	中央政策研究室经济组组长
修培生	国务院研究室研究员
李宝恒	原中国科协书记处书记
李伯溪	国务院发展研究中心常务干事、发展部部长
陈锡文	国务院发展研究中心副研究员、农村部副部长
黄范章	国家计委研究中心副主任
郭树清	国家计委研究中心研究员
李树林	中国国际贸易学会会长
罗肇鸿	中国社会科学院世界经济研究所所长
赵人伟	中国社会科学院经济研究所研究员
张卓元	中国社会科学院财贸研究所所长
张根生	全国人大财经委员会副主任
胡　平	国家科委科技促进发展研究中心研究员
李仲周	经贸部国际联络司处长
肖灼基	北京大学经济学院教授
赵宝煦	北京大学国际政治系教授
王峻岩	全国政协委员、海南大学法学院教授
肖育才	海南大学经济学院教授
聂高民	国家体改委处长
何佳声	暨南大学港澳经济研究所所长
冯玉忠	辽宁大学校长

1. 有信心早晚会获批

当时，于光远指出，建立海南特别关税区提出多年，也做了很多论证，美国兰德公司还参与了论证。他认为这个设想在大方向上不应该有什么问题。现在有人担心中央会不会批，他对这个问题不担心，认为批是肯定会批的，早批晚批都会批，而且有这样的信心。只要是道理站得住的，正确的东西总是会胜利的。

他在会上讲了一句话："真理是一个慢性子的巨人，虽然最后胜利了，但办起事来总是慢条斯理。"有些问题急不得，不必着急，而且我们应当有快的办法，快的办法不是老盯着批准去求。快的办法就是我们去做，比方说，现在完成的可行性报告就很好，而且这个研究工作要做下去，做得更细，把各种方案都准备好，将来一旦批准，就马上付诸实施。要把道理说清楚，搞特别关税区，不是卖国主义，而是改革开放，是邓小平同志思想的一个发挥，一个实践，这不是应付，而是真正的实干。我们不要担心会不会批准，只要工作做到了，中央就会批准，我们所要做的就是自己去做，要想办法从道理上、从建设有中国特色的社会主义的基本理论上把这个道理讲透彻，从发展商品经济、市场经济理论、对外开放理论上来讲建立特别关税区的必要性和可行性。我们要做到理直气壮。

特别令我感动的是著名经济学家蒋一苇老先生抱重病参加这次会议。会前，我到电梯口接他，说："蒋老，您也来了。"他说："福林，这个会这么重要，我一定来！"老先生在会上讲了很长一番话，给了我们很大的鼓励。

蒋一苇老先生讲到，他对报告中提到的这段话特别有兴趣，即"海南应该成为有别于其他特区的一个特区"。他说，这个"有别于其他特区的特区"，后边讲的好像是有了政策条件，特别关税区就是"有别"了。在他看来，不是条件的有别，而是功能有别于其他特区。

2. 海南可作为单独关税区加入关贸总协定

我记得，当时作为从WTO第一线谈判代表回到经贸部担任国际联络司司长的龙永图，在会上他的发言给了我们一些重要的启示。

当时，恢复我国关贸总协定缔约国地位，是我国政治、经济和外交工作中的一项重要任务，是直接在中央的领导下进行的。国家经贸部国际联络司正在负责恢复我国关贸总协定缔约国地位的谈判，龙永图也一直在从事第一线的谈判工作。据他介绍，当时谈判中遇到一个最大的困难就是如何解决台湾的地位问题。中国政府已经明确态度，在恢复中国关贸总协定缔约国地位以后，不反对台湾作为一个单独关税区加入关贸总协定。这是一个重大的政策调整。因为关贸总协定和其他国际组织不一样，除了主权国家的政府可以参加外，单独关税区也可以作为缔约方参加。因此，如何处理台湾参加关贸总协定就成了一个非常敏感的政治问题。

他在会上讲到，海南的同志提出了建立特别关税区的设想。这同关贸总协定中规定的"单独关税区"在提法和含义上都不尽一致。单独关税区（Separate Custom Territory）是关贸总协定中的专有名词，根据关贸总协定第 26 条的规定，"单独关税区"的定义，就是在处理对外贸易关系和总协定规定的其他事务方面享有和取得完全自主权的地区。除了享有完全的对外贸易自主权以外，"单独关税区"还有许多方面的自主权，像过境自由、海关估价、数量限制、外汇安排等。龙永图指出，"特别关税区"是否就是关贸总协定中说的"单独关税区"？如果是的话，可以好好研究一下关贸总协定的有关条款，在提法上尽量和关贸总协定的提法保持一致，以便将来做研究还要提请中央批准，确保大的方面明确。单独关税区在国际上是个很清楚的概念，香港、澳门都是以单独关税区的身份加入了关贸总协定，拥有与总协定缔约国相同的地位。单独关税区是一个特定的概念，"特别关税区"则是具有中国特色的单独关税区。

他讲了几条道理，建立海南单独关税区，政治上对我国十分有利。如果海南特别关税区就是一个单独关税区，依他的个人意见，可以参照台湾问题来解决。当时，台湾参加关贸总协定可以有两种方式，一种是根据 26 条，即在恢复中国总协定缔约国地位的那一天，由中国政府发表一个声明，台湾作为中国的一个单独关税区参加关贸总协定。主权国家发表这样一个声明以后，台湾就可以作为一个缔约方加入关贸总协定。另外一种方式就是根据 35 条，台湾要经过长时间的谈判，和主要的缔约方谈判以后才能以单独关税区的身份加入总协定。原来中国政府坚持要用 26 条，台湾则坚决反对，经过两个多月的谈判后做了让步，因为在当时的情况下，我们不可能代表台湾进行实质性的关税谈判，最后我们允许台湾作为一个单独关税区独立和总协定的其他缔约方谈判，不管台湾愿不愿意，在我国恢复总协定缔约国地位的那一天，我们都要发表一个声明，说我们也同意台湾作为一个单独关税区加入关贸总协定。他提出了一个想法：在中国恢复关贸总协定缔约国地位的那一天，我国同时宣布，台湾和海南作为中国的两个单独关税区加入关贸总协定。在那样的场合下，对国际社会宣布，台湾和海南处在同样的地位，是中国的两个省，两个单独关税区，这在政治上对我们很有利。从这个意义上讲，他对海南再搞一个单独关税区十分赞成。

3. 发行人民币兑换券

时任中国银行副行长的周小川也参加了咨询会。会上，他对可行性研究报告给予了肯定，特别是点出了在大特区内部，再搞几个小特区，只是争取些特殊优惠政策，对海南的整个发展是不够的。

他在发言中主要讲了两点：第一，如果依靠一些不平等竞争的办法来发展海南，像深圳早期的一些优惠政策的做法，就是通过一些不平等的优惠条件，使得内地的资金流、贸易流特别倾向海南，这种做法的可行性越来越小。第二，设立了特别关税区，建立新的基础上的平等政策，就可以解决这样一个问题，即使改革步伐走快了，由于有关税区的隔离，也不会冲击到内地的其他方面。

他还指出，海南建立特别关税区技术上最大的问题是货币问题，现在的提法是以兑换券暂时作为过渡，没有提特区货币问题。尤其是现在人民币走向可兑换的问题开始提到议事日程上来时，再提搞特区货币也不见得合适。但是如果把外汇券或者人民币作为当地货币，总的思路是对的，也就是说在贸易项下资本与国内可以相互流动，在非贸易项下资本流动是要管住的。但是这里涉及很多技术问题，因为同一种货币是否容易区分贸易、非贸易资本流动，具体怎么管法，他认为这方面还要研究得细一点。再一个就是除了进出口方面，在运输工具方面，可能提到在海南注册的所有船舶，在国内要视同于非国内运输工具进行管理。另外在名称上，他建议"特别关税区"的"特别"，还应该点明一个是单独关税、一个是低关税的含义。

（四）海口召开特别关税区国际咨询会

1992年7月1—2日，中改院在海口举行了建立海南特别关税区国际咨询会。这是继1992年4月于海口召开的建立海南特别关税区研讨会、5月于北京召开的建立海南特别关税区可行性研究报告咨询会后的又一次重要会议，目的是就建立海南特别关税区的重大问题进一步听取国内外专家的意见。经过2天的深入讨论，大家完全赞同时任省委书记邓鸿勋在会上提出的"建立海南特别关税区已经到了应当决策、抓紧行动的时候了"。这次会议，推动建立海南特别关税区从理论、政策研究阶段转向决策、操作阶段。

参加这次会议的有来自省内外的领导和专家学者共130人。邓鸿勋、姚文绪、杜青林、鲍克明等省领导参加了会议。刘剑锋省长在出国前为会议提交了书面发言。

1992年7月1—2日，建立海南特别关税区国际咨询会召开

专栏12	建立海南特别关税区国际咨询会发言主题

邓鸿勋：建立海南特别关税区是海南对外开放的重大决策

刘剑锋：海南要走比其他特区更"特"的新路——在建立海南特别关税区国际咨询会上的书面致辞

周　杰：抓紧时机，同心协力，尽快建立海南特别关税区

朱传矩：建立海南特别关税区对统一中国的意义

迟福林：关于建立海南特别关税区的几个重要问题

胡　平：机不可失　时不再来——谈建立海南特别关税区的必要性和紧迫性

王峻岩：实行"一制两体"与建立海南特别关税区

黄范章：海南特别关税区的历史机遇和对策

萧灼基：亚太经济发展与建立海南特别关税区

肖育才：建立社会主义"香港"是海南的最佳选择

赵宝煦：建立海南特别关税区与社会主义

郭树清：建立海南特别关税区与海南经济高速发展

聂高民：建立海南特别关税区与海南的对外开放

柯梅胡：建立海南特别关税区与海关体制

G. 罗斯：从国际比较角度看建立海南自由贸易区的意义

资料来源：中改院《建立海南特别关税区国际咨询会文集》，1992年7月。

会上，来自国内外的专家们对在海南建特别关税区的意义、可行性及实施关键等问题进行了多角度、全方位的探讨。他们一致认为：建立特别关税区是加快海南改革开放，实现经济高速发展的根本出路。专家们认为，世界上有关国家和地区的实践证明，建立特别关税区是建立外向型经济结构、实现经济高速增长和社会全面发展最成功的模式。在海南建立特别关税区，可以使海南按国际惯例办事，更好地参与世界经济运行，可以克服资金短缺困难，更多地吸引外资，可以更快地把本地区潜在优势转为现实优势。有的代表还认为，建立海南特别关税区，不仅是海南实现"大开放"战略方针的突破，而且将对全国改革开放的全局产生重要影响。比如，它探索建立社会主义市场经济的经验，实行货币兑换、自由贸易政策、进行股份制改革的经验，对于全国的改革开放，尤其是对于"三沿"地区的改革开放具有非常重要的意义。此外，建立特别关税区对于促进香港稳定和台湾回归祖国还将起到积极作用。

当时，我作了《建立海南特别关税区的可行性研究报告》（以下简称《报告》）的发言。与会代表针对《报告》发表了许多很好的意见。第一，要把建立海南特别关税区与当前的国际经济形势紧密结合起来。从海南的建设资金需要和国际上有大量资金、国际资金的流向及如何吸引国际资金方面论述建立海南特别关税区对海南经济发展的重要性。第二，要与改革开放结合起来。《报告》不是仅仅讲对外开放，而是密切地结合体制改革，对经济体制改革问题做了全面的阐述。专家们认为，如果不深入地进行改革，要扩大对外开放是不可能的，必须把这两者结合起来。第三，把经济增长与体制转换结合起来。《报告》不仅谈到加快发展的问题，而且提出要加快体制转换问题，并对如何加快体制转换做了详尽的说明。专家们认为，《报告》提出要建立和完善以市场经济为基础的新体制，这对于建立海南特别关税区非常重要。第四，建立海南特别关税区的有利条件。《报告》清晰地提出建立海南特别关税区的各种阻力、障碍和不利因素。第五，严格界定了一线管理和二线管理的办法。《报告》对一线管理的许多具体问题，如资金、物资、人员进出境等问题做了详尽的说明。专家们认为，这些论述，既有可行性，也有可操作性。第六，加强软硬环境建设。《报告》在论述建立海南特别关税区时，既注意到改善投资硬环境，同时也注意到改善投资的软环境和社会条件。

1. 尽快建立特别关税区意义重大

全国人大常委会副秘书长周杰同志讲道："我们是社会主义国家。现在全世界都在看我国。特别是东欧剧变、苏联解体以后，更是如此。现在中国人到东欧、苏联去，第一个见闻便是中国人多了，更加扬眉吐气了。苏联74年历史一周就解体了。相反，中国社会稳定、政治稳定、人民安居乐业、丰衣足食。"他又讲："我国现在之所以社会稳定、经济稳定，与十年改革开放有很大关系。小平同志讲，坚持走社会主义道路，坚持改革开放，坚持发展生产力，提高综合国力，提高人民生活水平，我们就大有希望。否则只能是死路一条。而亚太地区这几年经济发展很快。如果我们不加快改革开放，按老路子走，用小平同志的话说就是'不进则退'。"如果我们社会主义比不上老牌资本主义国家，老百姓还可以理解，但如果我们比不上周边地区和国家，比如中国香港、中国台湾、韩国、新加坡，老百姓就有意见了。亚洲"四小龙"之所以发展很快，一个重要因素是市场经济利用得好。英国很早就把香港建成自由港。"四小龙"中有两岛、两港：两岛是台湾、韩国；两港是新加坡、香港，都是利用地理优势发展了起来。中改院对建立特别关税区这个问题进行论证研究，十分有意义。

美国斯坦福国际咨询公司总裁顾问朱传矩提出："一个人要有理想才能做大事情；一个国家要有理想才能做大事业。中国人现在有一个理想，就是建设有中国特色的社会主义。"他说，看了《报告》后，里面谈到了七个自由权和新体制。如果北京同意这七个自由权、新体制，海南将成为中国特色社会主义的很好试验基地。把海南建成一个社会主义小香港，同资本主义大香港比较一下，看谁好，谁劣。他还讲，1997年香港就要回归中国。如果海南能成为社会主义的自由港，那对国家统一是极为有利的，"海南搞特别关税区，在政治上的影响不可想象。大家都很敬重邓小平同志，真正敬重小平同志，是应帮助小平同志实现他的夙愿。他的最高夙愿就是统一中国，而建立海南特别关税区是实现小平同志愿望的第一大步"。

国家科委科技促进发展研究中心胡平也参加了会议，他在发言中主要谈了建立海南特别关税区的必要性和紧迫性。他提出，第一,建立特别关税区,问题的实质在于海南在经济活动中能否取得相对独立的地位。第二,建立特别关税区,能为海南全面改革提供最佳的环境。第三,建立特别关税区,会大大减少海南在经济上对内地的过分依赖,形成"破釜沉舟"的态势。第四,只有实行特别关税区的政策,才能实现全面改革,利用"局部优化"和"可控性强"的特点,把特别关税区作为推动改革的手段。第五,建立特别关税区,才能从根本上改善投资环境,资金才会涌来。中央只给政策不给钱,资金主要来自国外,而投资的吸引力主要在于环境、交易成本等因素。

2. 建立海南特别关税区的条件成熟

专家们认为,虽然其他特区也提出设立特别关税区的请求,但在中国目前的情况下,搞特别关税区,没有隔离就不可能完全"特"起来,不隔离就不便于给特殊的优惠政策。海南由于有琼州海峡这道天然屏障将其与内地隔离开来,从这个意义上讲,海南岛最具备设立特别关税区的条件。只要采取有效措施,严格管理"二线",海南岛的对外开放就不会对内地产生冲击。

3. 特区货币自由兑换

专家们认为,鉴于人民币在全国范围内实现自由兑换只是时间问题,因此特区货币自由兑换的具体方案,应当首先考虑通过放松乃至取消特区外汇管制来实现特区货币自由兑换,允许人民币在特区自由兑换其他货币,同时允许其他硬通货在海南自由流通。实行货币的可自由兑换,可以首先考虑以外汇兑换券取代人民币作为区内有限制的可自由兑换货币。待时机成熟后,在全国率先实行人民币的可自由兑换,比较彻底地完成币制改革。由于人民币汇率几经调整,人民币的两种汇率的差价越来越小,人民币演化为可自由兑换货币的可能性越来越大。

4. 财政平衡问题

专家们认为,建立海南特别关税区,由于关税的全面豁免,会减少一部分财政收入,但是就海南目前的进出口能力来说,关税收入是很有限的,每年只有2亿元左右,因此海南的关税豁免对中央财政收入的影响是很有限的。相反,建立海南特别关税区,由于经济活动增加和土地价格上涨,来自非关税方面的财政收入肯定会大幅度增加,中央可以逐步减少甚至完全取消对海南的各项财政补贴。同时,建立海南特别关税区,海南将根据经济发展国际化的需要,全面实行以市场经济为基础的新体制,转变政府职能,精简政府机构,从而减少财政支出,实现地方财政平衡。

5. 特区经济发展中城乡二元结构问题

专家们特别强调,海南与其他特区不同,3.4万平方公里的面积中,绝大部分是农村,670万人口中有500多万农民,如何实现城乡经济协调发展,保证广大农民的生活水平随着特区开发建设的展开不断提高,是一个重要的问题。建立海南特别关税区,将创造一个更加开放的、有利于全方位吸引外资的经济环境,推动特区各项产业协调发展,从根本上解决特区经济发展中的城乡二元结构问题,实现经济的全面起飞。

应当说，尽管大家曾经对特别关税区的问题有不同看法，但是南方谈话热潮后，全省上下、省内外已经有了比较一致的认识，并且呼声和愿望越来越强烈。

◇四　南方谈话后海南掀起"再造香港"热潮

1992年，邓小平同志发表南方谈话，针对人们思想中普遍存在的疑虑，解答了长期困扰人们的姓"资"姓"社"问题，重申了深化改革、加速发展的必要性和重要性，掀起了我国新一轮改革开放的热潮。当时，省里提出贯彻邓小平同志讲话的精神，改革开放的步子再大一些，胆子再大一些。对海南来说，要在再造社会主义"香港"上采取重大的举措，就是建立特别关税区，实

1992年12月21—22日，"海南再造香港研讨会"在中改院举行

现大开放战略的突破。在这样的背景下，海南特别关税区又一次成为海南街谈巷议的热点，而且迅速取得了上上下下、方方面面的共识。

（一）贯彻南方谈话的十二条意见

1992年年初，深圳有同事打电话给我，告诉我邓小平同志在深圳视察的消息。我一听，马上兴奋起来。我通过各种途径确定有此事之后，中午12点左右到邓鸿勋书记的办公室，向他建议召开省委常委会讨论。他马上把当时的省委办公厅主任肖立河找来，说："明天就开常委会，请迟福林做汇报。"

我很激动，感觉又迎来了一次机会，于是赶快组织省体改办的同事加班讨论，连夜起草了《以邓小平同志谈话为指导加快海南特区改革开放步伐》的稿子，准备了半个小时到一个小时的汇报。我们理解，邓小平同志在年初发表的重要谈话是对党的基本路线的精辟阐述，是进一步加快改革开放的重要指导思想。我们要以邓小平同志这一重要谈话为指导，紧紧抓住当前的有利时机，进一步解放思想，在改革开放方面迈出更大的步伐。从现在起，要认真抓好建立特别关税区的各项前期准备工作，尽快把海南特别关税区的研究和准备工作提上议事日程。

结果，那天省委会议议程安排得特别满，直到11点半才轮到我汇报，我用了20分钟汇报，汇报结束后也没有时间讨论，直接散会了。

1992年5月7日,《海南日报》头版刊登我的署名文章《海南:希望与出路的选择》

(二)特别关税区不是搞不搞,而是加快搞!

从 1992 年起,我将大部分精力投入中改院的改革研究中,不拿政府工资,社保关系也转到了中改院。有一天,我在中改院 2 楼的办公室远远看见省委的车,人一下车,一看是邓鸿勋书记。还没等我走下楼迎接,他已经上楼来了,进到我的办公室,第一句话就说:"迟福林,你快把记者喊来,我要发布一则重要信息。"

我赶快通知新华社、中新社、《海南日报》和海南电视台等几家媒体。邓书记坐在我办公室的沙发上,记者有的站着,有的坐在小凳子上。他说:"今天,我要向大家宣布一件事情。海南特别关税区不是搞不搞的问题,是要加快搞!"后来了解了一下,主要是邓小平同志南方谈话的缘故。

（三）向中央的第二次请示

1992年上半年，经省委常委会几次讨论，形成了决策。8月8日，海南省委、海南省人民政府再次形成了《关于建立海南特别关税区的请示》（琼发〔1992〕21号）。请示中指出，建立海南特别关税区，就是充分利用海南独特的地理条件和资源优势，实行"一线放开，二线管住"的特别关税制度，并相应采取世界上通用的自由港经济政策，建立社会主义市场经济新体制，大量吸引外来资金，以高投入带动高增长，推动海南经济全面高速发展，实现中央把海南建成全国最大经济特区的战略意图。

请示中提出，特别关税区建立以后，海南省将在中央统一领导下，享有充分的经济活动自主权。省内属于中央统一管理的外事、海关、司法、边防等方面的事务，建议由国家有关主管部门根据海南省的特殊情况制定专项管理办法。其他凡涉及海南经济发展、经济政策和经济体制方面的问题，由海南省根据实际自主决定，并报中央备案。在国家宏观指导下，海南的改革开放有更大的灵活性，真正按照国际惯例办事。

专栏13　　　　《关于建立海南特别关税区的请示》的主要内容

建立海南特别关税区，就是充分利用海南独特的地理条件和资源优势，实行"一线放开，二线管住"的特别关税制度，并相应采取世界上通用的自由港经济政策，建立社会主义市场经济新体制，大量吸引外来资金，以高投入带动高增长，推动海南经济全面高速发展，实现中央把海南建成全国最大经济特区的战略意图。

建立海南特别关税区的问题在1988年年初建省时中央即已提出。那年9月，中共海南省第

一次代表大会通过的工作报告,正式提出建立海南特别关税区的建议,1989年1月,省委省政府向中央呈送了请求建立海南特别关税区的报告。四年多来,我们就建立海南特别关税区问题进行了深入的研究和论证。近一个时期以来,我们又广泛听取了中央有关部门和中外专家的意见,形成了较为具体的操作方案。

特别关税区建立以后,海南省将在中央统一领导下,享有充分的经济活动自主权。省内属于中央统一管理的外事、海关、司法、边防等方面的事务,建议由国家有关主管部门根据海南省的特殊情况制定专项管理办法。其他凡涉及海南经济发展、经济政策和经济体制方面的问题,由海南省根据实际自主决定,并报中央备案。在国家宏观指导下,海南的改革开放有更大的灵活性,真正按照国际惯例办事。

——海关管理方面,海南特别关税区的海关是国家海关总署在海南的派出机构,同时担负特别关税区一、二线管理任务。总的原则是:一线放开,二线管住,加强海上缉私。

——金融管理方面,人民银行海南省分行在中国人民银行总行的宏观指导下,充分发挥中央银行的宏观管理职能和作用,在总行资金切块的前提下,实现信贷资金的平衡,维护金融市场的正常秩序。在海南特别关税区内,实行有限制的货币自由兑换。其办法,可以将人民币作为有限制的可兑换货币;或者是用人民币外汇兑换券作为可兑换货币。积极稳妥地发展合资银行和外资银行,并允许其经营除居民储蓄之外的本币业务和外币业务。

——外经贸管理方面,海南特别关税区进出口基本放开,除属国际被动配额和少数限制进口的商品外,其余商品放开经营。出口所需被动配额,请经贸部切块下达,由海南按核定计划组织出口。外商在海南设立企业,由海南省按照国家的有关规定和国际上通用的办法进行审批和管理。

——财政税收方面,在不增加中央财政负担的前提下,主要依靠发展经济,改革财税体制,实现财政收支平衡。在"八五"期间,仍保持现行的财政包干体制,并请财政部按原定计划拨给海南开发建设资金。

——物资管理方面,海南按计划上调的物资和国家计划下拨海南的物资,上调下拨的方法不变。在海关监管下,海南生产和生活所需的内地物资,仍保持原有的流通渠道。

——基本建设方面,由海南省人民政府自主审批、安排基本建设项目和固定资产投资项目(包括内联项目和利用外资项目)。国家计委已立项的基建项目,请继续予以支持。建议下放海南的建设用地审批权,以适应海南特别关税区基本建设和成片开发的需要。

——社会管理方面,从省一直到各市、县,建立和完善"小政府、大社会"的宏观调控体系,强化社会经济监督部门,加快干部人事制度改革,强化干部培训,积极引进人才,提高干部的管理能力和管理水平。加强社会主义精神文明建设,健全社会主义法制,严格社会管理,保证海南特别关税区有一个良好的社会经济环境。

海南岛地处亚太腹地,是国际资本投资的重要区域,完全有条件通过扩大开放吸引更多的国际资本。海南有独特的地理条件和优越的资源条件,特别是经过建省办特区四年来的努力,目前在电力、交通、通信等基础设施方面已经有了一定基础。在海南建立特别关税区既有现实条件,又便于操作。

资料来源:中共海南省委、海南省人民政府《关于建立海南特别关税区的请示》(琼发〔1992〕21号),1992年8月8日。

(四) 特别关税区研讨被叫停

1993年以后,海南特别关税区研讨画上了句号,海南再一次错失走向大开放的重大机遇。

1. 会前的提醒

1993年1月18日,海南省委召开副省级以上领导干部会议,传达中央有关海南省主要领导人事变动的决定。中央决定:邓鸿勋不再担任海南省委书记、常委、委员职务;刘剑锋不再担任海南省委副书记、常委、委员职务。

记得春节期间的一天,新任省委主要领导找到我:"福林同志,我来海南了,你要配合我工作啊!"我说,有什么工作要求您尽管指示,我会努力做。他说,过几天要召开一次省委常委会,讨论海南下一步的改革开放,你做专题汇报。

没过一两天,几位省委领导分别找到我,提醒我"省委主要领导已经找我们谈话了,他不赞成建立海南特别关税区。你要注意啊!"我思来想去,建立特别关税区是海南实行大开放、大改革、大开发的重大选择。我回到省体改办和同事们商量,尽管还不清楚省委主要领导意图,可是作为省体改办,客观汇报是职责所在。后来,省体改办同志加班加点,形成了《关于请求设立海南特别关税区问题的汇报》,提出了以特别关税区为目标加快海南改革开放的若干建议。

汇报提纲主要分为三个部分:第一部分,海南特别关税区提出的背景、基本含义及其意义。邓小平同志明确指出,对外开放是我们坚定不移的国策,不是开放得过头,而是开放得还不够,要进一步扩大对外开放,胆子要大些,步子要快些,要实行"大开放"的方针。中央主要领导提出:"海南省处于祖国南疆,地位十分重要,加快海南的开放建设,不仅在经济上,而且在政治上都有重要意义。搞经济特区搞封闭不行。"第二部分,研究了设立海南特别关税区的几个重要问题,如海关管理体制问题、外贸体制和政策、金融与货币问题等等。第三部分,提出了海南具备设立特别关税区的基本条件。在这个基础上,我在汇报中提出设立海南特别关税区需要统一的几个认识问题。

第一,设立海南特别关税区是一个经济管理权限的概念,而不是政治体制概念。作为一个独立的地理单元,海南不仅有得天独厚的封闭条件,而且有条件成为亚太经济圈的桥梁和纽带,这是内地和其他地区无法取代的。因此,设立海南特别关税区,实行有别于内地的关税制度,目的是落实邓小平同志建立更大经济特区的战略意图,进一步加快海南开发建设,而不是实行另一种政治体制。况且,设立特别关税区具体怎么搞,是快一点还是慢一点，主动权都在我们自己手上。

第二，设立海南特别关税区是海南特区更加开放的战略决策，它会有利于吸引外资，促进海南岛的发展。当然，设立海南特别关税区有一个分步推进、逐步完善的问题，也有一个以重点地区的开发带动落后地区开发的问题。但是，要解决这一问题，关键是在设立特别关税区的前提下，通过对重点地区的开发，进而带动全岛的开发。

第三，设立海南特别关税区，有利于海南和内地经济的共同发展。有的同志担心，海南同内地在关税管理制度上划开，会影响内地资金对海南的投入，从而有可能拉开海南省内总供需平衡的缺口。这种担心虽然有一定道理，但却忽略了问题的另一方面，即设立特别关税区，可以创造一个适合国际资本进入海南的经济环境，既有利于海南特区更多、更快、更高层次地引进国外的资金、技术、人才，又有利于内地通过海南参与国际经济的循环，沟通与国际的联系，促进内地经济的发展和海南的繁荣。

第四，设立海南特别关税区，只要管理跟得上，是不会出现大问题的。首先，经过近四年来建省办经济特区的实践，干部素质已有了一定的提高，各方面的管理条件大体具备；其次，设立海南特别关税区是一个逐步过渡、分步到位的过程，可以在管理体制、干部素质等方面逐步创造条件，从而为全面实行特别关税区做好各方面的准备；最后，即使出现一些小乱子，只要相应的管理工作跟得上，就会使其得到迅速治理，把消极影响减少到最低程度。

第五，设立海南特别关税区，不会影响我国其他特区的发展。

海南地理位置特殊，面积大，经济基础薄弱，这与深圳、珠海、汕头、厦门以及上海浦东开发区的情况有很大的不同。所以海南办经济特区之初，中央根据海南的情况提出对海南实行比其他特区更"特"的优惠政策。设立海南特别关税区，乃是这些特殊政策能够得以真正落实的保证。可以说，设立海南特别关税区，不仅不会影响其他特区的正常发展，而且会形成海南与其他特区的优势互补，由此会使我国形成新的对外开放格局。

2. 画上句号

在我印象中，这是新任省委主要领导就任海南后的第一个省委常委会，由我先做专题汇报。开会时，我坐在领导正对面。汇报时，我第一句话就说："我今天汇报的主题是'以特别关税区为目标加快海南改革开放进程。'"他举手说："迟福林，我对这个特别关税区的提法有不同意见，等下你汇报完，我再发表意见。"这样，我用半小时的时间汇报完了。

省委主要领导表示不赞成特别关税区这件事情。他提出了几点意见：第一，海南没有条件建立特别关税区；第二，建立特别关税区仅仅是学者的议论；等等。他发表完意见后，与会的领导没有一个人表态发言。最后他提出省委将作出海南省不再研讨建立特别关税区的相关决定。

就这样，从这天起，海南特别关税区的研讨画上了句号。

中篇

从国际旅游岛到自由贸易港的探索过程

由于海南特别关税区研讨的叫停及内外条件环境的某些重要变化,从 20 世纪 90 年代中期到 90 年代末,海南经济社会发展面临着巨大压力,成为建省办经济特区以来经济增速较慢的几年。

在 20 世纪 90 年代中期我国全力争取加入 WTO 的特定背景下,海南何去何从,成为各方关注的焦点。作为一个落后的岛屿经济体,海南不开放是没有出路的。在这个背景下,中改院适时提出,海南扩大开放的重点要从区域开放转向产业开放,以产业开放拉动产业发展与产业升级。那么,产业开放的突破口在哪儿?经过不断研究,我们提出海南产业开放的现实选择是建立国际旅游岛。这是将海南潜在的资源优势和生态环境优势转换为现实的经济竞争优势的最优选项。国际旅游岛的研究与呼吁,大体经历了十年之久,在多方的共同努力下,于 2009 年 12 月 31 日上升为国家战略。

客观地讲,经过近 10 年的努力,国际旅游岛建设有了多方面进展,尤其给当时的海南带来了信心与希望。但是,由于某些政策难以落地,海南的改革发展仍面临着诸多矛盾与问题。适应国内外环境变化的大趋势,中改院研究提出海南走向大开放,以更大的开放办好最大的经济特区,其战略选择和关键之举是全岛建立自由贸易港。

◇一 提出琼台农业项下自由贸易的建议

海南与台湾在地理、气候、人文等方面条件相近;海南有丰富的旅游、农业、海洋渔业、石油天然气等资源；台湾有雄厚的资金、先进的技术、科学的管理。加强与台湾的经济合作既可以加快海南发展，也可以提升两岛在经济上的依存度，最终增强台湾对祖国的认同，达到以经济促政治的目的。

早在20世纪80年代末，即在海南建省办经济特区之初，琼台两岛的经济合作就引起多方关注，并已成为热潮。台湾方面也曾有过公开计划。例如，80年代末，台湾经济建设委员会曾制定了对海南岛全面农业、渔业技术合作计划，这在台湾的报纸有大篇幅报道。后来，由于多种原因这个计划变成一纸空文。1988—1992年，我接待了多批来海南考察的台湾工商业代表，也曾经作为海南省政府的代表与台湾相关方面人士就设立台湾投资区进行讨论。那几年，台湾方面尤其是企业家对投资海南有很高的热情。但由于某些原因，琼台经济的全面合作难以突破。这个时候，我提出能不能以农业合作为先导，分步推进琼台经济合作进程。例如，1997年我提出了"实行琼台农业项下自由贸易"的建议。

（一）用20年时间赶上台湾就是很大的胜利

作为祖国的两大宝岛，海南岛的发展常常与台湾相对比、相联系。1978年12月，党的十一届三中全会召开前夕，习仲勋同志就在中共中央召开工作会议时提道："海南岛人口不及台湾的三分之一，自然条件比台湾要好，又是革命老根据地，但目前经济建设落后，市场紧张，群众生活贫困，这不能不值得我们深思。建议国家把海南的开发作为重点，大力发展橡胶、剑麻等热带作物。"①

1984年2月，邓小平在北京同中央领导同志谈论关于增加对外开放的沿海港口城市问题时说："如果用二十年时间把海南岛的经济发展到台湾的水平，那就是很大的胜利。"② 1987年6月，他在北京对应邀来访的南斯拉夫客人说："我们正在搞特区，这就是海南岛经济特区。海南岛和台湾的面积差不多，那里有许多资源，有富铁矿，有石油天然气，还有橡胶和别的热带亚热带作物。海南岛好好发展起来，是很了不起的。"③

1. 海南有条件逐步赶上台湾的经济发展水平

建省办经济特区前，作为我国国防前哨地区的海南，与台湾同期经济发展水平相比差距巨大。1987年，海南GDP为15.4亿美元，是台湾同期水平的1.5%；海南人均GDP为248.5美元，是台湾同期水平的4.6%；海南货物贸易总额为2.9亿美元，是台湾同期水平的0.3%。海南虽有不足，但在某些方面，尤其是在资源条件方面优于台湾。例如，台湾陆地面积为3.6万平方公里，海南为3.5万平方公里；从可利用面积来看，台湾70%为山地与丘陵，而海南山地与丘陵面积占比仅为37.3%。

中央作出海南建省办经济特区的战略决策，重要目的就是在

---

① 中国海南省委：《但开风气　情系宝岛——纪念习仲勋同志诞辰100周年》，《海南日报》2013年10月15日。
② 引自中共广东省海南行政区委员会文件琼字〔1984〕16号。
③ 中共海南省委：《海南岛如何发展起来，是很了不起的——纪念邓小平同志诞辰100周年》，《海南日报》2014年8月22日。

党的领导下，通过实行改革开放政策，利用3—5年的时间，使海南经济发展达到全国平均水平；利用10年的时间，赶上国内沿海地区发展水平；利用20年的时间，使海南的经济发展水平能够比肩台湾等亚洲"四小龙"。海南实行充满活力的体制，有比特区更"特"的政策，是有条件逐步赶上台湾的。可惜的是，由于某些情况的变化，直到今天海南的经济发展尚未实现上述目标。

2. 以加强琼台经济合作促发展

在我国经济转型时期，经济特区应当始终扮演"大开放、大改革、大发展"的重要角色。中改院成立最初几年，即1991—1996年这5年间，曾经多次召开经济特区研讨会，并提出经济特区分步走的战略目标：第一步战略目标——经济特区作为我国改革开放的"窗口"和"试验田"，扮演经济转型政策工具的角色；第二步战略目标——经济特区和港澳台有紧密的经济合作联系，应当在实现"一国两制"中发挥特殊作用；第三步战略目标——经济特区按照国际惯例发展成为国际公认的自由港、自由贸易区、出口加工区、高科技工业园区等。海南经济特区由于多种优势，具备多方面条件加强与台湾的经济联系。同时，海南与台湾在经济结构上具有互补性，在经济合作上具有较为便利的交通条件。如果海南经济特区在发展过程中，以扩大对外开放加强与台湾的接触、了解和合作，增强两岛在经济上的依存度，那将具有重要的价值和意义。

（二）建省初期琼台经济合作一度成为热潮

20世纪80年代末，台湾经济开始转型，产业需要升级换代，台湾岛内的劳动密集型产业需要转移出去，为中小企业的更新创造条件。众多的中小资本开始输出到具有资源开发潜力的地方。海南与台湾人文、气候、自然条件相近，海南的土地面积、可种植面积比台湾还要多，无论是养殖、种植的条件在某些方面比台湾还好，成本低很多。对海南而言，岛内丰富的农业、工业和旅游业资源亟待开发，需要大量的资本投入。加上海南实行比其他经济特区更"特"的开放政策，因此对台商有很大的吸引力。

1. "海南欢迎台湾投资者"

1988年8月25日，在海南省人民代表会议第一次会议上，梁湘省长作了《海南建省的形势、目标与任务》的报告，他在报告中提出："为了鼓励台湾同胞投资开发海南，在这里我代表海南省人民政府宣布，我们将在适宜的地区，设立若干台湾投资区，以更优惠的政策和便利的条件，鼓励台湾投资者在区内成片承包，综合开发，采用多种形式促使台湾的资金、技术同海南的资源、市场相结合，进一步加强中国两大岛屿间的经济往来，使我国的两大宝岛相互取长补短，共同为中华民族的振兴作出更大的贡献。"这在当时引起了岛内外的高度关注。我记得1988年8月26日香港某一报纸刊登了题为《海南将设立台湾投资区，鼓励台胞成片承包开发》的报道。

1989年,有一台湾投资商一家三口在海南不幸被杀害。台湾当局"行政院长"郝柏村表示"海南迫害台商"。台湾记者电话采访我,我说,海南十分欢迎台商,不存在迫害台商的问题。这纯属一次重大刑事案件。我记得,当时台湾《中央日报》发表了以《郝柏村:海南迫害台商,迟福林:海南欢迎台商》为标题的头版头条文章。为这件事,时任海南省委主要领导批评我,为何不经请示就接受台湾媒体访问?我回答说,电话已经直接打到我办公室,第一句话就直截了当问我,海南是否存在迫害台商的问题。我来不及请示,只能直截了当地回答。

2. 台湾曾提出对海南岛的农业、渔业援助计划

我记得,台湾经济建设委员会主任郭婉容女士在她上任的第一份报告中,用相当篇幅谈台湾和海南的农业渔业合作,提出台湾对海南实行全面农业、渔业技术合作的一揽子方案。当年,台湾《中央日报》以整版篇幅公布了台湾对海南实行全面农业、渔业技术的援助计划。但是,后来由于多种原因,这个计划并未能实施。

海南建省办经济特区最初几年,海南与台湾的合作与交流与日俱增,台商在海南的投资逐年增加。据统计,当时在海南注册的境外企业以及港澳台企业达16000多家,其中香港投资居第一位,台湾投资仅次于香港,但香港投资当中有相当一部分实际上是台湾的投资。

(三) 琼台农业合作交流频繁

1988年，我在与台湾方面的有关人士讨论双方合作时，他们曾提出，要在海口至琼海建立不少于150平方公里的工业开发区。由于多方面原因，1989年以后，海南与台湾经济全面合作的热潮逐步降温，但是农业合作在20世纪90年代一度成为两岛合作的重点、热点。

1. 琼台农业交流频繁

从1992年开始，台湾来琼进行农业交流的人员逐年增加。我知道的就有若干农业考察交流活动。例如，1993年，台湾前"农委会"秘书长黄正华一行来琼进行农业技术考察。1994年，台湾前"农委会"参事毛育刚一行应邀来琼参加"海南现代农业发展研讨会"。1995年6月，台湾省农会理事长简金卿率团来琼。1995年12月，台湾农村发展基金会执行长、台湾前"农委会"主委王友钊率"海南农业示范园"一行6人来琼。[①] 1996年，由台湾省农会总干事廖万金率领的13个市县农会三巨头一行36人和由台湾省农业合作社联合社理事主席林岂屺率领的考察团相继来琼。1997年3月，台湾前"农林厅"厅长许文富来琼；7月，王友钊再次来琼，随行的有台湾著名农经博士、财团法人"农村发

---

① 《地方志书·二轮省志·中国共产党志（1991—2010）》，第四章统一战线和对台工作第四节对台工作，海南史志网（http：//www.hnszw.org.cn/xiangqing.php？ID=85590）。

展基金会"副执行长涂勋等。并且,有的研讨活动就在中改院举办。

2. 台商农业成片开发

1992—1994 年,是琼台农业合作较快发展的几年。在此期间,台商在海南的投资有"三多"和"三大"的特点。"三多"是:台商投资海南农业项目增多;由餐饮娱乐转向农业投资的台商增多;投资海南农业的台资企业盈利多。"三大"是:台商在海南投资的份额大,占外商投资海南农业的首位;台商投资海南农业项目的规模大,当时 5000 亩至 1 万亩成片开发的台资企业达 20 余家,台资在海南已形成蔬菜、瓜果、水产养殖和加工、生物制品、花卉、观光农业、木器加工、畜牧养殖和高科技等十大"绿色生产基地";台商"绿色投资"项目技术含量较高,从台湾引入海南的优质农业品种达 50 多个。

那几年,台商投资海南农业开始从低层次的投石问路转向重点发展、成片开发。如当时的千驹实业有限公司已由最初试种 1000 亩杧果发展到 10000 亩;当时台湾最大的农业开发公司"农友"公司的关联企业耀农开发有限公司已在海南创建 5 个有一定规模的农场,继 1994 年在三亚做试探性的小面积种植获得成功后,又要在三亚兴办大面积的热带旅游观光农业和高效出口创汇农业生产基地。台湾投资的农业品种,由于有内地大市场的需求,获得了较可观的经济效益,台湾企业尝到了在海南搞农业开发的甜头。

(四)多次主持召开琼台经济合作研讨会

1994—1996年,为促进琼台合作,中改院与有关机构多次合作召开琼台经济合作研讨会。其中,有几次重要的会议由我主持,并形成相关建议。当时我的主要观点是以农业合作为先导,推进琼台经济的全面合作。

1. 在市场化改革中促进琼台合作

1994年3月10—11日,中改院与海南省台办、琼台(港澳)经济合作促进会共同主办了"海南台湾经济金融发展研讨会"。我向会议提交了一篇题为《在加快市场化改革中促进琼台经济合作》的论文,文中的主要观点是:

第一,海南经济特区的体制优势是琼台经济合作的重要因素。自建省办经济特区以来,海南与台湾的合作与交流就与日俱增,台商在海南的投资逐年增加。琼台两岛的经济合作,包括直接投资、间接渠道的合作及有限制的直接合作(如银行海外分支机构之间的通汇),已有一个初步的基础。随着两岛民间的推动,官方的支持,以及海南投资环境和条件的大大改善,琼台经济合作必将步入正轨,跃上一个新台阶。

第二,海南已有的改革实践,为琼台经济合作奠定了重要基础。关于海南的改革实践,可以概括为四个"过渡":一是由允许和鼓励各类企业竞相发展向建立现代企业制度过渡;二是由商品价格市场化向生产要素市场化过渡;三是由实施企业社会保险制度向建立全社会统一的社会保障体系过渡；四是由实行"小政府"行政管理体制向以法制为主的宏观管理体系过渡。

第三，加速海南经济特区的改革开放，促进琼台经济合作广泛发展。一是加快以产权制度改革为重点的深层次改革，推动海南特区市场经济体制的健全和完善；二是扩大对外开放，逐步建立高度开放型的市场经济体制，以充分吸引外资，加强对外经济合作；三是采用国际通行做法，广泛参照国际惯例办事；四是充分发挥地方特别立法权的优势，建立与特区市场经济体制相适应的法律基础，为琼台经济合作提供良好的法律环境和法律保障。

在我看来，当时琼台合作的有利因素仍然存在而且十分重要。虽然从海南已有的经济基础看，海南对外合作的条件并不优越，特别是在工业基础和某些基础设施方面，要落后于内地一些地方，而经济特区的政策优势也在减弱。但是，海南与台湾的经济合作，尤其是农业合作，仍具有一些有利因素。

——海南建省办经济特区最初几年，经济增长速度很快，明显高于全国平均水平，第三产业异军突起，基础设施正在致力改善。海南经济发展前景广阔。

——海南与台湾经济结构有着互补优势。两岛经济紧密合作，对双方都十分有利。

——海南地理位置优越，地处亚太腹地，位于南中国海经济圈的中心位置，背靠内地，面向东南亚，具有重要的战略位置和良好的交通条件。台湾与海南加强经济合作，有利于携手开发南海资源和共同开拓国际市场。

——海南与台湾气候条件相似，有利于开发农业和旅游业。

——两岛的人文条件相近,如两岛的地方语言很接近,有着共同的文化基础。

——海南的资源十分丰富,有着石油天然气资源、矿产资源、热带作物、旅游资源以及海洋资源等。

——海南劳动力资源充裕,成本较低,具有充分吸纳优秀人才的良好机制。

——海南建省以后,运用经济特区的有利条件,加快改革开放步伐,已经领先内地率先初步建立了市场经济体制框架,海南的地方特别立法权和某些特殊优惠政策(如落地签证、成片开发等),也是其他经济特区所没有的,形成了海南独具的体制优势。

2. 以农业合作为先导的琼台经济合作

1994 年 12 月,由中改院、香港科技大学、海南社会科学联合会和琼台(港澳)经济合作促进会共同举办的"海南现代农业发展研讨会"召开,来自台湾、香港、广东、广西、福建的 100 多位农业专家和代表参加。会议期间,时任海南省委书记、省长阮崇武和省委副书记、省人大常委会主任杜青林分别会见了与会的境外代表,并就发展海南现代农业问题和与会专家代表进行了探讨。与会专家认为,加强琼台农业合作不论是对海南发展现代农业,还是对全国农业发展都具有重要的示范作用。在农业发展问题上,会议提出了一个响亮的口号——"关键在于行动行动再行动"。香港科技大学副校长孔宪铎教授提议成立一个海南农业开发委员会,化讨论为行动,得到广泛响应。由于这次研讨会抓住了海南发展的一个热点,参会的专家阵容大,会议取得了明显的成效并产生了较大反响。会后，出席会议的专家还利用4天时间专程考察了海南省的一些农业开发基地和中国热带农业科学院。

我在会上作了题为《具有全局影响作用的海南现代农业》的发言。其中一个观点就是扩大利用外资比重，尤其是利用台资发展农业综合开发区。1990年5月，在国务院的支持下，海南省创办了全国第一个农业综合开发试验区。农业综合开发区的最大好处，就是能够突破小农经济的局限，实现农村经济和农业生产的专业化、商品化和工业化，有利于高新农业技术的推广，有利于加快推进农村经济体制改革。试验区在区内建立"成片开发、连片作业、倾斜投入、综合开发"的农业新区，坚持走"贸工农一体化、产供销一条龙"的开发路子。我记得，时任国务委员陈俊生考察海南时对此事高度关注，并作出多方面的重要指示。在陈俊生考察期间，我曾拜访汇报，当面听取他对海南发展尤其是农业发展的重要意见。他对海南农业综合开发试验区寄予很大的希望。但由于多种原因，尤其是具体操作的原因，试验区初建红红火火，后来几年逐步走了下坡路。

在这次会议上，我还提出了加强和发展琼台农业合作的十项建议。1995年2月，我形成了题为《以农业合作为先导，推进琼台经济的全面合作》的理论文章在《海南日报》发表。主要的观点是：现代农业对海南的全面发展具有全局性的作用，琼台合作以农业为先导，既符合实际又具有经济合作的全局意义。应借鉴台湾的经验，在加快海南现代农业发展进程中，走出一条经济发展与环境保护相结合的"绿色道路"。

| 专栏 14 | 加强和发展琼台农业合作的十项建议 |

中国经济体制改革研究会副会长、中政院常务副院长迟福林同志在 12 月 6 日结束的"海南现代农业发展研讨会"上，就琼台农业合作问题提出了十项政策建议，引起与会的琼台及大陆专家的热烈反响。

迟福林副院长指出，早在 1989 年，两岛曾经认真讨论过全面合作事宜，台湾方面也曾有过公开态度和计划。现在是具体推进合作的时候了。

琼台合作最有利、最具条件的是农业合作，琼台农业合作是两岛优势互补和经济发展的需要。目前正是加速琼台农业合作的大好时机，应当加强、加快、加大两岛的农业合作。

迟福林副院长分析了合作的有利条件：

——琼台两岛自然条件十分相似，海南目前正处于工业化初期，如何吸取台湾经济起步的经验十分重要。琼台农业合作有利于海南充分借鉴台湾农业发展经验。

——目前台湾农业发展面临着土地少、成本高、缺乏竞争力等困难。台湾运用自己的资金、技术、管理方面的优势，同海南的劳动力、土地、自然资源等优势结合起来，加强台湾农产品在国际市场上的竞争力，这对台湾农业的进一步发展也是很重要的。

——海南农业开发有着中国大陆大市场的广阔前景。加强琼台农业合作，开拓大陆市场，这对双方农业发展是互惠互利的。

为了尽快实现琼台农业全面合作，迟福林副院长呼吁：

一、尽快成立海南农业开发促进会

学习台湾农复会的经验，建立海南农业开发促进会是十分重要的。海南农业开发促进会可由海南、台湾以及香港等地的有关专家、学者、企业家和其他重要人士组成，是一个独立的民间组织。它的主要任务应该有三项：

1. 为琼台企业界在农业方面的合作提供服务。

2. 通过民间形式推动两岛的农业合作。

3. 争取国际社会对琼台农业合作的资金和技术的支持，以进一步促进海南现代农业的开发。

二、开展琼台农业合作的交流活动

1. 加强琼台两岛农业管理人员、科技人员和企业界的相互交流和往来。

2. 促进两岛在农业科研上的交流和合作。90 年代台湾曾公布过对海南农业的援助计划，由于种种原因，至今未能实施。应当继续争取台湾对海南农业的援助，促进两岛的农业合作。

三、争取台湾对海南农业援助

1. 争取台湾的资金援助。

2. 引进台湾农业优良品种。

3. 利用台湾的农业技术力量，加强对海南农业科技人员的培训。

四、争取在海南采用和推广台湾的现代农业科学技术

1. 打破界限，允许农业科学技术在海南大范围内的试验，尤其是在水稻、甘蔗、菠萝、杧果等热带农作物种植方面的试验和技术转让。

2. 应当允许台湾农业的优良品种进入海南，如在种子保密、商检等方面给予方便条件。

五、建立琼台合资合作的农业开发区

1. 采取土地低价政策，鼓励台资参与海南农业开发区的开发。

2. 特别鼓励台商与海南农垦的合作。

3. 鼓励成立台资农业开发区，或台商独资庄园、种植场、养殖场等。

六、加快琼台农产品加工业的合作

海南丰富的农业资源为发展农产品加工业提供了良好的基础，"椰树牌"椰汁为海南企业和农民带来了巨大的利益，是成功的典范。为了尽快改变海南主要出卖初级农产品经济效益不高的局面，并大范围提高农产品的附加值，需要加强琼台在农业加工业方面的合作。引进和运用台湾的先进技术，改变海南农产品加工业方面的落后局面：1. 食品加工业；2. 甘蔗制糖业；3. 水果、蔬菜保鲜技术；4. 农产品及其加工品的包装。在这些领域，琼台合作将使海南农副产品出口创汇能力大幅度提高，同时也为台商带来丰厚利润。海南有必要使从事农产品加工业的企业享受与农业开发同等的优惠政策。

七、琼台合作开发海南农产品市场

1. 对于台湾投资生产的农产品及其加工品，视同海南自有产品允许其自由进入大陆市场。

2. 力求在配额许可证方面有所突破，争取更多的海南农产品到香港销售，利用台资企业已有的国际营销渠道，开拓更多的国际市场，提高海南农产品的出口创汇能力。

八、积极推进琼台金融合作，以发达的金融业支持发展中的海南现代农业

1. 琼台合资兴办农业开发银行之类的金融机构，发挥各自优势，以推动海南农业的高投入。

2. 加速农业融资合作，积极探讨开展多种融资业务的可能性。琼台两岛金融机构共同对大型农业开发项目发放银团贷款。

3. 加强结算合作。积极探讨和争取海南与台湾银行建立直接通汇关系，以保证两岛结算业务的顺利开展，加强账户结算合作，并实现电脑联网。为从事农业开发和农产品加工、销售的企业提供优质服务。

4. 琼台联手设立"海南农业开发基金",利用基金引导台商在海南搞农业的成片综合开发。力求上一些较大的项目。开发基金的来源可考虑从两方面解决:一是公开向琼台社会公众募集,二是向发起人募集。此基金在发起创立后,应成立该基金管理公司,专司基金的运作,尽量减少投资风险,争取获取最大的收益,并求尽早上市交易。此外,还可与台湾金融机构联手引进国外投资基金,以加速海南现代农业大规模的开发。

九、积极推进琼台海洋捕捞业的合作

1. 通过资金、实物等形式合资组成捕捞队,在海南周边海域从事海洋渔业生产。

2. 合资、合作经营海产品加工业。合资开发的渔业产品可自由进入大陆市场和台湾市场,同时共同开拓国际市场。

十、加强环保合作,使"绿色道路"战略得以实现

1. 合作研究并总结台湾在经济发展过程中环境保护的经验教训,以供海南借鉴。

2. 聘请台湾环保农业专家,协助海南科学规划农业的发展道路。

3. 借鉴和引进台湾已实施的观光、休闲农业的经验与做法,并在这方面进行合作。

资料来源:中国(海南)改革发展研究院《简报》第 104 期,1994 年 12 月 9 日。

3. 推进琼台经济合作进程

1995 年 2 月,中改院召开琼台经贸合作研讨会。在会上,我作了《全面推进琼台经济合作》的主题发言,提出全面推进琼台经济合作的相关建议。

加强和发展琼台农业合作。一是应当继续争取台湾对海南农业的资金、优良品种、技术的援助,争取在海南大范围地采用和推广台湾现代农业科学技术。应当允许台湾农业的优良品种进入海南,双方应在种子保密、商检等方面给予方便条件。二是鼓励成立台商独资农业开发区、独资庄园、养殖场、种植场等。三是为大幅度提高农产品的附加值,应加快琼台农产品加工业的合作,如食品业、甘蔗制糖业、水果蔬菜保鲜技术、农产品的包装等。

海南有必要使从事农产品加工业的企业享受与农业开发企业的同等优惠政策。

努力扩大旅游合作。一是强化双方旅游合作的前提是建立旅游合作组织，该组织的任务是制订旅游合作计划，协调旅游业务，定期举行会议，交换旅游信息，发行有关的旅游合作出版物，解决双方在旅游合作中出现的问题。二是合作开发新的旅游景点，开辟新的旅游路线，增加新的旅游项目。双方合资创办旅行社合作培训旅游管理人员、导游员和其他员工，对合资的旅游饭店、宾馆等给予必要的支持，增加双方在旅游业上的相互投资等。三是海南方面对台胞进入应采取更便捷的措施，台湾方面对于持有海南有效证件的游客应简化入岛手续。

率先实行"三通"，当务之急是通航。随着琼台经贸关系的扩大，人员交往的频繁，"三通"尤其是通航问题日益迫切。通航是通商、通邮的重要前提之一。海南应积极争取率先实现两岛通航。

（五）"实行琼台农业项下自由贸易"建议引起两岸多方关注

经过一段时间的反复思考，我于1997年提出"实行琼台农业项下的自由贸易"的建议。

1. 新华社内参刊登

1997年1月，我在海南省政协二届五次会议上以《多方努力尽快促成琼台农业项下的自由贸易》为题做了大会发言，并提出三点建议：一是争取实行免关税政策，为促成琼台农业项下的自由贸易创造条件；二是从多方面促进琼台农业项下的自由贸易；三是不失时机，加快行动，努力促成琼台农业项下的自由贸易。

我认为，实现琼台农业项下的自由贸易是有基础和条件的。首先，海南具有热带资源、土地、人力等优势，台湾则在技术、管理方法、营销渠道以及优质品种和资金投入方面领先，琼台合作可以实现优势互补、互惠互利。其次，台商对海南的农业投资规模不断扩大，势头很好。并且，在海南的台资农业企业，60%以上的产品销往日本和欧洲等市场，部分销往香港、台湾，投资效益普遍很好。海南农产品也借助台商已有的市场渠道和广阔的销售网络，加大了出口额。

我的主要建议是：

——要尽快实行免关税政策，以促成琼台农业项下的自由贸易。对免关税范围要加以严格控制，只限于台商在琼用于农业、海洋捕捞业及与此相关加工所需的生产资料、生产设备、生产工具等。

——采取土地低价政策，鼓励台商参与海南农业开发区的开发或成立台资农业开发区、台资独资庄园、种植场、养殖场等。

——争取琼台金融合作，合资兴办农业开发银行之类的金融机构，以满足农业开发及农产品加工的资金需求。同时率先在海南实行台币与人民币的自由兑换。

——争取设立"琼台农业开发基金"，利用投资基金引导台商在海南搞农业开发。基金可以是台琼工商企业联合发起，允许在海南定向募集，以安全性和营利性为目标，并求尽早上市交易。

1997年3月7日，新华社内参作了题为《迟福林建议促成琼台农业项下的自由贸易》的报道。内参第一段话就指出，中国（海南）改革发展研究院副院长迟福林最近在海南省政协二届五次会议上建议，加快琼台农业合作的步伐，努力争取实现琼台农业项下的自由贸易，是促进海南现代农业发展的一条重要途径。同时，对推动两岛的全面经济合作具有重要意义。

专栏15　　　　　　　　新华社内参中引用的五点建议

1. 对台商用于在琼农业生产的农药、化肥、专用包装材料、农业设备等生产资料及农产品加工设备实行免关税政策，以鼓励更多的台商来琼从事种植、养殖、农产品加工业。

2. 台商以海南当地农产品为主要原料的农产品加工业，对其包装材料、生产设备、生产工具等实行免税政策。

3. 对进入海南的台湾农业优良品种在商检等方面给予方便条件。

4. 允许台湾的部分农产品及加工品自由进入海南市场；相应采取措施，使海南的部分农产品及加工品能逐步进入台湾市场；对于台商在琼投资生产的农产品及加工品，视同海南自有产品可自由进入内陆市场。

5. 琼台合资组建捕捞队，在海南周边海域从事海洋捕捞业视同关外区处理，对陆地配套所需生产资料，如生产设备、经营海产品加工业的加工设备可实行保税政策，合资开发的渔业产品可自由进入内陆市场。

---

2. 琼台合作建议引起两岸关注

1997年7月，中华全国台湾同胞联谊会、全国台湾研究会、中国社科院台湾研究所在儋州联合举办了第六届海峡两岸关系学术研讨会。这次参会人员的层次很高，我记得北京来了十多位部长级人物，我国农村改革的重要代表人物杜润生也来了。

我在大会上作了题为《实行琼台农业项下自由贸易的建议》的发言，特别提出抓住香港回归的有利时机，尽快实现琼台农业项下的自由贸易，对推动两岸的经贸合作会起到十分特殊的作用。

发言中，我提了十条具体建议：第一，建议由中央政府宣布实行琼台农业项下自由贸易。第二，建议授权海南省依据"专项管理条例"同台湾方面进行具体商谈。第三，建议海南省制定相应的特殊政策，尽快形成琼台农业合作的新局面。第四，建议实行某些支持琼台农业项下自由贸易的金融政策。第五，建议琼台合资兴办农业合作基地或试验基地。第六，建议两岸支持鼓励农户或专业户自主、自由进入海南岛进行农业开发或农业合作。第七，建议台湾方面对海南岛的农业、渔业等给予一定的技术援助。第八，建议采取措施，加强琼台在海洋和旅游资源开发方面的合作。第九，建议琼台率先实现"三通"。第十，建议以民间形式进行两岛农业全面合作的规划。

这十条建议提出后，引起多方关注。当时一位中财办的领导找我详细了解情况。由于这个建议媒体报道较多，也曾引起多方面的关注。台湾一位学者告诉我，这份建议也引起了台湾方面的重视。台湾当局领导人安排台湾中华经济研究院一位专家以游客身份来海南了解有关情况："实行琼台农业项下的自由贸易"是学者的建议还是中央高层的意图？如果建议已经得到北京认可，台湾将如何应对？几年后，这位专家在澳门的一个研讨会上告诉我，他在海南待了一周，同多方面的人了解后的结论是，这份建议主要是学者的观点。

1998年年初，中改院专门组成琼台农业项下的自由贸易课题组，并于3月形成《关于实行琼台农业项下自由贸易的建议报告》。很遗憾，由于多种原因，这个建议被搁置了。

（六）加入 WTO 后的琼台经济合作

2001 年，我国正式加入 WTO，这不仅给我国对外开放提供了难得的重大历史机遇，而且对海南扩大开放也是一个重大利好。由于当时东南亚金融危机爆发后，台湾农产品向东南亚出口遇到了阻力，进行直接投资又面临着动荡不安的经济环境风险。海南经济社会环境稳定，投资风险小，而且农业生产成本远低于台湾。在这个背景下，我再次提出琼台农业经济合作的相关建议。

1. 重提琼台农业项下贸易投资自由化

2001 年 2 月，我在海南省委理论研讨会上提出：琼台农业合作在两点上能够实现实质性重大突破：第一，适应台湾扩大进口的需求，充分运用台湾的资金、技术和销售渠道，合资共建农业及其加工业出口基地，培育部分具有国际竞争力的农产品，进入台湾农产品市场。第二，争取签订《琼台渔业合作技术协议》，合资共建海洋远洋船队，引进资金以及深海渔业和远洋渔业的捕捞技术与设备，向中深海进军，借助台湾渔业国际销售网络，使海南渔业产品进入国际市场。

2003 年 4 月，在海南建省办经济特区 15 周年时，我提出台湾可以借助海南热带高效农业已有的良好基础及丰富的资源和发展潜力，海南可以借助台湾先进的农业技术和经营管理经验以及资金，以合作求发展，将海南发展成为中国热带高效农业的生产基地，成为中国热带高质农产品及其加工品的出口基地。对台湾而言，台商在海南生产的高质农产品及其加工品，可以返销台湾，成为台湾农产品进口替代基地；也可以直接进入大陆市场和国际市场，成为台湾农产品出口替代基地。

2. 建省办经济特区 20 周年，提出建立琼台自由贸易区

2008 年 4 月，在海南建省办特区 20 周年之际，中改院课题组提出了建立琼台自由贸易区的设想，新华社、中新社等媒体先后做了报道，引起国内外关注。当时我们提出，站在历史新起点，着眼于两岸关系发展的大局，着眼于海南深化改革、扩大开放的需求，建立琼台自由贸易区，不仅有利于加快海南的发展，也能充分发挥海南在两岸和平统一中的特殊作用，是实现两岸合作共赢、经济一体化的重要举措。

何谓"琼台自由贸易区"？这是属于次级双边的自由贸易区，即海南与台湾之间实行自由贸易政策。我们的主要观点是：首先，建立琼台自由贸易区，是落实党的十七大提出的"实施自由贸易区战略"的重要组成部分。琼台自由贸易区既包含实行自由贸易的相关政策，又包含在实行自由贸易政策条件下所要求的体制创新以及相关联的许多重要领域的改革，必将对海南经济特区的改革开放提出新的要求，促进海南在体制创新、产业升级、扩大开放三个方面联动发展。其次，建立琼台自由贸易区，是一项立足于两岸关系长远发展的、具有全局性的重大举措，对于促进两岸关系良性互动有着重大的现实意义。最后，海南地理位置独特，面向东南亚，处于亚洲中心，通过建立自由贸易区实现两岛的区域经济一体化，有利于台湾拓展经济发展空间。

由于琼台自由贸易是我方对台主动放开海南市场的一种特殊贸易形式，无须列入两岸政治会谈协商决定。因此，我们建议由国务院制定《实行琼台自由贸易专项管理条例》，选择适当时机颁布实施；国家海关、税务等部门根据国务院颁布的专项管理条例，对涉及本部门的内容、政策及相关问题作出具体明确的专门规定；由海南省政府根据国务院专项管理条例，制定具体执行办法，以地方立法和行政法规的形式，对执行专项管理条例所涉及的问题作出明确规定，并结合国家有关部门落实此项条例的有关政策规定，制定实施细则。在就琼台自由贸易制定政策和立法时，要注意借鉴台湾方面有效的政策、法律及成功经验以及组织与运作方式。此外，还要选择特定的行业率先取得突破，逐步建立共同市场，并充分发挥社会组织的作用，为企业界的合作提供服务，为科技、文化、教育以及人员交流牵线搭桥并提供方便。

◇二 关于建立洋浦自由工业港区的建议

洋浦经济开发模式是海南走向大开放历程中的一次重要实践探索。这个实践探索主要分为两个阶段：第一个阶段是海南建省办经济特区初期，国务院批准设立洋浦经济开发区，探索外商"成片开发、综合补偿"的模式，建设"特区中的特区"；第二个阶段是在进入21世纪后，洋浦开发由外商成片开发转为政府主导开发模式。在洋浦发展的新阶段，中改院课题组提出将油气综合加工作为洋浦经济开发区的主导产业，并明确提出了建立洋浦自由工业港区的设想。

(一) 洋浦：建设特区中的特区

洋浦开发区是伴随我国改革开放进程兴起的，也是伴随海南建省办经济特区成立的，在当时海南甚至全国的改革开放中发挥着排头兵的旗帜作用。海南省第一次党代会报告就明确提出，要率先推动洋浦的大开发与大发展。在这期间，逐步形成了外商"成片开发、综合补偿"的发展思路。

1. 建设海南首个自由港

1987年年初，海南筹备建省办经济特区，当时面临的一个难题就是资金严重短缺，海南地方财力十分薄弱。中央要求海南"自费开发"，只给政策不给钱。为此，以更大的开放筹集开发资金就成为海南面临的第一项重大任务。国务院〔1988〕24号文件明确指出：海南的开发建设"要结合海南实际，探索自己的发展路数，不要盲目照搬其他地区的模式。要作好通盘的长期规划和分步骤的实施计划，先从沿海开始，搞二三块地区，一块一块地分片开发，开发一片，收益一片，切忌急于全面铺开"①。

海南建省办经济特区后，如何从战略上开篇布局，成为省委省政府面临的重大问题。海南是一个岛屿型经济体，按照国务院〔1988〕24号文件的精神，全面铺开建设并不现实，必须走大特

---

① 《关于海南岛进一步对外开放加快经济开发建设的座谈会纪要》，载《中共经济特区文献资料》，社会科学文献出版社2010年版。

区中套小特区,"规划一片、开发一片、收益一片"的路子。①

我记得我的老师——中央党校教授王珏1988年专门来海南,给许书记提了个建议,海南完全可以吸引外资进行开发,可以引进租赁制。王珏教授对于马克思主义经典著作有很深的研究功底,思想也很解放。他引经据典,提出了"租赁制"的想法。第一,洋浦30平方公里向外商全面开放。第二,采取最开放的形式,叫租赁制,虽然30平方公里土地价格比较便宜,但是外商加速开发出来,若干年以后归海南省。所以,我记得1988年这一边在抓紧研究特别关税区,那一边在紧锣密鼓地运作洋浦开发。当时的想法是:如果外商进来洋浦,进行加速开发,把海南整个发展带动起来;如果再把特别关税区申请下来,洋浦作为一个外商独资开发的地方,当然更有特点,也不矛盾。

1988年9月1日,中共海南省第一次代表大会明确指出:"根据全省经济发展的战略部署,我们将首先集中力量搞好洋浦开发区的建设。"② 梁湘省长当时提出,洋浦港是海南第一个自由开放港口,将来会有更多这样的自由港。洋浦将按照世界自由港模式实行自由对外贸易政策。

专栏16	海南洋浦开发区将建成"自由港" 按世界自由港模式实行自由对外贸易政策

海南省政府主要负责人梁湘,在今天下午举行的一次会议上透露,海南将把洋浦开发区建设成"自由港"。

---

① 《谷牧回忆录》,中央文献出版社2009年版,第408、416页。
② 海南特区年鉴编辑委员会:《海南特区经济年鉴1989》(创刊号),新华出版社1989年版,第21页。

洋浦开发区在海南岛的西北部。开发区内的洋浦港，自然水深 9 至 11 米，港湾开阔，避风条件好，是一个具有建设万吨泊位深水港的理想港湾。

梁湘说，海南岛的开发，要搞成若干个开发区，有工业、科技、旅游等不同类型的开发区。

据此间有关人士介绍，洋浦开发区按世界自由港模式开发，可以达到两个目标：一是使这个开发区的经济迅速发展，在短期内获得可观的经济效益；二是对整个海南省以至全国的经济发展产生积极的影响，成为促进成片开发、综合补偿的区域经济发展的试验区。

这位人士介绍说，洋浦开发区最大的特色就是自由竞争，实行自由对外贸易政策，保障货物、资金、人员进出自由，外来投资受法律保护。对工商业和其他行业实行自由开放政策，积极创造条件，鼓励工业投资、技术进步和开拓新兴产业。

资料来源：《海南洋浦开发区将建成"自由港"按世界自由港模式实行自由对外贸易政策》，《人民日报》1988 年 8 月 21 日。

2. 逼出来的"洋浦模式"

从区位和港口条件看，洋浦是世界少有的天然良港，三面环海，海岸线绵延 119 公里，港湾宽阔，不聚泥沙，水深达 20 余米，避风条件得天独厚，出了码头就是航道。若在海岸线建成多个泊位，年吞吐量可达 2000 万吨以上。从矿产资源条件看，洋浦附近海域有储量极为丰富的天然气和石油等矿产资源，开发石化工业、盐化工业等重工业前景广阔。问题是，洋浦开发面临突出的资金难题。当时，根据初步测算，光"七通一平"就需要 100 多亿元人民币，而海南 1988 年全年财政收入虽然有了很大的增长，但也仅仅不到 4.2 亿元，国家一年给予海南的低息贷款仅有 2 亿元。

1988 年，省委省政府在谋划海南发展战略时，考虑将洋浦开发作为特区建设的突破口，准备采取"引进外资、成片承包、系

1990 年开工建设的洋浦港

统开发、综合补偿"的思路,利用外资进行全面开发,在洋浦地区一次性划出 30 平方公里区域,期限 70 年,由外商成片承包、系统开发。

  1988 年 5 月,海南建省后的第二个月,许士杰书记和梁湘省长去香港访问。当时和日本熊谷组(香港)有限公司(以下简称"熊谷组")总经理于元平会面,商谈洋浦合作开发相关事宜。不久后,于元平总经理带领有关专家到洋浦考察,和省政府达成了初步协议:海南省以每公顷 3 万元人民币的地价,将洋浦开发区约 30 平方公里的土地租让给熊谷组使用 70 年。在最初两年的基础设施建设中,熊谷组将投资约 50 亿港币。洋浦将建成一个以技术先进的重工业、轻工业为主导,第三产业相应发展,技工贸相结合,热带风光与新型经济结构相协调的外向型综合性港湾城市,这就是著名的"洋浦模式"。

应当说,"洋浦模式"是在海南建省以后一穷二白的困难条件下"逼"出来的。这一模式汇聚最高层次的开放度、最优惠的政策、最大的自主权,是海南经济特区最"特"发展模式的集中体现。其内涵是政府出让土地,外商成片开发,实行封闭式隔离管理的自由港政策,"一线放开,二线管住"。国家主权事务由中方掌控,外商在守法依规前提下,享有充分的开发自主权。这种全新的开发模式,不但是海南特区首创,而且在全国改革开放中也是开了先河。洋浦,这个默默无闻的渔村,一时之间成为中外瞩目的一颗新星。

3. 关于让外商承包成片开发洋浦的请示

1988年10月16日,儋县(现儋州市)国土局与熊谷组在海口正式签署《海南洋浦地区30平方公里土地使用权有偿出让协议书》。协议书约定省政府将洋浦30平方公里土地,一次性出让给熊谷组承包开发;土地使用期为70年,主要用途以工业为主。12月29日,海南省人民政府成立了洋浦开发区协调小组。与此同时,海南省政府向国务院呈报了《关于让外商承包成片开发洋浦的请示》[①],提出国家对外商在开发区内的资产不收归国有;开发区内经营开发的土地,在合同规定的使用期限内,可以转让、出租、抵押、继承;外商在开发区投资建设的项目,凡资金、能源、原材料、产品销售市场不需要国内平衡的,一律由

---

① 《海南省志·城乡建设志》,海南史志网(http://www.hnszw.org.cn/zssk.php?Class=8085&Deep=3)。

外商自行决策兴办;开发区"一线放开,二线隔离"等10个方面内容。①

专栏17　　　《关于让外商承包成片开发洋浦的请示》(节选)

　　让外商承包成片开发建设的方法,是符合海南情况的。海南原有基础差,底子薄,经济较落后,一下子全面开发、建设还不具备条件,只有一片一片开发才是比较现实可行的。鉴于国家目前的财力情况,海南开发建设资金的主要来源和出路应是利用外资搞基础设施建设,完善投资环境,吸引外商开发海南资源,发展加工业,以此来偿还本息,政府也通过税收来积累资金,发展经济。利用这样的途径,把洋浦地区开发建设好,对加速整个海南经济开发,无疑将会具有指导意义和深远影响。从资信、实力、诚意来看,由熊谷组(香港)有限公司牵头开发洋浦开发区,是比较理想的。

　　为了使洋浦开发区有一个比较好的投资环境,便于按照国际惯例高效率地开发建设,外商在区内的开发建设经营享有充分的自主权,在人员、资金、货物进出自由方面更加优惠。

　　洋浦开发区采取特殊的管理体制,原则上实行"一线放开,二线隔离"。开发区由国家派驻海关机构,采取必要的手段实行监管。省政府派出精干的政府管理机构,负责开发区内公安、边防、外事、税务、工商行政等方面的管理。

　　资料来源:《海南建省办经济特区20年纪事》,海南史志网。

　　中央高度关注洋浦开发。1989年1月17—21日,国务院主要领导带队来海南考察论证洋浦开发事宜。考察结果是,从总体上认为是可行的,如能成功,将成为海南经济特区建设的"牛鼻子",并且对海南提出了四点要求②。

　　第一,海南整个岛是经济特区,这是中央已经决定了的。但

---

① 《洋浦经济开发区的设立与发展》,海南史志网(http://www.hnszw.org.cn/xiangqing.php?ID=86741)。

② 徐庆全:《海南建省初期的"洋浦风波"》,《中国改革》2011年第4期。

是要一下子全面开发、全面铺开建设,既没有那么大的力量,也不具备条件。要选准突破口,一片一片开发。

第二,洋浦作为成片开发的起步点是比较理想的,条件比较好。一是傍海,有建设港口的条件;二是正在建设深水港口,比平地起家好得多;三是地貌平整,建设成本低,又是一个半岛,比较容易管理;四是那里的地层是岩石,将来打基础方便,也可就地取材;五是移民少,搞成片开发选择一个没有移民的地点不容易。此外,还有易于防治环境污染;等等。

第三,希望于元平先生能做到"三不依靠":资金不依靠内地;能源(煤、电、气、油)和原材料不依靠内地;产品销售市场不依靠内地。至于内地需要购买开发区企业的产品,则作为进出口贸易对待。

第四,对于涉及国家主权的问题,要考虑得细致些、明确些。协议要"先小人后君子",必须做到"小葱拌豆腐"——一清二白。在这样的条件下,开发者享有充分的自主经营权,在开发、建设、生产、经营上,企业说了算。

1989年1月19日,儋县(现儋州市)与熊谷组正式签订租地协议。海南省制定开发区条例,划定熊谷组承包30平方公里地界,编制并审核开发区总体规划。

(二)突如其来的"洋浦风波"

"商业行为世既然,主权国耻怎沾边?马牛不及惊蛇影,黄历岂能说当年"①。这首出自许士杰书记的"洋浦风波诗六首"之一，深切描述了"洋浦风波"后许书记的愤懑痛心。洋浦开发建设是海南建省办经济特区初期走向大开放的一面重要旗帜，也是那一段历史时期我国改革开放的重要风向标，却经历了备受瞩目的"洋浦风波"。回想起洋浦30年开发建设的坎坷崎岖，至今历历在目。

1. "两会"上公开指责海南"卖国"

1988年下半年，香港各大报纸连篇累牍地介绍于元平准备来海南开发建设。20世纪80年代熊谷组在香港还是比较有名气的，很多重要的建筑都是由熊谷组建设。因此，海南上上下下十分兴奋，对洋浦开发的形势也比较乐观。省里成立了洋浦开发区协调小组，由梁湘省长兼任组长，洋浦成了海南开放开发前沿。

不承想，1989年"两会"期间，一场意料不到的风波突然袭来，打乱了原有的计划。

洋浦采取外商一次性承包开发30平方公里土地的模式，这在新中国史上还是第一次。所以，当时有全国政协委员认为，这是出卖主权。1989年3月22日，以张维委员为代表的五人小组在全国政协七届二次会议的大会发言中指责洋浦模式是拱手将大片土地送给外商。他们提出：洋浦"以这样低的地价，这样大的面积，这样长的时间，在中国本土上出现这块租界，我们不赞成"，"此举若成为事实，将成为中国近代史上之新国耻"，"何异引狼入室，

---

① 杨连成：《那片海湾 那座半岛 那场"风波"》，光明日报网上报纸馆（https：//www.gmw.cn/history/2009－05/28/content_935647.htm）。

开门揖盗"①。张维等人的大会发言，在政协会上引起强烈反应，香港地区、日本和国内一些新闻媒体纷纷报道这一事件。

就在张维委员发言的当晚，许士杰书记等约见新华社记者，就洋浦开发问题发表谈话。3月29日，许士杰书记和梁湘省长联名上书中央，详细汇报引进外资开发洋浦的意图、原则和具体做法，对洋浦开发模式据理力争，说明事实真相。②

2. 夭折的记者招待会

其实，这场风波本来有可能避免。1989年"两会"前夕，在听说各界对洋浦有各种各样的议论的时候，许书记在京给我打了个电话，请我根据当前各界对海南的议论准备好材料，立即赶到北京。

许书记请我找我的老领导、时任全国人大常委会副秘书长周杰给海南安排一个新闻发布会，主动地向大家介绍海南的情况。周杰当时是"两会"宣传组组长，分管人民代表大会新闻发布会安排。当时许书记的判断特别准确。他告诉我，要对外界讲清楚海南建省一年来究竟做了什么，主要有哪些变化，同时也消除各界对海南的一些疑虑。

我大概用一个晚上，与同事准备了1万多字的材料后火速赶到北京。材料主要是两个方面的内容：第一，为什么要提出设立

---

① 《洋浦经济开发区的设立与发展》，海南史志网（http://www.hnszw.org.cn/xiangqing.php?ID=86741）。

② 《洋浦经济开发区的设立与发展》，海南史志网（http://www.hnszw.org.cn/xiangqing.php?ID=86741）。

洋浦经济开发区？第二，海南省与熊谷组拟定的开发协议有哪些主要内容？

材料中提出，海南经济特区经济实力薄弱，基础设施较差。要把海南的自然资源优势转化为物质财富，需要投入巨额资金，把基础设施搞好，形成良好的投资环境。可是，当时靠海南自身积累和国内投资是难以达到的。海南的实际情况决定了海南的开发只能像走路一样，一步一步地走。按照国务院24号、26号文件提出的"海南经济特区可以让外资成片承包开发，鼓励外资投资搞好基础设施建设"的规定，可以把洋浦开发区作为突破口。因此，利用外资搞成片开发，既符合国务院文件规定，也是加速海南特区建设开发的重要途径。

材料还讲明，经过一年的洽谈，海南初步与熊谷组（香港）有限公司达成协议，让熊谷组成片承包开发30平方公里，承包商在开发区兴办的企业做到"三不依靠"：资金不依靠大陆、能源不依靠大陆、原材料不依靠大陆。

材料还对当时省里正在拟定的承包协议的主要内容做了介绍。例如，第一，熊谷组成片承包开发洋浦30平方公里，需投资60亿—75亿元，由于巨额投资回收需要时间，因此土地使用权出让70年，这个时间界限是符合国务院规定的。第二，承包开发区范围内的建设要在符合全省总体规划的前提下，由外商提出洋浦规划方案，经省人民政府核准后实施。第三，开发区内外商必须遵守中国法律，省政府将专门拟定和颁布洋浦经济开发区条例。第四，开发区必须维护国家主权。在涉外、治安、海关税收、环境保护、地下矿产资源等方面都做出了明确规定。由此，我方既可以在政治上维护国家主权，经济上又不承担风险。而承包商如不能按规划引进项目，投入的资金不能回收，将由其自行负责。

准备好材料后，我立即赶到了北京。当天，我找到周杰副秘书长："请您帮个忙，这对于海南十分重要。"周杰副秘书长人特别好，他找秘书长商量以后连夜告诉我，过两天给海南安排一个特别记者招待会，时间就定在大会第三天，介绍海南建省办经济特区一年多的情况。"两会"期间，新闻发布会有严格的安排，能争取到这个机会，相当不容易，这也体现出全国人大对海南这个新成立的大特区的关怀。

不料，没过两天，许书记又找到我说："福林，你赶快再找周杰，取消记者招待会吧！"我当时很吃惊："许书记，这可不是说取消就取消的，费了多大的努力争取到了，怎么能取消呢？并且'两会'上有的人大代表和政协委员对海南有些议论，这时候开一个新闻发布会把事情说清楚，多好啊？"他说："梁湘省长有担心，如果我们开了这个会，怕大家提的问题不好答，造成舆论更大的影响。"

这样，我无奈硬着头皮又去找了周杰副秘书长。他第一句话就说："迟福林，你们胡闹啊！刚刚一天前定的记者招待会，还不到两天，明天就要开会了，你们现在取消？"我说："周杰同志，真的没办法，我受士杰书记委托。"他问我："士杰定的？"我说："对。"全国人大秘书处连夜通知，取消了海南的记者招待会。

没想到，没过几天，3月22日，以张维委员为代表的五人小组在全国政协七届二次会议发言中指责洋浦模式是拱手将大片土地送给外商。随即,123名政协委员联名向全国政协递交了提案,[①]不少人将"土地大面积承包给外商"与丧权辱国的"租界"联系起来,甚至将二者画上等号,由此引发了国内外关注的"洋浦风波"。

这时候,梁湘省长找许书记:"赶快叫人,再给我们组织一个记者招待会,向大家说明情况呀!"我当即表示,这已经是不可能的事情了。当时,我真的特别后悔,我没有坚持,没有说动许书记,错过了一个向大家说明洋浦和海南情况的重要机会。如果我们提前主动开新闻发布会,让大家了解洋浦是怎么回事,了解海南建省办经济特区是怎么回事,了解中央的意图,不至于产生这次"洋浦风波"。事后,许书记也不由得感慨:"海南的事情真难!"

3. 被动的舆论环境

1989年4月6日,"洋浦风波"发生十多天以后,中央在中南海召开工作会议,专题解决全国人大、全国政协在"两会"中没能解决的问题。许士杰书记对此做了充分准备,他全面阐述了海南开发洋浦、出租大片土地的理由和想法,并针对张维委员的发言提出的问题,一一作出说明。许士杰列举了国际买卖土地并不涉及国家主权的众多例子。他指出,洋浦开发区照样挂五星红旗,照样有人民政府,照样按中国法律办事,不存在违背人大和国务院对海南发展战略的指示精神,不存在沦为殖民地和租界的问题。

[①]《洋浦经济开发区的设立与发展》,海南史志网(http://www.hnszw.org.cn/xiangqing.php?ID=86741)。

全国"两会"结束以后,4月25日下午全省召开了人代会二次会议,省人代会常委会主任许士杰传达全国七届人大二次会议精神时,在会上重点谈了洋浦的开发问题。许书记谈到洋浦的开发历史时说,洋浦过去鲜为人知,只是近期才成了全国议论的中心、世界瞩目的焦点。洋浦周围100多平方公里土地十年九旱,十种九不收。但沿海水深,近代杰出人物都想在此建码头。孙中山先生曾提到此地可建海港;周恩来总理建议在此建码头。好多国家领导人提过此意见,1974年海南行政区提出建港口的设想,因缺资金而作罢。1986年,交通部着手在这里建万吨泊位和港外公路,需耗资1.8亿元,至今工程未完。洋浦的开发四上四下,想自力更生因缺资金,力不从心,现在洋浦还是石头和仙人掌的天地。

洋浦的开发几起几落,许士杰书记认为,这就是海南开发建设的缩影。按照规划,要赶上先进地区,海南省近15年内,需投入建设资金2000亿元,一年需130亿元。海南省1987年国民收入43亿元,1988年国民收入61亿元,全省人民3年不吃饭,收入才能当一年的开发费用。1988年,海南全省财政收入4.2亿元,如此积累30年才够一年开发费用。国家不可能给这么多钱,海南自己又没钱。唯一的办法,只有充分利用中央、国务院给予的优惠政策,千方百计引进外资。

许士杰书记说,世界上所有不发达国家要开发建设,都面临着缺乏资金的问题。大多是利用自己的资源和劳力,划一定的区域,让外商来投资办厂,形成自由港、开发区、加工区。海南特区可以按国际惯例办事。洋浦开发区正是按照国际惯例来开发建设的。何况既符合宪法,又符合国务院给海南省的政策规定。

许士杰书记还和大家详细地介绍了洋浦开发区的一些做法。洋浦开发区每平方公里"五通一平"需耗资2亿元,投资多、回收期长、风险大。许多投资商不敢冒此风险。海南省在海外的同胞及侨胞有100多万人,至今无人回海南来投资办大工厂,搞成片开发。现在的洋浦开发区采用如下做法:在维护国家主权、遵循我国法律的前提下,让外商成片承包开发、综合补偿、统一规划、分期实施,以项目带土地。涉及国家主权的军事、外交、海关、税务、工商管理、公、检、法等机构都由省政府负责,建什么项目要由省政府审批,不能办违法企业,外商享有企业自主权和优惠政策。

许书记讲,在洽谈、审议洋浦开发问题的过程中,有一些不完善的地方,现在正在拟定一系列的政策与法律,使之完善起来。让外商成片承包开发洋浦,外商冒经济风险,我们必须让利,实行低地价、低税收等优惠政策,不然,谁来?这样做,比关起门来,省心省力,优哉游哉,让土地继续沉睡,人民继续贫困要好得多。虽冒一点政治风险,但可换来一个新建的年产值达到200亿元的现代化中等城市,以促进全省开发建设的美好前景。这一番讲话,得到了大家的热烈掌声。①

当时,全国"两会"后"卖国""搞资本主义"这样的一些舆论出来,海南真是憋着一肚子气,洋浦开发的事情才刚刚开头,特别关税区第一次请示搁浅,还在研讨,等于给海南打了一个大闷棍。那个时候,我们宣传确实不够,大家对情况了解不够。再一个,大家的思想解放程度还不足。

---

① 《许士杰再谈洋浦开发问题》,《海南日报》1989年4月26日。

4. 中央领导批示后风波平息

1989年4月28日,中央领导在《关于海南省设立洋浦经济开发区的汇报》后作出批示:"我最近了解情况后,认为海南省委的决策是正确的,机会难得,不宜拖延。但须向党外不同意见者说清楚,手续要迅速周全。"①

1988年5月15日,根据批示精神,以全国政协常委经叔平为组长的全国政协调查组来到海口,了解洋浦利用外资开发的问题。政协调查组与省委省政府领导许士杰、梁湘、姚文绪等同志交换了意见。调查组肯定了由外商成片开发洋浦的设想,同时对如何搞好洋浦开发区提出相关建议。

今天回想起来,当年的"风波"其实是一场误会。张维委员事后不但不反对洋浦开发,而且还在积极地为开发洋浦献计献策。作为1989年5位联名发言者之一的汪德昭委员事后也坦诚地说:"当时,我们对洋浦的情况确实了解不够。比如,我并没有实地考察过洋浦,更不清楚洋浦30平方公里土地出租后,涉及国家主权的军事、外交、海关、司法、税务等管辖权均在中方。所以,把洋浦与旧中国的租界混同了。"

(三)中国首例外商投资成片开发区诞生

"洋浦模式",是指"引进外资、成片承包、系统开发、综合

---

① 《深切的关怀 巨大的鼓舞——邓小平同志与海南》,《海南日报》2014年8月22日。

补偿"开发建设模式。1989年4月,中央领导的批示使"洋浦风波"得到平息,但后来受当时国内政治环境变化的影响,洋浦模式被搁置。直到1992年邓小平南方谈话后,全国开展了一场关于继续坚持改革开放的思想解放运动。3月9日,国务院正式批准设立"洋浦经济开发区",洋浦模式开始变成现实。

1. 海南探索如何真正走上成片开发道路

1991年,海南建省办经济特区三年,在成片开发方面有一些探索,但是与中央的要求相比,尚有距离。总结实践,研究探讨到底怎样实现中央提出的先从两三块地方搞起,带动全岛的开发的目标,这对当时的海南发展是非常重要的。

成片开发提出的背景。海南提出成片开发有一个过程。首先是提出以洋浦开发为标志的成片开发,能否在局部上允许海南有所突破?在这样一个背景下,着手进行洋浦开发的研究、论证和提出。1988年8月到1989年1月,以设立海南特别关税区的研讨为重点,形成了关于海南成片开发的第二阶段研究和讨论。在洋浦开发未能上马的情况下,大家感到在海南这样一个全国最大经济特区办一个30平方公里的成片开发区,很困难。因此,海南要彻底对外开放,根本途径就是要把海南从全国统一的关税体制中划出来,把海南真正推到国际市场上去。

海南在成片开发探索实践中遇到的问题。海南在实践中遇到两个问题。第一,搞政策倾斜性的开发区,如洋浦。在全岛还不能实现比其他特区更"特"、不能够实行隔离的情况下,划一块地方把它隔起来,给它一个更特殊的政策。现在回过头来看,困难极大，主要遇到了四个方面问题：一是体制上的问题，即海南成片开发的审批权不在海南；二是政策上的问题，在洋浦这类开发区的政策授予权不在海南，如果仅仅是执行一般性的政策，那么这种开发区是很难启动起来的；三是项目的审批权，即使是在洋浦那样的成片开发区，在不涉及国家被动配额和销往港澳地区实行许可证配额管理的产品以外的其他项目，也要受到国家产业政策的制约，大项目的审批权在中央；四是在现行体制下，海南省要统一规划，分片实施的权力也受到很大的制约。第二，各市、县搞了一些综合型、项目型、服务型的小型开发区，这完全有必要，对于加速开发建设、吸引资金都有好处。但是个人理解，这和中央提出的在办最大特区的前提下先搞两三块地方再逐步扩展到全岛这个含义是有所不同的，是另外一个层次上的成片开发。

提出海南成片开发的基本含义和主要途径。我在 1991 年 3 月召开的"海南省成片开发研讨会上"上作了《如何使海南真正走上成片开发的道路》的发言。我理解，我们讲的成片开发，第一，是在海南实行比较特殊的政策，实行对外开放的前提下，一块一块地分步骤地进行开发建设。第二，由于海南办全国最大特区的特点是以吸引外资为主，因此成片开发的主要形式是由外商承包、成片开发。我们要研究探讨的，是这种形式上的成片开发问题。

2. 提出设立洋浦开发区管理委员会

1990 年，我与省体改办的同事在对洋浦开发区的机构设置进行调查研究后，形成了《关于洋浦开发区机构设置的报告》，提出了比当时海南"小政府、大社会"更加特殊的机构设置方案，提出设立直属省委省政府的洋浦开发区管理委员会。在报告中，明确洋浦开发区管理委员会是省政府的派出机构，在省政府的直接领导下全权负责开发区的一切行政管理事务；直接受省投资促进委员会的具体领导，如果发生同其他部门的矛盾，由省投资促进委员会协调。

在探讨洋浦开发开放的过程中还有一个小故事。1990年年初，我陪时任省长刘剑锋到香港考察，就洋浦问题专门和于元平先生讨论。于老信心很足，表示：虽然北京有议论，他说有中央政府的支持，有海南的支持，我一定做起来。有一天，于元平把我喊到他的办公室，对我说："迟福林，你能不能来洋浦做管理委员会主任？"我大吃一惊，因为当时省里已经确定了洋浦管理委员会主任的人选。他说，你的思想比较解放，希望你来洋浦。我和他开玩笑说："于老，我正在按省委意图研究特别关税区，谋划的是3.4万平方公里海南改革发展的蓝图。"

3. 国务院批准设立洋浦经济开发区

1991年1月，国务院办公厅通知海南省政府，尽快编制熊谷组成片开发洋浦的项目建议书，上报审批。5月8日，省政府成立洋浦开发区项目建议书起草小组，开始项目建议书起草工作。9月16日，海南省政府与熊谷组在海口签署《关于投资开发经营洋浦开发区30平方公里土地项目意向书》。9月27日，省政府正式向国务院呈报《关于外商投资开发经营洋浦开发区30平方公里土地项目建议书的请示》。

1991年9月16日，海南省政府与熊谷组（香港）有限公司关于洋浦投资开发意向书签订仪式现场

1992年3月9日，国务院下发《关于海南省吸收外商投资开发洋浦地区的批复》，正式批准设立洋浦经济开发区，我国首例外商投资成片开发区就此诞生，这标志着洋浦经济开发进入一个崭新的阶段。

专栏18　　《国务院关于海南省吸收外商投资开发洋浦地区的批复》（节选）

一、原则同意你省吸收外商投资开发经营洋浦地区约三十平方公里土地，建设洋浦经济开发区，依照国务院关于《外商投资开发经营成片土地暂行管理办法》（国务院令第56号）的规定，与外商洽谈有关事宜。

二、原则同意你省向投资开发的外商一次性出让洋浦地区约三十平方公里土地的使用权，依照《中华人民共和国城镇国有土地使用权出让和转让暂行条例》（国务院令55号），与外商洽谈并签订出让土地使用权合同。合同应明确规定土地开发利用、土地使用权转让、出租、抵押以及土地使用费等具体要求和条件。该合同报经国务院批准后生效。国有土地使用权出让后，其地下资源和埋藏物仍属国家所有,如需开发利用,应依照国家有关法律和行政法规办理。洋浦地区地下水资源的开采,要合理规划控制。

三、土地开发可由一家外商单独投资或多家外商联合投资,也可以中外合资,并依法成立从事土地开发经营的开发企业。开发企业受国家法律的管辖和保护,其一切活动须遵守国家的法律、法规。

四、洋浦经济开发区应建设成为以技术先进工业为主导、第三产业相应发展的外向型工业区。开发企业应据此编制洋浦经济开发区的开发建设总体规划,明确开发建设的总目标和分期目标、实施开发目标的内容和要求,以及开发后的土地利用方案。

五、洋浦经济开发区的建设项目要体现国家产业政策和海南经济发展的要求,并应经我国政府批准。项目审批权限,按国务院批转《关于海南岛进一步对外开放加快经济开发建设的座谈会纪要》(国发〔1988〕24号)的有关规定执行。开发区内外商投资项目,凡资金、能源、原材料和产品销售市场都不依靠国内的,由你省审批,其中限额以上项目的项目建议书,应先征得国家计委同意再审批。区内按规划建设的基础设施项目可以由你省组织审批。

资料来源:《国务院关于海南省吸收外商投资开发洋浦地区的批复》(国函〔1992〕22号),中国政府网。

1992年8月18日,海南省政府与熊谷组(香港)有限公司在北京钓鱼台国宾馆正式签署《洋浦经济开发区国有土地使用权出让合同》。刘剑锋省长代表海南省人民政府与熊谷组(香港)有限公司总经理于元平在合同和备忘录上签字。双方在用地红线图上签字认定的出让面积为27.353平方公里。当时我就在签字仪式现场,很多部委领导也在场。合同对开发建设时限作出了明确约定,乙方从取得土地使用证起15年内,按规划进行平整场地、供排水、污水处理、供电、道路交通通信、景观绿化等公用设施的投资开发建设,总投资为180亿港元。分期投入,每期5年,第一期建设投资额约为100亿港元。合同签订后不到两个月的时间，国务院以〔1992〕149号函件批复，合同正式生效。

1992年9月3日，熊谷组联合香港荣高贸易有限公司、长江实业（集团）有限公司、台湾大中华集团有限公司、中国工商银行、中国银行、交通银行成立了洋浦土地开发有限公司，法定股本30亿港元，注册资本10亿港元，共同参与洋浦开发。1993年2月24日，海南省人民政府批准洋浦经济开发区总体规划。4月10日，洋浦经济开发区管理局正式挂牌成立，作为省政府派出机构，代表省政府对开发区及邻近划定的所属海域依法行使行政管理权。9月9日，洋浦经济开发区封关运作典礼隆重举行。

（四）洋浦模式的历史终结

在各方期待洋浦终于能大干一番事业之时，洋浦遇上了房地产投资热。当海南"房地产泡沫"破灭后，洋浦陷入了发展的低谷。总结实践经验，洋浦的开发建设，离不开全岛的开放。没有全岛开放，仅在局部开放，其效果也是相当有限的。

1. 开发商为了短期利益炒地皮

1993—1995年，是开发商投资基础设施的密集期，累计投资40亿元人民币。[①] 洋浦土地开发有限公司一边大搞基础设施建设，一边高价出让土地。遇上炒房热后，面对不断高涨的土地价格，

---

① 马建东：《洋浦开发背景透视》，中共党史出版社2009年版。

熊谷组改变了最初发展沿海型重化工业的初衷，开始高价倒卖土地，洋浦开发区迅速卷入了炒地皮的狂热之中。据统计，1992—1993年，熊谷组以每亩300万元左右的价格卖出去900多亩土地，希望通过这种方式筹集洋浦开发建设资金。洋浦大部分土地被国内"炒客"买走，真正想办实业的投资者被高昂的土地价格拒之门外。令人意想不到的是，随之而来的"房地产泡沫"破裂，给洋浦带来了巨大的冲击。

熊谷组境外资金原本有限，指望在开发区内通过土地转让获得资金，实际上因没有解决"生地变熟地"的问题，加上其他因素，开发区内土地转让困难重重。事后统计，随着1993年房地产泡沫的破灭，洋浦的土地价格一落千丈。熊谷组卖地的收入应该是14亿元，但由于有的买主只交了30%的定金，熊谷组卖地的实际收入可能只有7亿元左右。[①]

与此同时，随着全国其他省份大开放政策的相继实施，直接影响到洋浦的招商引资。1994年中央取消了洋浦汽车免税政策；1995年取消了开发区内非生产性建材的免税政策；1996年又取消了区内居民进口消费品半税政策；1997年国家恢复高新技术产业和符合产业政策的内外资企业进口设备关税优惠政策，[②] 使得原来赋予洋浦的"一枝独秀"的政策优势日趋淡化。这些政策条件的改变，使得洋浦在招商引资方面的优势逐渐丧失。即便仍然享有一些优惠政策，但面对全国各地开放政策的激烈竞争，洋浦已经失去了过去的优势地位。

---

① 鲁菲：《落寞洋浦》，《中国企业家》2008年第20期。
② 苏群：《十年回首看洋浦》，《中华工商时报》2002年5月22日。

2. 洋浦发展陷入困局

由于大项目招不进来，开发商手中大量平整好的土地转让不出去，滚动开发搞不起来，洋浦开始面临资金链断裂的风险。因为招商的失败，外商逐步停止了对洋浦的实际投入。从1992年开始的6年间，熊谷组投入洋浦的资金仅40亿元人民币，为原定计划5年内投入100亿港元的40%，而在这40亿元的投入中，80%是在1993—1994年完成的；1995—1996年两年约占20%，1997—1998年仅投入4000万元，占1%。[①] 1998年以后，随着中海油大化肥项目改址，熊谷组停止了对洋浦的实际投入。

令我印象深刻的是，有一次我去洋浦调研，了解到一些关于假温州商人的故事。当时，洋浦提出的招商条件空前优惠：温州商人只要来洋浦开商铺，不仅免交房租、减免税收，还给每户2000元的安置费、2000元的店面装修补贴，结果却招来一些假温州商人。有从海口过去的一家人一下子开了四个店铺，总共拿到16000元安置、补助费，不到半个月就走人了。我在调研中还看到，有的小企业直接进口国外电子垃圾，换个壳重新组装成新电脑进行销售。我当时想，洋浦怎么能做这个？当时洋浦管委会的领导苦笑着对我说："洋浦总得吃饭呀！"

3. 洋浦转为政府主导开发

为了改变洋浦当时的状态，解决开发商与政府两张皮的问

[①] 洋浦模式研究课题组：《洋浦经济开发区研究》，《海南大学学报》（社会科学版）1999年第4期。

题，2001年9月，海南省委省政府成立了洋浦开发协调领导小组。

自2004年开始，在国务院的支持下，省委省政府对洋浦的开发主体实施了两次重组。2004年11月，海南省政府向国务院提交了《海南省人民政府关于加快海南洋浦土地开发有限公司重组的请示》，提出以海南省政府主导，中国石化集团参与重组海南洋浦土地开发有限公司的构想。2005年3月，经国务院同意，财政部回函同意海南省的重组方案。同年9月，海南省发展控股有限公司成功重组洋浦土地开发有限公司，新公司股权结构为：海南省发展控股有限公司占40%，中国石化集团占30%，海南洋浦开发（香港）有限公司占30%。重组后，中石化投资的海南炼化800万吨炼油厂落户洋浦。

2007年洋浦保税港区获国务院批准设立后，在国务院的支持下，省委省政府对洋浦的开发主体再次实施重组，中国石化集团和海南洋浦开发（香港）有限公司用利益转换的形式退出了洋浦开发，只剩下省政府所属的海南省发展控股有限公司。至此，洋浦模式完全终结，外资成片开发转为政府主导开发。

由此，洋浦开发进入一个大企业进入、大项目带动的发展阶段。800万吨炼油项目、100万吨浆纸项目、10万吨苯乙烯项目等，使得海南西部这片占地只有海南1‰陆地面积的半岛，为海南贡献了40%的工业产值、60%的进出口份额。①

---

① 《中国最大自贸港横空出世，海南的意义不同于香港》，《新京报》2020年6月5日。

4. 再论全岛开放与局部开放

在我看来，洋浦模式的曲折探索，深层次反映了全岛开放与局部开放的争议。曾有人提出，搞几个类似洋浦这样的成片开发区比全岛完全放开好处更多。也有人担心，建立海南特别关税区会阻碍洋浦的发展。

我认为，全岛不搞特别关税区，洋浦开发区很难突破，即使上马启动把洋浦30平方公里搞上封闭线，实行现行的特殊政策，也会造成3.4万平方公里很难"特"起来的局面。如果全岛的政策和洋浦一个样，洋浦成片开发也搞不起来。所以，无论从海南全岛的发展来说，还是从成片开发的现实可能性来讲，只有在特别关税区的条件下才可能对全局和局部的发展更有利，这是一个根本性的选择。

洋浦的成片开发有赖于海南大开放环境的建立。洋浦只有30平方公里，如果洋浦之外的广大地区不实行大开放的政策，不创建能够按国际惯例发展经济、管理经济的大环境，洋浦的开发就会受到种种制约而影响其发展速度。建立特别关税区，与国际市场对接，按国际惯例办事，就能形成一个有利于洋浦开发的大环境。同时，海南整个经济发展了，对洋浦开发也将形成重要支持。

建立特别关税区有利于加快洋浦建设速度。比如，只有建立特别关税区，把项目审批权下放至海南省政府，海南省政府可以自行决定类似洋浦开发这种大项目，能够自行决定有利于发展外向型经济的经济管理体制、市场运行机制和经济政策，从体制和政策方面为洋浦开发提供可靠保证，洋浦的建设速度才可能加快。

海南建立特别关税区，会倒逼洋浦开发进程。设立海南特别关税区，将在全岛形成一种竞争机制，从而给洋浦开发带来一定压力，但这种压力是有益的。靠人为保护来维持洋浦开发不是个好办法，也不利于市场经济发展，而外商是希望并且能够适应这种竞争机制的。设立海南特别关税区，有利于洋浦建立以工业为主导的产业，可以把高科技工业项目都引入洋浦。

因此，我认为中央批准设立洋浦经济开发区，既是海南大开放、大开发、大建设战略的一个重要突破，也是建立海南特别关税区的一个先行试验。海南应抓紧洋浦的开发，尽快把洋浦开发模式推广到全岛，为建立海南特别关税区走出一条成功的道路。

（五）洋浦产业定位：油气综合加工业

随着洋浦开发由外资成片开发转到政府主导开发，中改院课题组通过调研，提出洋浦应服务于南海资源开发战略，其产业发展定位应为油气综合加工业。

2000年3月11日，中改院在京举办的"海南'十五'发展战略座谈会"上，时任全国政协副主席、中改院董事局名誉主席陈锦华就提出："海南的天然气究竟要怎么搞？我总觉得洋浦要好好利用，那么大的面积，基础设施也搞了，要利用起来搞些不污染的产业，不然那个地方这么下去，对海南的形象也不好。"

2000年下半年，中改院组织了十多位专家，成立了"海南岛天然气基地建设暨南海资源开发战略研究"课题组，对"海南油气综合开发利用"课题进行研究。

2001年年初，中改院课题组提出《南海开发计划与海南战略基地建设——对我国"十一五"规划的建议（18条）》。在这份建议中，我们提出把洋浦建成我国新型工业港区。2002年，中改院课题组研究形成《洋浦经济开发区应成为海南油气综合开发产业集中发展的新兴地区》报告，明确提出把油气综合加工作为洋浦经济开发区的主导产业。同时，还提出发展洋浦油气综合加工产业亟须解决几个主要问题。

第一，确认洋浦油气加工规划项目。海南油气加工产业的发展曾有不同的发展规划设想，其中有些规划设想并没有给予洋浦"重中之重"的地位。进入21世纪，面对新发展，必须坚决落实中央和海南省对洋浦经济开发区的一系列要求和支持政策，把洋浦油气加工产业发展列入全省规划的重要组成部分，对一些重要的油气加工项目给予确认，真正体现洋浦在全省工业发展中"重中之重"的地位，有效发挥洋浦工业带动全省经济发展的重要作用。

第二，重组洋浦开发主体。对国内（包括台湾地区）诸多成片开发案例的研究表明，成片开发是发展新型工业基地或区域的有效办法，但其成效的大小，除了当地政府的支持外，还与开发主体的经验与实力紧密相关。如果成片开发主体的经济实力强、人才经验丰富，这个成片开发区就见效快；如果成片开发主体的经济实力不强、人才经验缺乏，这个成片开发区的发展就慢。

第三，政府加强对洋浦开发建设的领导。为了加快洋浦开发特别是油气综合加工产业的发展，政府应切实加强对洋浦开发的领导。首先，要认真总结洋浦开发建设的经验教训，统一思想，达成共识。坚定开发洋浦的决心不动摇，洋浦在海南省工作大局中"重中之重"的地位不改变。其次，建议成立一个由权威人士组成的洋浦经济开发区发展咨询委员会，就洋浦发展的重大问题为中央和海南省提出决策参考意见。最后，要进一步集中力量发展洋浦，加大资金支持力度，在项目安排、资源分配等方面对洋浦进行必要的倾斜，切实体现洋浦开发在海南省工作大局中"重中之重"地位。

第四，调整开发区规划用地。用地规划要跟着项目规划的变化而调整。如果把油气综合加工产业作为主导产业，上几个龙头项目，洋浦开发区现有可供使用的大约23平方公里的土地就显得不够，必须启动铁丝网外70平方公里的预留用地。启用洋浦经济开发区规划预留用地，不仅有利于油气综合加工产业的发展，而且也有利于开发区各项事业特别是农民安置就业问题的妥善解决。

（六）建立洋浦自由工业港区

早在我们研究海南经济特区进一步发展方案时，就曾经提出建立"洋浦自由港"，建议采用土地使用权有偿转让的开发方式，同时利用半岛的有利地形，用铁丝网一线拉开，设若干通道实行全封闭。2005年以后，为适应形势的变化，中改院课题组提出努力把洋浦建设成区位优势突出、具有国际竞争优势、以服务南海油气加工为目标的现代自由工业港区。

1. 将洋浦经济开发区确定为出口加工区

20世纪90年代后期,面对洋浦发展的困境,我思考其出路何在?为此,1998年5月,我向海南省委提交了《关于确定洋浦经济开发区为出口加工区的建议》。

建议提出,洋浦是国务院批准设立的开发区。《国务院关于海南省吸收外商投资开发洋浦地区的批复》(国函〔1992〕22号)明确规定:"洋浦经济开发区应建设成为以技术先进工业为主导,第三产业相应发展的外向型工业区。"确认洋浦为出口加工区,符合国务院设立洋浦经济开发区的基本要求。与世界各国出口加工区相比较,洋浦出口加工区由于特定的历史环境和地理位置,有着自身明显的特点。

洋浦出口加工区充分地运用减免关税等各项优惠政策,吸引外资,吸引先进技术,发展在国际市场上有竞争力的出口加工业,以便扩大出口,增加就业,增加外汇收入,并带动海南经济的发展。因此,它能充分地体现世界出口加工区的主要特征。

洋浦出口加工区有一个十分优良的对外开放的港口,占地30平方公里,比台湾的高雄出口加工区(占地69公顷)、楠梓出口加工区(占地90公顷)、台中出口加工区(占地23公顷)大30倍以上。区内不仅可从事工业和发展第三产业,还可从事码头经营、内外贸易,既有工业开发区的功能,又有保税区的功能和自由贸易区的功能。因此,它是一个多功能的出口加工区。

洋浦出口加工区通过扩大内联和技术、人才的扩散,对海南经济的发展和产业升级,将起到巨大的辐射和带动作用。因此,根据海南经济发展特别是西部工业发展的需要，可以采取更优惠的政策和特殊措施，吸引国内一些大的企业集团，在洋浦出口加工区上一些大项目。同时，应当允许部分产品有限度地进入国内市场。因此，洋浦出口加工区应成为全国特别是海南发展先进工业的龙头。

洋浦出口加工区应肩负起实现海南特区功能目标的责任，在我国对外开放中发挥应有的作用。通过对外经济活动，以洋浦特有的优势，密切与香港、台湾的合作，为香港的经济繁荣发展，为推动两岸关系和琼台经济合作，做出特殊的贡献。因此，洋浦出口加工区好好发展起来，能充分发挥海南联通国际市场，连接香港、台湾的桥梁和纽带作用。

我建议：确认洋浦为我国第一个综合性的出口加工区，首要的是进一步明确洋浦出口加工区的基本政策。第一，洋浦出口加工区全面享受保税区政策。例如，开发区基础设施建设所需进口的机器、设备和基建物资，免关税和增值税。第二，参照国际出口加工区的通用做法，洋浦出口加工区对区内的工业产品实行具有弹性的内销政策。例如，对高新技术产品，放宽内销比例。第三，洋浦出口加工区实行封闭式隔离管理，海关管理采取"进口境内关外，出口境内关内"的管理方式。第四，实行更为优惠的金融政策。经中国人民银行批准，可在区内设立外资银行和其他金融机构；区内企业经批准可以在境内外发行债券、股票；外商投资企业资金进出自由，用汇自由，调剂外汇自由，企业税后利润汇出自由。第五，区内企业可从事国际贸易、中转贸易、过境贸易以及代理进出口业务。第六，制定对技术含量高的工业更为优惠的产业政策，以吸引技术先进的工业项目进入洋浦。第七，境外人员进入区内，凭合法证件免予签证，来去自由；国内人员进入区内，应办理入区手续。

2. 洋浦自由工业港区总体设计

2005年4月，中改院课题组对洋浦发展定位进一步研究，形成了《建设洋浦自由工业港区》的建议报告；10月，又形成了《洋浦自由工业港区总体设想》。

2005年4月20日，中改院海南改革发展研究专家委员会召开"洋浦工业港区建设的总体设想"专家座谈会

所谓洋浦自由工业港区，就是在洋浦经济开发区范围内，以油气综合开发为重点，以实行自由港区的发展模式为目标，把洋浦建成具有国际竞争力的现代化油气综合开发基地和新型工业基

地，使其成为我国对外开放程度最高的自由工业港区。

第一，洋浦具备建设自由工业港区的基础与条件。

——丰富的南海海洋资源是建设洋浦自由工业港区的雄厚的物质基础，南海开发的战略性、长期性为洋浦自由工业港区的可持续发展提供了保障。南海蕴藏着丰富的油气资源，经初步估计，整个南海的石油地质储量大致在230亿—300亿吨，约占中国总资源量的1/3，有"第二个波斯湾"之称。此外，南海地区还发现了新型的替代能源"可燃冰"，学名天然气水合物。据勘测，仅南海北部的可燃冰储量就已达到我国陆地石油总量的一半左右。在西沙海槽已初步圈出可燃冰分布面积5242平方公里，其资源量估算达4.1万亿立方米，按成矿条件推测，整个南海的可燃冰资源量相当于我国常规油气资源的一半，是未来解决我国能源问题的最大希望所在。

——得天独厚的优良港口及广大的腹地是洋浦自由工业港区发展临港工业集群的最好依托，是洋浦自由工业港区内三大产业集群协调发展的重要保障。洋浦三面环海，海域面积辽阔，且水域较深，东南24公里的海岸线上，分布着大小20多个海湾。洋浦湾内可建港岸线长6.6公里，能建20多个万吨级泊位，最大泊位可达10万吨级。而泛珠三角地区的主要港口，或者发展空间有限，或者不具备发展原油码头的条件。

——独特的区位优势，使洋浦自由工业港区最具条件发展成为面向国际的自由港区，并为洋浦自由工业港区参与国际区域经济合作提供最便捷的途径。洋浦地处海南岛西部，位于北部湾中段，紧连我国华南、西南通向东南亚要冲，并与东盟国家隔海相望,具备内地通往环太平洋诸国要道的区位条件。从这个角度来看,洋浦港最有可能成为我国挺进南海进行油气综合开发的后方战略基地。泛珠江三角洲是中国经济最活跃的地区之一,该地区常规能源十分缺乏,尤其石油、天然气短缺的矛盾十分突出。而洋浦自由工业港区是地理上距离泛珠江三角洲最近的能源供给地,从海南岛到珠江三角洲的距离仅为从新疆到上海距离的1%,洋浦可以根据其自身的产业优势开展与香港、澳门、台湾地区的经济合作。此外,与泛珠江三角洲其他港口相比,洋浦与印度尼西亚、文莱等东盟著名石油、天然气生产出口大国隔海相望,距中东产油区海上航程最短,洋浦自由工业港区可以利用自身的优势,在海洋开发、海上运输、海上贸易等领域与东盟各国进行多种形式的区域经济合作。

——10多年建设发展所形成的产业基础,为洋浦自由工业港区的未来发展奠定了良好基础。在中央的大力支持下,一些重大的项目已经入户洋浦,如800万吨炼油项目、44万千瓦的天然气发电以及相配套的电网建设、20亿立方米的天然气管道、60万吨的木浆厂和一批有特色的粮油农副产品加工项目等。洋浦港口的建设也正取得重大的进展,洋浦港已建成3个3.5万吨级深水泊位、2个2万吨级多用途泊位、1个3万吨级泊位和集装箱码头,年吞吐能力已达250万吨。

第二,建设洋浦自由工业港区的总体设想。

——从经济全球化和区域经济一体化的大趋势出发,抓住中国与东盟建立自由贸易区的机遇,并根据洋浦区位优势及资源优势,提出洋浦的总体发展目标是:建设成符合国际惯例的、高度开放的、新型自由工业港区。

——从比较优势出发，研究洋浦自由工业港区的总体规划与产业定位，培育能够突出自身优势的产业集群。据此，我们提出"一个基地、三个集群"的总体设想，即把洋浦自由工业港区定位为中国南海油气综合开发基地，同时积极发展油气综合开发产业集群、现代物流产业集群和特色制造产业集群。

——本着"解放思想、开拓创新、实事求是、敢为人先"的精神，提出利用3—5年的时间分两步走，使洋浦成为我国第一个自由工业港区，并作为国家级经济技术开发区转型的先行示范。

第三，洋浦自由工业港区管理体制的主要特点。

新形势下，从我国国家级经济技术开发区规范发展的大趋势和洋浦的实际情况出发，洋浦自由工业港区的管理体制应当具有如下主要特点。

——境内关外，一线放开，二线管住，高度开放。

——区港一体化，工业区与港口相互依存、共同发展。

——以油气综合开发为主体的产业集群。

——以南中国海油气资源共同开发为依托，以服务于中国与东盟自由贸易区为重要目标。

——目标明确，措施灵活。洋浦自由工业港区的发展目标可以一步到位，也可以分两步到位。第一步的目标是：实行服务于油气资源综合开发项下的自由贸易；实现"港区联动""港区合作"；完成必备的法制建设和制度建设。第二步的目标是：满足"港区一体化"的最终目标要求；实行"一线放开，二线管住"的海关监管；完成对港区新的政策体系设计并获中央批准；宣布正式设立洋浦自由工业港区。我们倾向于一步到位的发展目标。

——统一协调，高效管理。通过人大立法或政府条例，建立依法管理的体制；在微观管理层面上，建立政府主导、政企分开的管理体制；在地方监管方面建立独立型直接监管体制；在管理机构设置上，建立精干、高效、廉洁的管理机构。

3. 建设我国自由港区的先行试验区

党的十八届三中全会决定提出"选择若干具备条件地方发展自由贸易园（港）区"。在此背景下，2014年3月，全国"两会"期间，我提交了题为《建立洋浦自由工业港区的建议》的政协提案。我在这份提案中提出，从实施南海综合开发战略、打造中国—东盟自由贸易区升级版、加快海南国际旅游岛建设的现实需求出发，建议洋浦保税港区升级为自由工业港区。具体建议包括：

把洋浦作为我国自由港区的先行试验区。明确把自由港区作为洋浦未来发展的目标定位，出台具体措施，探索党的十八届三中全会决定提出的"加快海关特殊监管区域整合优化"。

尽快研究制定洋浦自由工业港区的产业发展规划。在已有洋浦各种规划的基础上，在总的发展目标认可的前提下，尽快制定和通过洋浦自由工业港区产业发展规划。总体思路是"一个基地、三个集群"。即把洋浦自由工业港区定位为中国南海油气综合开发基地，同时发展油气综合开发产业集群、现代物流产业集群和特色制造业产业集群。

构建洋浦自由工业港区的管理体制。现行的管理体制与自由港区的目标定位不相适应,需要改造和创新。构建洋浦自由工业港区新的管理体制,需要适应我国新时期对外开放新形势,特别是打造中国—东盟自由贸易区升级版的新要求,并充分借鉴国内外自由贸易园(港)区成功经验。基本思路是:

第一,以服务于中国—东盟自由贸易区升级版为重要目标。

第二,采取境内关外,一线放开,二线管住,高度开放。

第三,推进区港一体化,工业区与港口相互依存、共同发展。

第四,发展以油气综合开发为主体的产业集群。

第五,统一协调,高效管理。

专栏 19	中改院关于推进洋浦自由工业港区建设的建议

2005 年,中改院提出建设洋浦自由工业港区,提出"一个基地、三个集群"的总体设想,即把洋浦自由工业港区定位为中国南海油气综合开发基地,同时积极发展油气综合开发产业集群、现代物流产业集群和特色制造产业集群。建议把洋浦作为我国建立自由贸易港区的先行试验;研究制定洋浦自由工业港区的产业发展规划、土地规划;按照洋浦发展目标的要求,构建洋浦自由工业港区的管理体制。

2009 年,中改院在《实现海洋强省的行动方案》中明确提出,将洋浦经济开发区建设成为南海油气资源利用开发的战略基地,争取在洋浦建立国家战略石油储备基地。要求规划好洋浦经济开发区的油气产业项目;尽快完善与商业石油储备基地相关的制度建设。

2010 年,中改院提出,争取在洋浦建立国家战略石油储备和加工基地。建议在洋浦建立世界级海洋石油加工基地;适时规划国家石油战略储备基地,鼓励发展商业石油储备和成品油储备;加快推进洋浦液化天然气项目。

2013 年,中改院再次提出,争取洋浦成为自由工业港区。明确自由贸易港区作为洋浦未来发展的目标定位;组织力量,在现有综合保税港区和经济开发区的基础上,研究试点先行方案。

资料来源:根据中改院历年研究成果整理。

◈ 三 国际旅游岛上升为国家战略

20世纪90年代中后期,海南经济发展陷入了建省办经济特区以来的低潮。海南如何走出困境?中改院研究提出,在我国加入WTO的大背景下,产业开放成为对外开放的重大任务。海南需要抓住产业开放机遇,以产业开放拉动产业升级。从海南来看,产业开放的务实选择是国际旅游岛。从2000年后中改院一再提出国际旅游岛的相关建议,我本人也在不同场合为此呼吁建言。终于,历经将近十年,国际旅游岛上升为国家战略。

(一)低潮中的海南出路何在:从区域开放转向产业开放

20世纪90年代中期,海南经济发展面临着巨大压力和严峻的挑战。在这一背景下,海南何去何从,成为各方关注的焦点。

1. 20世纪90年代中期的几年海南经济增速排在全国最低行列

经历海南30多年发展进程的人,都会对90年代中期那段历史记忆犹新。1995—1997年,是海南经济增长最困难的几年。全省GDP增速大幅度下降,1995年低于西藏,全国倒数第一;1996年GDP增速4.8%,全国倒数第二。

1997年春季,海南省理论研讨会在中改院召开,当时的正厅级以上干部都参加。我在会议发言中提出:"海南已经进入全国发展的最低行列。"没想到,我话音刚落,一位省委领导立即站起来:"迟福林,你怎么能下这样一个判断?"我说:"这是今天《经济日报》2 版头条刊登的消息。"会议休息期间,我把这份报纸复印发给大家,与会者大都感到很吃惊。

1997 年 2 月 1—2 日,"1997 年海南省理论研讨会"在中改院召开

2. 海南陷入发展低潮的深层原因何在

为什么那个时候海南发展会陷入低谷?怎么看当年的海南房地产泡沫?

海南由热到冷,事实上反映了各方对海南的政策预期与信心发生了重大变化。建省初期,海南作为中国最大的经济特区,走向大开放的良好预期在短时间内吸引了大量企业、资金和人才流入。当时全国各地流传着"要挣钱,到海南"的口号。

1993 年后,随着海南特别关税区研讨的终结、海南开放政策的变化以及国家房地产调控政策的出台,一路高歌猛进的海南房地产热顿时被釜底抽薪，大批企业撤出海南，人去楼空。特别是1993年下半年留下了占全国10%的积压商品房。全省"烂尾楼"高达600多栋，1600多万平方米，闲置土地18834公顷，积压资金800亿元，海口的1.3万家房地产公司倒闭了95%。①

海南房地产泡沫的破灭，只是一个表层现象，它反映了各方对海南走向大开放期望的落空。海南建省之初，经济结构严重不合理，缺乏支柱型产业和实体经济的支撑。1991—1993年，从350亿元、450亿元到500亿元，每年都有大量短期资本进入海南。这些资本在海南能干什么呢？一是买土地搞房地产。由此出现了炒办公楼的现象，当时几乎没有人炒居民住宅。二是买股票。那个时候海南正好在搞股份制，部分短期资本转化为长期投资。房地产泡沫破灭，造成了资金的大进大出。

3. 建言"以产业开放拉动产业升级"

1999年，中改院就开始启动新世纪海南经济发展战略研究任务，由我担任课题组组长。课题组于2000年3月形成了《2000—2010年海南经济发展战略研究报告》和农业、旅游、科技、生态、人力资源5份专题报告。这项课题研究还得到了海南改革发展研究基金会和海南省哲学社会科学研究基金的资助。2000年10月，这份研究成果在海南出版社正式出版，书名为《以产业开放拉动产业升级——中国加入WTO背景下的海南经济发展战略》。正是在这项研究中，我们提出，在中国即将加入WTO特定背景

---

① 《回望1993 | 海南房地产泡沫破灭　调控史开启》，《中国房地产报》2018年12月28日。

下,海南的经济发展战略应当是以产业开放拉动产业升级。

海南省委领导还为此书作了一篇题为《抓住机遇 加快发展 走特色经济之路》的序言。序言中指出:"海南作为我国最大的经济特区,长期以来以区域开放为主,现在由于加入WTO,区域开放的优势在减弱,产业开放成为对外开放的主流,地方特色经济的发展需要通过产业开放来确立自己的地位。因此,海南必须从以区域开放为主转向以产业开放为主。"①

(二) 产业开放的突破口何在

海南产业开放从哪里突破,成为当时的研究重点之一。我们经过比较研究提出,产业开放的关键在于旅游业,通过旅游产业的开放,将海南的资源优势转化为现实的经济优势、发展优势。

1. 旅游业是海南最具有特色和竞争力的优势产业

1992年9月18—23日,海南省举办了海南旅游业发展战略研讨会。在会上,我以"在改革开放中加快海南旅游业的发展"为题讲了三个观点。

一是海南旅游业必须以国际化为战略目标。主要考虑是,海南旅游业是一个新生的行业,基础设施和文化环境都还处于起步阶段。为此,无论从海南的旅游资源,还是从海南旅游业的客源,以及国际旅游业对国民经济的作用来看,海南旅游业在创业之时,

---

① 迟福林、李昌邦:《以产业开放拉动产业升级——中国加入WTO背景下的海南经济发展战略》,海南出版社2000年版。

就应瞄准国际同行，以在一定时间内达到国际水平为战略目标。

二是推进海南旅游业的市场化进程。海南旅游业的发展，若以国际水平为目标，将存在巨大的资金需求。这是省政府的投资能力远远不能满足的。因此，在海南旅游业迈向国际旅游行业队伍的进程中，吸引外商投资、鼓励全民兴旅，将是集聚资金的重要途径。

三是深化旅游业体制改革。建议实行政企分开。切断省市县各级旅游局同直属旅游企业相连的脐带，使旅游职能部门从全省出发进行管理；建立多层次的行业管理机构。可以考虑采取省旅游协调委员会、省旅游局、行业协会三个层次的垂直管理体系，各自在不同的层次上发挥不同的功能，做到全局总协调、企业独立发展。

2. 以大开放带动大旅游

1994年11月，中改院主办"海南旅游发展与投资研讨会"，海南省副省长毛志君、省旅游局局长夏仲勋，以及国家旅游局张印庆副处长代表孙钢副局长出席了会议。我在会上以"以开放带动旅游，以旅游促进开发"为题做了演讲。我认为，海南要突出"特"字，就是要把海南旅游业的大发展同创造海南大开放的环境紧紧联系在一起。此后，中改院课题组相继形成了《海南旅游业：战略行动纲领——旅游超常规发展政策建议（5条建议）》《发展海南旅游业的建议报告》等研究报告。

3. 以三亚旅游的突破带动全省旅游业发展

1994年，三亚凤凰国际机场通航。在研究如何进一步扩大对外开放增创海南经济特区新优势的时候，我提出了建设三亚国际化旅游城市的思路。

1996—2000 年，我数次在海南省理论研讨会、海南跨世纪发展研讨会等场合呼吁"建设三亚国际化旅游城市"。1998 年 5 月，中改院向海南省委省政府提交了《关于建设三亚国际化旅游城市的建议报告》，报告建议国家和海南省政府采取相应措施，支持三亚国际化旅游城市建设。一是建议国务院批准三亚为国家支持建设的我国首个国际化旅游城市，对外宣布国家制定的三亚国际化旅游城市建设优惠政策；二是建议国家把三亚国际化旅游城市建设列为全国旅游业发展的重点；三是建议国家把三亚列为全国综合改革试点城市。1999 年 6 月，我在政协海南省常委会上提出，海南提高旅游经济效益的出路在于大力发展休闲度假旅游，条件最成熟的就是三亚，努力建成三亚国际化旅游城市是当务之急。

（三）建言国际旅游岛

在我国加入 WTO 的背景下，海南如何做大旅游这篇文章？我的建议是建设"国际旅游岛"。

1. 2000 年首提"国际旅游岛"概念

旅游业是海南最具有特色和竞争力的优势产业，先行实现旅游产业的国际化，既符合产业开放的趋势，也是推进海南大开放进程的现实选择。在这样的背景下，2000 年我提出了"国际旅游岛"的概念，其基本内涵是指在特定的岛屿区域内，限定的旅游产业领域范围中，对外实行以"免签证、零关税"为主要特征的投资贸易自由化政策，有步骤地加快旅游服务自由化进程。

2. 名称的反复思考与确立

"国际旅游岛"概念提出以后，也有人不赞成。有人说，海南是一个省，还有这么广袤的海洋，怎么叫国际旅游岛呢？也有人说，国际旅游岛能取代大经济特区吗？我就琢磨，要不然干脆叫作"旅游经济特区"。后来，有一次我和龙永图部长在博鳌参加一个海外华商大会，他对我说："国际旅游岛是多好的概念啊，可千万别叫'旅游经济特区'，大家都知道海南是个岛屿，国际旅游岛念起来也好，不要改！"我听了他的建议后又反复琢磨，觉得很有道理。这样，又把名称从"旅游经济特区"改回"国际旅游岛"。

3. 不断建言"海南国际旅游岛"

从 2000 年提出"海南国际旅游岛"构想起，我就带着中改院的研究团队提出并形成国际旅游岛的思路建议。2001 年，提出"建立海南国际旅游岛的框架建议"，以书面形式正式提出了国际旅游岛的内涵及配套政策；2002 年 2 月，我在海南省政协三届五次会议上提交了"建立海南国际旅游岛的建议"，提出海南国际旅游岛的内涵、意义、机遇与背景以及相关建议；2002 年 6 月，中改院形成了《建立海南国际旅游岛可行性研究报告》，系统论证建立海南国际旅游岛的可行性，并就国际旅游岛对海南经济社会发展的作用进行了预测。

4."国际旅游岛"被写入省党代会报告

2006年年底,在中央经济工作会议召开期间,胡锦涛同志对海南发展作出重要指示,明确要求海南:"要突出'特'字,努力构建具有海南特色的经济结构和更具活力的体制机制。"① 海南作为经济特区,只有提高经济开放度,才能形成既有独特优势,又有竞争力的经济结构;只有扩大开放,才能形成更具活力的体制机制。2007年4月26日召开的中共海南省第五次党代会明确提出:"要以建立国际旅游岛为载体,全面提升旅游开发开放水平。"这是海南省委第一次正式做出建设国际旅游岛的决策。

2008年9月17日,中共海南省委召开常委会议,听取并同意《关于加快推进国际旅游岛建设的意见》;② 11月10日,《海南国际旅游岛建设总体规划(大纲)》初稿编写完成,正式向社会各界征求意见。③

(四) 海南国际旅游岛正式获批

2009年12月31日,国务院发布《关于推进海南国际旅游岛建设发展的若干意见》,标志着海南国际旅游岛建设正式上升为国家战略。让我倍感欣慰的是,十年来孜孜不倦地为这件事鼓与呼,

---

① 《国家战略新开局 海南加快改革与经济社会发展》,《海南日报》2012年4月13日。
② 谭丽琳:《两大重要改革路线图出台》,《海南日报》2008年9月19日。
③ 《国际旅游岛蓝图绘就》,《南国都市报》2009年4月20日。

没有白费，构想终于变成现实。

1. 配合省委省政府形成向中央申请设立国际旅游岛的研究材料

就在省第五次党代会召开后不久，按照海南省政府主要领导的要求，中改院成立专门的课题组，经过两个多月的研究，形成了《推进海南国际旅游岛（方案建议）》。该方案提出了建设国际旅游岛的现实背景、基本内涵、总体目标、总体布局、政策框架及综合配套改革问题。2007年6月，由国家发改委牵头的中央六部委来海南就建设国际旅游岛问题进行调研，海南省政府将该报告作为向中央六部委联合调研组汇报的主要材料。

2008年3月5日，国务院办公厅就海南省申请设立国际旅游岛的问题，正式函复海南省政府和国家发改委，原则同意海南省进一步发挥经济特区优势，在旅游业对外开放和体制机制创新改革方面，积极探索，先行先试。4月，根据海南省政府主要领导的要求，我和同事们加班加点，形成了《海南国际旅游岛建设行动计划》，提出建设国际旅游岛，需要加快旅游服务的国际化进程，推进旅游要素的国际化改造。

几天后，省委省政府在海南国宾馆召开了庆祝海南建省办经济特区20周年的理论研讨会。我向时任省长罗保铭提到，我们已经向省旅游局提交了《海南国际旅游岛建设行动计划》。省长一听，赶紧找来当时分管旅游的副省长和省旅游局局长，说"就以中改院的报告为底本，赶紧向国务院申报！"经第五届省政府第二次常务会议讨论通过，2008年4月25日，海南省政府召开新闻发布会，正式发布《海南国际旅游岛建设行动计划》。

2008年4月24日,在"海南改革开放发展高层论坛"上发言

| 专栏20 | 海南国际旅游岛建设行动计划（节选） |

一、海南国际旅游岛建设的基本内涵和阶段性目标

（一）基本内涵。

——确立新目标。旅游业全面与国际接轨，把海南建设成为世界一流的热带海岛度假休闲胜地。实现"服务零距离、管理零距离、景区零距离、产品零距离"，把海南建设成为"旅游开放之岛、欢乐阳光之岛、休闲度假之岛、生态和谐之岛、服务文明之岛"。

——建立新体制。旅游发展与管理的体制机制符合国际惯例。

——实行新政策。对外实行以"免签证、零关税、放航权"为主要特点的旅游开放政策。

（二）阶段性目标。

——到2013年，建成国际旅游岛的雏形，旅游要素的国际化改造基本完成。2013年，入境游客占全省旅游接待人数的10%以上，旅游外汇收入占旅游总收入的20%以上。

——到 2018 年，基本建成国际旅游岛。旅游业的管理体制、运行机制与国际基本接轨，旅游服务基本达到国际水准，海南旅游在国际上的知名度和美誉度大幅提高，"中国热带海岛，东方度假天堂"的品牌基本确立。2018 年，入境游客占全省旅游接待人数的 20% 以上，旅游外汇收入占旅游总收入的 30% 以上。

——到 2028 年，建成世界一流的国际旅游岛。旅游产品达到国际水准，城市建设、公共服务设施、现代服务业等适应世界发展潮流，综合环境能满足中外游客的各种需求，成为国际热带海岛度假休闲胜地。2028 年，入境游客占全省旅游接待人数的 30% 以上，旅游外汇收入占旅游总收入的 40% 以上。

二、构建通向世界旅游市场的便捷通道

全面落实免签证、航权开放政策，为游客来海南创造便利条件。

（一）进一步落实免签证政策。

在用足、用好落地签证政策的同时，进一步落实好免签证政策，为境外游客来海南创造更加便利的出入境条件。

（二）全面落实航权开放政策。

落实好航权开放政策，为游客来海南创造便利的交通条件。

三、加快推进旅游要素的国际化改造

按照国际旅游岛的标准，加快旅游要素的国际化改造，不断提高国际化水平。

（一）加大国际旅游市场的开发力度。

加大宣传促销力度，推介海南独特的度假资源和度假理念，使国际游客的比重大幅度提高。

（二）加快引进海外知名国际旅行社。

积极引进外国和港、澳、台地区的知名旅行社，形成客源市场、目的地市场经营一体化。

（三）加快引进国际知名酒店管理集团。

加快引进国际知名酒店管理集团，进一步提升海南酒店管理水平，促进其向规模化、品牌化和国际化方向发展。

（四）建设国际化的生态型的景区（点）。

借鉴国际经验，建设符合国际旅游岛规划要求的景区（点）。

（五）建设符合国际化要求的旅游文化要素。

四、构建国际化的服务保障体系

根据国际旅游岛建设的要求，推进旅游相关服务业的开放和发展。

（一）加快建立免税商店。

（二）加快旅游人力资源开发。

（三）加快建立以旅游业为龙头的现代服务体系。

五、积极营造良好的旅游环境

海南国际旅游岛建设涉及经济社会和对外开放政策，要充分发挥政府主导作用，积极为海南国际旅游岛建设营造良好的旅游环境。

（一）营造良好的旅游政策环境。

（二）建立规范的旅游市场环境。

（三）营造良好的旅游社会环境。

六、创新旅游管理的体制机制

借鉴旅游发达国家和地区的经验，积极研究建立与国际旅游岛相适应的旅游发展与管理的体制机制。

（一）建立符合国际惯例的旅游行政管理体制。

积极考察研究世界各国先进地区的旅游体制机制，研究世界各国的旅游惯例。研究符合国际惯例的政府旅游宏观管理职能，研究旅游规划、政策、监管机制。研究旅游部门负责国内外旅游市场宣传推广的职能与机构设置；组建旅游行业联合会，形成旅游行业发展和自律的机制。

（二）建立符合国际惯例的旅游交通管理体制机制。

引进国际知名旅游交通投资商和管理公司进入海南旅游市场，重组和改造旅游交通要素，形成更加便捷、更加现代化的旅游交通服务体系。

（三）创建与国际旅游岛建设相适应的投融资体制。

设立海南旅游产业发展基金，扶持重点项目和基础设施网络建设；整合、优化资源配置，大力培育和推荐旅游上市资源；探索发行大型特区旅游产业债券，探索整合现有彩票资源，为旅游产业发展建立新的融资渠道。

资料来源：《海南省人民政府关于印发海南国际旅游岛建设行动计划的通知》，海南省人民政府网（https://www.hainan.gov.cn/hainan/szfwj/200807/815cd154a6ae4286bcc921e842a4862.shtml）。

2009年6月，中改院课题组形成了《海南国际旅游岛：政策需求与体制安排》研究报告。报告提出：未来5—10年，国际旅游岛建设的重点任务是建设"四区"，即建设旅游业高度开放地区、相关服务业先行开放地区、全国第一个环保特区、以统筹资源为重点的综合改革试验区。这份研究报告,成为省委省政府向中央相关部委来琼调研组汇报时的背景材料。

2. 为推动国际旅游岛上升为国家战略鼓与呼

2000年后的10年间,我就国际旅游岛建设相关话题接受媒体采访上百次,尤其是中央电视台、新华社、人民网等重要媒体形成了以"迟福林建议建立海南国际旅游岛""专家建议:海南可通过国际旅游岛建设先行试验自由经济区制度""迟福林建议从国家战略加大国际旅游岛建设""建设海南国际旅游岛应尽快上升为国家战略"等为题的新闻报道和内参件,积极服务于中央决策。2009年12月31日,国务院发布《关于推进海南国际旅游岛建设发展的若干意见》(国发〔2009〕44号)(以下简称《若干意见》),海南国际旅游岛正式获批。

2013年4月20日,为国际旅游岛讲坛开讲

《若干意见》公布后，在国内外掀起了一阵热潮。一时间，来采访我的媒体很多。可让我没想到的是，发生了一些"小插曲"。

一天，一位中新社记者给我来电话说："迟院长，我们刚刚接到海南省有关部门的来文要求国际旅游岛相关新闻报道不能采访您。不知为什么？"记者很纳闷。再有一次，中央电视台一名记者对我说："国际旅游岛意见公布后，台里原定的节目主讲嘉宾是您，可不知为什么变成了省领导。"后来我才知道其中的缘故。有一次，一位退休的省领导跟我说："福林，你知道吗，省主要领导很生气啊，你怎么成为'国际旅游岛之父'了呢？"我一听，大吃一惊。我说："我在任何场合从来都没有讲过这句话，别人怎么理解是别人的事情，至少我没有讲过。而且，我也没有看到这个报道。"

记得在三亚举行了一个由国务院新闻办、国家商务部、国家文化部、国家广电总局、国家新闻出版总署、国家体育总局、国家旅游局、中共海南省委、海南省人民政府共同发起的2010博鳌国际旅游论坛·地产与旅游主题论坛。这次论坛，是海南国际旅游岛获批后的一次层次最高的会议。我参加了一个分论坛，由央视知名主持人王小丫担任主持。她介绍我时说："下面的演讲者是迟福林，他不仅是我国改革开放的一名研究干将，还是国际旅游岛之父。"我上台后说道："谢谢主持人，我很喜欢看你的节目。但是，你刚才的介绍不准确，国际旅游岛谁提出的不重要，谁决策的更重要。"

应当说，国际旅游岛从酝酿、倡议、讨论、写入省党代会报告再到上升为国家战略,历经近十年,十分不易。我认为,作为一个学者,只要符合中央意图,符合发展方向,符合实际问题,应当敢于建言,不断建言。今天回过头来看,国际旅游岛获批使得大家欢欣鼓舞,海南沉默了很多年,也低落了很多年,终于有了盼头,形成了建省办经济特区后的又一个发展热潮。

◇四 建言全岛设立自由贸易港

海南30年的实践证明,办好最大经济特区,把海南岛的经济好好发展起来,希望和出路在于实行"大开放"的战略。我理解,海南的"大开放",不是一般意义的对外开放,是立足海南地理和区位优势、按照国际惯例办事的全方位开放,是服务国家重大战略、率先构建开放型经济新体制的深层次开放。正是基于这个判断,党的十八大前后,中改院提出了"海南自由贸易港"的相关建议。

(一)从产业开放走向区域开放:打造国际旅游岛升级版

国际旅游岛上升为国家战略后,如何定义海南的国际化?如何提升海南的国际化水平?如何以产业开放带动区域开放?在研究过程中我们逐步形成了打造国际旅游岛升级版的思路,提出以服务贸易项下的产业开放形成海南区域开放的新动力、新优势。

1. 国家战略下的海南国际旅游岛

我理解，上升为国家战略的海南国际旅游岛一定要跳出自身区域发展，为我国发展方式转变和区域开放战略服务。为此，中改院不断深化国际旅游岛有关研究，形成系列政策建议。

2010年3月，中改院形成的《关于海南国际旅游岛中长期发展规划的建议（18条）》提出：在国家战略背景下，海南服务业的转型升级应走在全国前列；海南国际旅游岛应成为我国绿色发展的重要示范区；把国际旅游岛打造成中国与东盟区域合作和交流平台；国际旅游岛应在南海合作与能源共同开发方面发挥重要作用；国际旅游岛建设应把富民作为根本目标，着力改善民生；国际旅游岛建设应在推进城市化，统筹城乡发展的体制机制创新方面走在全国前列。

2011年3月，中改院形成的《促进港澳（台）参与海南国际旅游岛建设（6条建议）》提出：为提升海南国际化水平，并有利于实现琼港澳（台）优势互补，在更大空间上发挥"一国两制"的作用，建议国家有关方面积极支持港澳（台）参与海南国际旅游岛建设，重点加大琼港澳（台）在教育、医疗、金融、免税、会展等现代服务业领域的合作，建立琼港澳综合改革试验区。

2013年5月，中改院形成的《国际旅游岛建设的新机遇、新突破、新要求（23条建议）》认为：未来5—10年，我国发展的最大机遇是扩大内需；发展的最大潜力是城镇化；以扩大内需、拉动消费为主线，以开放型服务业为重点，以新型城镇化为载体，以政策和体制创新为动力，实现国际旅游岛建设的重要突破。

2015年4月，中改院形成的《弘扬特区精神 加大国际旅游岛开发开放力度的框架性建议（16条）》提出："十三五"，加大国际旅游岛开发开放力度，重在以"一带一路"为平台，以健康服务业为主题，以"互联网+"为支撑，弘扬特区精神，打造国际旅游岛升级版。

2016年6月，中改院形成的《以供给侧结构性改革为主线的国际旅游岛建设》提出：以国际旅游岛建设为目标，以供给侧结构性改革为主线，以服务业市场全面开放为重点，以国际化为突出特色，着力破解供需失衡的结构性矛盾，由此，释放内需潜力和市场活力，实现海南经济持续增长、绿色崛起。

2. 10年全国政协委员，20份海南提案

2008—2017年，由海南省委推荐，我连续担任第十一届、第

2016年全国"两会"期间，向记者阐述提案主要内容

十二届全国政协委员。10 年来，我通过全国政协这个建言平台相继向全国政协递交了 20 份关于海南开放改革的相关提案。其中，推进国际旅游岛服务业市场开放的相关内容是提案的重要方面。

担任第十一届、第十二届全国政协委员期间提交的海南提案

序号	提案主题	全国政协会议	时间
1	关于在海南建立国家环保特区的建议	十一届一次会议	2008 年 3 月
2	关于建立海南日用消费品免税区的建议	十一届二次会议	2009 年 3 月
3	关于支持海南设立地方性商业银行的建议	十一届三次会议	2010 年 3 月
4	关于推进海南城乡一体化的建议	十一届三次会议	2010 年 3 月
5	关于把海南作为全国城镇化综合改革试点的建议	十一届四次会议	2011 年 3 月
6	关于促进港澳（台）参与海南国际旅游岛建设的建议	十一届四次会议	2011 年 3 月
7	关于在海南建立国家环保特区的建议	十一届四次会议	2011 年 3 月
8	关于支持海南加快"国际购物中心"建设的建议	十一届五次会议	2012 年 3 月
9	关于把海南作为全国新型城镇化综合改革试点省的建议	十二届一次会议	2013 年 3 月
10	关于支持海南成为全国服务业综合改革试点省的建议	十二届一次会议	2013 年 3 月
11	建立洋浦自由工业港区的建议	十二届二次会议	2014 年 3 月
12	支持琼港合作发展海南免税业的建议	十二届二次会议	2014 年 3 月
13	支持海南健康服务业发展的建议	十二届三次会议	2015 年 3 月
14	建设海上丝绸之路南海服务合作基地的建议	十二届三次会议	2015 年 3 月
15	关于尽快批准设立海口国家级新区的建议	十二届四次会议	2016 年 3 月
16	关于在三沙市设立海洋型海关特殊监管区域的建议	十二届四次会议	2016 年 3 月
17	关于统筹推进南海大开发的建议	十二届四次会议	2016 年 3 月
18	关于支持海南按照"一个大城市"深化"多规合一"改革试点的建议	十二届五次会议	2017 年 3 月
19	关于支持海南开展旅游、健康医疗、职业教育等服务业项下自由贸易的建议	十二届五次会议	2017 年 3 月
20	关于支持以海南为中心构建泛南海旅游经济圈的建议	十二届五次会议	2017 年 3 月

例如，2009 年《关于建立海南日用消费品免税区的建议》、2011 年《关于促进港澳（台）参与海南国际旅游岛建设的建议》、2012 年《关于支持海南加快"国际购物中心"建设的建议》、2013 年《关于支持海南成为全国服务业综合改革试点省的建议》、2014 年《支持琼港合作发展海南免税业的建议》、2015 年《支持海南健康服务业发展的建议》、2017 年《关于支持海南开展旅游、健康医疗、职业教育等服务业项下自由贸易的建议》。

其中，《关于支持海南成为全国服务业综合改革试点省的建议》得到了国家发改委等部委联合回复：如果海南省提出申请，可将博鳌乐城国际医疗旅游先行区中关于"境外医师在先行区内执业时间试行放宽至 3 年"等政策放宽至海南省全境。《关于促进港澳（台）参与海南国际旅游岛建设的建议》被政协全国委员会办公厅于 2011 年 6 月 22 日摘编刊发于第 54 期《重要提案简报》，报送中央相关领导与机构。

3. 打造国际化的海南岛

打造国际旅游岛升级版的目标是建设国际化的海南岛。那么，如何提升海南的国际化水平？有人认为，衡量国际旅游岛国际化水平的核心是国际游客占比。但我不赞成这个判断。我认为，国际旅游岛的关键是提高海南旅游业的国际化水平，重点是推进海南旅游业的国际化改造。海南国际化产品与服务供给与国内消费者服务型消费需求日益增长不相适应的矛盾突出。因此，国际旅游岛建设，不在于增加了多少境外游客，重要的是海南能提供多少国际化的产品和服务，以满足国内新的服务型消费需求。

有几个例子。第一个例子，我院与德国合作机构有多年的合作，据我了解，德国的客人到海南，都随身携带一个医疗包。第二个例子，我陪女儿在几年前去过一次珠海长隆公园，它提供的国际化产品与服务给我感触特别深。例如，一场马戏表演由来自10多个国家的演员演出，应该说是一台国际化高水准的马戏，而观看节目的大部分是中国人。此外，长隆的酒店里有许多餐厅，服务水平是一流的。我认为，海南要是有几个这样的旅游产品，将对国人产生强大的吸引力。可惜的是，海南还没有一个这样的大型文化娱乐项目。回到海口以后，在一次向省长汇报中，我讲了这个例子。后来一次从北京出差返回海口刚下飞机，就接到了长隆集团董事长给我的电话，他说："谢谢迟院长，你在省长那里推介珠海长隆。"说实话，我认为海南真的需要更多像长隆这样的大型企业。

4. 打造国际旅游岛升级版

2017年6月，海南省委决定开展"建设美好新海南"大研讨大行动活动，深入学习贯彻习近平总书记2013年视察海南时的重要讲话精神。其中重点之一就是对海南未来发展战略进行谋划。我带着我的团队，在6月份的时候提交了一份报告，并分别向省委省政府做了汇报。6月16日，中改院课题组形成了《打造海南国际旅游岛升级版——从服务贸易项下的产业开放走向自由贸易区（研究框架）》的报告，并在当天下午向省长做了专题汇报。6月20日，我们又专题向省委书记做了汇报。这两次汇报，都是以"打造国际旅游岛升级版"为主题。主要考虑：

立足 5 年，规划 10 年，着眼 30 年。 确保到 2020 年实现与全国同步全面建成小康社会，并争取在某些方面超过全国平均水平。未来 10 年，即在海南建省办经济特区 40 年时，人均 GDP、城乡居民可支配收入、服务业比重等经济社会发展的主要指标达到全国先进水平。到 2049 年，即在海南建省办经济特区 60 年时，对标新加坡、香港等先进国家和地区，人均 GDP、城乡居民可支配收入、服务业比重等经济社会发展的主要指标达到发达国家和岛屿经济体水平，成为高度开放的自由贸易区，使海南在我国实现第二个百年目标进程中扮演重要角色。

海南从产业开放走向区域开放的战略需求。 一方面，建立海南自由贸易区，有利于发挥海南在 21 世纪海上丝绸之路建设中的作用。过去 10 年来，一些国家加快了岛屿全面开放进程。例如，2007 年印度尼西亚将巴淡岛、部分宾坦岛和吉里汶地区划定为自由贸易区。另一方面，若海南加快推进旅游、健康、医疗等领域的自由贸易进程，将直接带来金融、航运、国际会展、信息技术等领域自由贸易的需求，由此推动人才、货物、资金的自由流动。这就必然要求海南从产业开放走向区域开放，最终走向自由贸易区。

适时建立海南自由贸易区的战略行动。 抓住未来 1—2 年的时间窗口，加快旅游、医疗、健康等服务贸易项下的产业开放。到 2021 年争取建成国际旅游岛"2.0 版"，为海南自由贸易区奠定基础；再用 3 年左右时间，争取 2025 年前后实现服务贸易项下产业全面开放，基本达到自由贸易港的水平；在条件成熟时，争取国家支持，宣布海南成为自由贸易港。

(二) 而立之年的海南：建立自由贸易港的战略选择

2017年6月，在"打造国际旅游岛升级版"的基础上，省委省政府希望中改院对海南的发展战略做更深入的研究。6月底，我刚从韩国出差回到海口，在机场接到省委主要领导的电话："省委希望中改院充分发挥改革智库的作用，对海南深化改革开放可以提出大胆、超前的建议。"

第二天一早，我就组织研究力量开始专题研究。经过反复思考、论证，加班加点，利用不到半个月的时间，于7月中旬向省委省政府正式提交了《以更大的开放办好最大的经济特区——关于海南全面深化改革的建议（44条）》（以下简称"44条建议"）。2017年7月18日，我就这份报告向省委做了专题汇报。我先去省委书记办公室，把报告递给他。该报告鲜明地提出，"把建立自由港作为海南实现更大开放的重大战略选择"，并建议把建立海南自由港作为贯彻落实党的十九大精神的重大举措。

1. 30年再思考：以更大开放办好最大经济特区

总结海南30年发展经验，没有改革开放就没有海南建省办经济特区，也就没有海南今天的巨变。站在新的历史起点上，未来30年海南的发展主线是什么？战略定位是什么？发展目标是什么？这引发了我的进一步思考。我提出，把更大程度的开放作为未来30年海南发展的主线，努力把海南打造成为扩大开放先行区、改革创新试验区、绿色发展引领区和军民融合示范区。争取再用

20—30年的时间，把海南建成高度国际化、现代化的岛屿经济体，成为中国特色社会主义的实践范例，成为泛南海地区打造"人类命运共同体"的先行范例。

2. 为什么提出建立海南自由港

中改院课题组在研究报告中就为什么建立海南自由港，提出以下六点主要理由。

第一，建立海南自由港是我国扩大开放的重大战略。统筹考虑新阶段对外开放战略，在试点自由贸易区的基础上建立我国内地第一个自由港，拓展我国对外开放的广度和深度，将进一步彰显我国作为全球自由贸易引领者的主动担当。建立海南自由港，经过20—30年的努力，把海南这个相对欠发达的地区建成高度国际化、现代化的岛屿经济体，将会明显增强国际社会对我国发展前景的信心。

第二，建立海南自由港是推动21世纪海上丝绸之路的重大战略。建立海南自由港是深化泛南海区域经济合作的重大战略。依托地缘优势，建立海南自由港，把海南打造成为泛南海区域经济合作的枢纽，有利于促进泛南海区域自由贸易区网络的形成，有利于加快推进泛南海区域"五通"进程，扩大区内各经济体的"利益交集"；有利于拓宽泛南海区域经济合作空间，形成泛南海区域"协同联动、开放共赢"的多边合作新格局。由此带来经济、政治、外交等多方面的正能量。建立海南自由港是加快南海资源大开发的重大战略，建立海南自由港，要把海南打造成为我国南海资源开发的重要基地。

第三，建立海南自由港是构建开放型经济新体制的重大战略。建立海南自由港是加快推进服务业市场开放的重大举措。建立自由港，可以在海南率先推动旅游、医疗、健康、教育、金融、物流、航运等服务业领域向社会资本和外资全面开放；借鉴香港经验，除特定领域外，在海南自由港全面放开外资准入限制和股比限制。这将是我国新阶段加快推进服务业市场开放的重大举措。借鉴新加坡、香港等自由港模式，建立开放水平最高的海南自由港，将进一步推动我国的对外开放跃上一个新台阶。

第四，建立海南自由港是新阶段办好最大经济特区的重大战略。在海南自由港率先推进相关重大改革的先行试点，包括农村土地制度、税收结构、金融开放、中央地方关系等。这将为我国全面深化改革提供实践范例。建立海南自由港，以更大的开放办好最大的经济特区，打造更高水平的改革创新示范区，将为全国开放型经济发展提供新鲜经验，发挥经济特区改革创新先行先试的重要作用。

第五，建立海南自由港是推动海南跨越式发展的重大战略。建立自由港是海南加快发展的根本出路。海南是典型的"两头在外"的岛屿经济体，高度依赖于对外开放的重大突破。建立自由港是发挥海南独特优势的重大选择。抓住"一带一路"的历史机遇，建立海南自由港，可以有效发挥海南连接内陆和泛南海区域的独特优势，加快内陆及海南的生产要素与东南亚乃至全球范围优质生产要素的整合、交流、优化配置，用足用好国内、国际两个市场、两种资源，由此形成新的增长点、增长极，加快海南经济社会发展。

第六，建立自由港是提升全岛居民福祉的重要保障。 海南建省以来，城乡居民生活得到明显改善，但仍未达到全国平均水平。建立自由港，海南本岛居民能全面享受到免税红利，享受到更大开放带来的发展红利。

（三）彻夜未眠，聚焦海南自由贸易港方案选择

2017年7月底，中央有关部委和海南省在北京召开海南发展战略专题研讨会，当时有20多位官员和学者参加。我派我院研究人员带着"44条建议"去参加会议。会议的内容事先并不清楚。会议一结束，我的同事就给我打电话说会议研讨的第一个议题就是自由贸易试验区和自由贸易港的区别与联系。我一听到这个消息，意识到海南又将迎来一次重大历史机遇，走向大开放的"海南梦"又有希望了。一想到这里，我激动得整晚都睡不着，又体会到了初来海南时的那股冲劲儿。第二天一早，我就组织研究人员讨论研究，主题就聚焦在"海南自由贸易港"上面。

到了8月3日这天，是我66岁的生日，中改院主动形成了《建立海南自由港——方案选择与行动建议（16条）》，报送到省委。此后，省委主要领导请我们增加"中国特色"相关建议。这样，又增加了4条，最终形成了《建立海南自由港——方案选择与行动建议（20条）》。该报告主要提出以下几个判断和建议。

1. 建立海南自由港时机和条件成熟，关键在于战略判断

该报告总的考虑是，谋划海南未来30年的发展：要考虑海

南在推进 21 世纪海上丝绸之路建设中独特的战略角色；要考虑全面深化改革开放对海南提出的战略要求；要考虑跨越式发展对海南扩大开放提出的迫切需求。30 年的发展实践表明，建立海南自由港，在海南实行比一般经济特区更为自由的投资、贸易、金融和人员进出等政策，实现生产要素的自由流动，是重大的战略选择。综合来看，这项决策的时机和条件成熟，关键在于战略判断。

2. 建立海南自由港的三种方案

如何推进海南更大程度的开放，使海南在我国对外开放全局中发挥更大的作用，各方有不同讨论，提出了不同的方案。概括起来主要是三种方案。第一种是"自由港"方案。对标新加坡和香港，在海南全岛范围内实行全球最高水平的开放政策和制度安排，建立我国内地第一个中国特色社会主义自由港。第二种是"局地开放"方案。对标上海等国内自由贸易试验区，选择岛内某些区域，比如洋浦、海口综合保税区等特殊监管区，以及空港、海港等部分区域，实施自由贸易区政策。第三种是"产业开放"方案。在以旅游及相关服务业为重点的产业开放上有重要突破，以产业开放带动产业转型升级，打造国际旅游岛升级版。

就三个方案本身来说，都有其合理性。但选择哪个方案，不仅要考虑海南自身情况，更要适应经济全球化大趋势，服务于我国改革开放大局，服务于经略南海的战略需求。基于以上考虑，中改院认为，在海南建立我国内地第一个中国特色社会主义自由港，是最优选择。

3. 建立海南自由港的时间表和路线图

——2018 年 4 月，即海南建省办经济特区 30 周年之际，对国内外正式宣布建立海南自由港。以此，作为落实党的十九大精神、全面深化改革开放的重大举措。

——用 1—2 年时间，即 2018—2019 年，完成筹备工作，初步形成海南自由港框架。包括：完成海关体制调整，全面实施服务业对外开放，率先在洋浦等保税港区全面实施自由港政策等。到 2019 年，形成海南自由港制度框架。

——再用 3 年时间，即到 2022 年，初步建成海南自由港。对标香港、新加坡，全面实现投资、贸易、金融、人员进出自由，实现生产要素自由流动，海南自由港制度与体制全面建立。

——再用 6 年时间，即到 2028 年，基本建成全球知名的自由港。即建省办经济特区 40 周年时，海南自由港的规范水平明显提高，国际化水平明显提高，成为泛南海区域最重要的自由港之一，成为全球知名的自由港之一。

——再用 7 年时间，即到 2035 年，总体实现经济繁荣、社会文明、生态宜居、人民幸福的中国特色社会主义美好新海南目标。

——再经过 15 年发展，即到 2049—2050 年，在建国 100 周年及海南建省办经济特区 60 周年之际，海南经济社会发展主要指标达到新加坡等发达经济体的水平，建设世界一流、现代化的国际旅游岛、生态岛、健康岛、长寿岛。

2017 年 8 月中旬，国家发改委主要领导带队来海南调研，听取海南对下一步发展的意见和建议。由于当时我在国外，这次调研汇报我没有参加。后来知道我院向省委提交的"海南自由港20条建议"成为汇报材料的两份附件之一。

专栏21	《建立海南自由港——方案选择与行动建议（20条）》 目录

一、建立海南自由港的战略目的

　　——争创中国特色社会主义实践范例的重大战略

1. 建立第一个中国特色社会主义自由港的重大探索

2. 建立全球最大自由港的重大举措

3. 我国引领经济全球化的重大行动

二、建立海南自由港的战略需求

　　——谋篇布局、经略南海的重大举措

4. 21世纪海上丝绸之路建设重在南海，难在南海，突破也在南海

5. 以构建"泛南海经济合作圈"破题21世纪海上丝绸之路建设

6. 把建立海南自由港作为促进泛南海区域经济合作的重大任务

7. 建立海南自由港的战略性、迫切性和现实性凸显

三、建立海南自由港的方案选择

　　——服务国家战略、实现特区发展目标的重大突破

8. 海南走向大开放重在服务国家战略、实现特区发展目标

9. 推进泛南海经济合作进程与建立海南自由港

10. 我国全面深化改革的战略布局与建立海南自由港

11. 实现海南高度国际化、现代化发展目标与建立海南自由港

12. 海南30年历史性变化与建立海南自由港

四、建立海南自由港的战略定位

　　——在国家改革开放全局中发挥特殊作用的重大使命

13. 打造"泛南海经济合作先导区"

14. 打造"全国扩大开放先行区"

15. 打造"全国改革创新试验区"

五、建立海南自由港的顶层设计和务实行动
——需要深入研究的重大问题
16. 发挥党统一领导的政治优势
17. 加强顶层设计和战略规划
18. 以严格的金融监管为重点防范风险
19. 争取中央对海南自由港建设的支持
20. 建立海南自由港的时间表和路线图

（四）忧心忡忡，主动建言

2017年10月18日，中国共产党第十九次全国代表大会在人民大会堂举行。党的十九大报告明确提出："赋予自由贸易试验区更大改革自主权，探索建设自由贸易港"。当时，这引起了全国乃至全世界的关注。上海洋山港、浙江舟山港、深圳盐田港，多地释放出了信号，跃跃欲试。

2017年年底前后，根据我的了解，关于在海南建立自由贸易港，有不同的看法。比如，有的从技术层面认为海南的条件还不太具备，建设自由贸易港的时机不太成熟。有的认为，海南的干部队伍能承担起这个艰巨任务吗？还有的认为，海南经济基础差，在这么一个欠发达地区、外向度低的省份建立开放程度最高的自由贸易港，能行吗？

针对当时不同的疑虑，我真是忧心忡忡，感到海南不能再失去这一次机遇了。2018年2月8日，在接受新华社采访时，我提出，落实党的十九大报告"探索建立自由贸易港"，海南应走在前面。为什么？我认为，有4个问题需要深入讨论。

1. 建立海南自由贸易港究竟在推动新时代我国对外开放新格局中扮演何种特殊角色

第一,建立自由贸易港是推动形成"泛南海经济合作圈"的重大举措。随着我国在全球化进程中地位的提升,随着南海局面的逐步缓和,南海的合作开发乃至形成以自由贸易为主线的"泛南海经济合作圈"将是大势所趋。以自由贸易网络为主线推动"泛南海经济合作圈"的形成,对于亚太区域一体化,乃至经济全球化,对于我国扩大对外开放、形成发展建设的良好周边环境将产生重大影响。

构建"泛南海经济合作圈",先导区在哪儿?突破口在哪儿?我认为,首先,建立海南自由贸易港,通过海南岛的开放有利于加快推动"泛南海经济合作圈"。为此,对建立海南自由贸易港的影响作用要有充分估计。其次,以"泛南海旅游合作圈"作为泛南海经济合作圈的突破口。从现实看,建立海南自由贸易港,首先需要突破的是"泛南海旅游合作圈",以此推动泛南海区域的海上丝绸之路建设。这既有牵动影响全局的作用,又有现实的可行性。最后,建立海南自由贸易港,将推动形成整个泛南海开放的态势,为未来泛南海自由贸易网络的形成打下重要基础。这一条,是其他地方所不具备的。海南作为一个独立的岛屿,把南海与海南结合起来考虑自由贸易港,全局意义重大。

第二,建立海南自由贸易港对促进以东南亚为重点的区域经济一体化有特殊作用。首先,海南区位优势明显。海南是中国—东盟自由贸易区的腹地,是连接东北亚和东南亚的地理区域中心,与菲律宾、文莱、马来西亚、新加坡和印度尼西亚隔海相望。其次，海南人文优势明显。海南华侨大部分在东南亚。海南是我国三大侨乡之一，具有独特的侨务资源优势，拥有浓厚的侨务文化氛围。目前，海南拥有 100 多万归侨、侨眷，同时拥有 300 多万琼籍华人华侨聚居在东南亚各地，活跃于政、商、学各界，并拥有较大的影响力。海南同乡会、海南会馆等海南元素社会团体遍布东盟地区，200 多个东南亚华人华侨组织与海南保持着经常性友好往来。最后，海南与东南亚国家在历史上就联系非常广泛。例如，早在唐宋时期，海南岛就是中西商船往来的避风港、补给港以及内地、东南亚国家及本岛特产的重要中转集散地。所以，建立海南自由贸易港，对于形成东南亚利益共同体、推动区域一体化将起到特殊的作用。

第三，建立海南自由贸易港，对于推动两岸合作、两岸统一有着特殊作用。我国有台湾和海南两大岛屿。台湾通过七八十年代的开放实现了较快发展。30 年前建立海南经济特区的重要目的就是要在党的领导下，重点通过开放改革使海南岛建设成为国际化、现代化宝岛，从政治上体现出我国改革开放的巨大优势。正如习近平总书记所说的，"如果把海南岛好好发展起来，中国特色社会主义就很有说服力，就能够增强人们对中国特色社会主义的信心，也就能促进祖国和平统一进程"。

第四，海南建立自由贸易港，将加快推进海南建设现代化美丽宝岛的进程。过去 30 年，海南发生了巨大的历史性变化，但总体上看还没有实现当初设定的发展目标。根据我们的测算，海南建立自由贸易港，通过开放改革，用 30 年左右的时间，使海南赶上或者超过新加坡,成为一个现代化的、绿色发展的美丽宝岛,这才能真正实现习近平总书记视察海南时的重要讲话精神,"在开放上先走一步""成为中国特色社会主义的实践范例"。

总的来说,建立海南自由贸易港,一定要从国家战略全局上看,不能就海南看海南,要充分估计建立海南自由贸易港的全局意义、特殊作用。

2. 关于体制模式与政策落地的关系

30年的经历一再证明,海南作为一个岛屿经济体,如果没有体制模式的重大突破,政策是难以落实的。只有把体制模式创新与特殊政策相融合,才会产生巨大的活力、动力。就是说,给海南某些自由贸易政策,而不是建立自由贸易港,是难以奏效的。

第一,海南是一个岛屿经济体。岛屿经济体如果没有开发模式的突破,而仅仅依靠某些政策的突破,实现大发展是很困难的。因为海南作为一个岛屿经济体,其自身基础差、能力弱,一个同样的政策,放在北京或者上海,其政策效应比在海南要大得多。所以以某些优惠政策来拉动海南发展的作用是十分有限的。从这点看,若仅是赋予海南某些自由贸易港的政策,是难以实现大开放大发展的目标的。

第二,从国际经验看,任何一个成功的岛屿经济体走的都是开放的路子。以开放促改革,以开放改革促发展,是岛屿经济体的重要经验。岛屿经济体的生命力在于开放,岛屿经济体的动力在于开放,岛屿经济体的活力也在于开放。没有开放的突破,政策很难落地。与其他发达地区相比,岛屿经济体既是海南的优势,也是海南的劣势。作为岛屿经济体，其与内地的经济关系，使得其政策的落实能力明显不足。

第三，从海南的历史经验看，建省至今赋予海南的多项政策并没有解决海南大开放的问题。例如，免税政策，至今已经快8年多时间，但也没有落实到位；国际旅游岛提出海南要建设国际购物中心，但是仅靠目前的免税政策是做不成的。海南不像上海，这些地区与周边地区有极其紧密的经济联系，有广泛的腹地，海南作为岛屿经济体，主要靠自身。这就使得只有通过开放才能使其获得发展的动力。过去30年的发展经验证明，海南如果没有自由贸易港这种高度开放的模式和制度创新，仅是从政策方面考虑，是难以达到政策设计者的目标的，也难以释放政策本身应有的效应。

第四，建立自由贸易港是海南一个30年的梦。早在1987年筹备海南建省时，中央就开始酝酿海南能不能成为我国第一个社会主义自由贸易区，当时海南省委省政府的领导有疑虑，想着依靠中央的支持，"先吃娘奶，再吃洋奶"，错过了一次重要机会。后来意识到光靠政策不行，所以1988年8月海南省第一次党代会报告就提出建立特别关税区，1989年1月就给中央提交了第一份《关于建立海南特别关税区的请示》，但因为非经济因素被搁置下来。到了邓小平南方谈话，提出在内地"再造几个香港"，海南重新燃起了希望，当时提出了"大开放"方针，并于1992年再次向中央提出"建立特别关税区"的请求，后来由于多种因素，这件事情又被搁置了。

2013年，习近平总书记视察海南时的讲话提出"敢想敢闯""因改革而生""在开放方面先走一步"，又燃起了大家的热情。

直到党的十九大报告提出"探索建设自由贸易港",海南又再一次燃起了希望。

落实习近平总书记视察海南时的讲话,落实党的十九大报告精神,是海南上上下下的一个追求,一个梦想。此时,借助海南建省办特区30周年之际,中央宣布在海南全岛建立自由贸易港,将形成巨大的合力,产生巨大的影响。

第五,关于制度创新,有三件事情至关重要。一是要赋予海南最大的自主权。二是按照"一个大城市",以"多规合一"为重点,实现体制创新。三是企业制度创新。在社会主义制度范围内,完全按照国际惯例办事,实现高度开放。这将给予企业最大的制度活力。

3. 建省办特区30周年之际建立海南自由贸易港的时机最佳、条件最优、作用更大

第一,从基本条件看。海南现在的条件比历史上任何一个自由贸易港建设之初的条件要好得多。海南现在的条件比当时新加坡、香港建设自由贸易港时的综合条件要好。比如,海南环岛高铁开通运行,港口码头建设有序推进,如果未来航空、航运有大的发展,条件就更好。尽管现在条件有差距,但是只要有一股劲儿,这些潜力能够迅速释放出来。

第二,时机最佳。首先,中国在经济全球化中的地位和作用日益凸显;其次,亚太区域一体化趋势;再次,南海合作的总体趋势;最后,"一带一路"建设的推进。这些赋予海南建立自由贸易港最佳时机。

4. 海南有能力化解和防范潜在风险

从当时的各方疑虑看，主要集中在以下几条：财税、金融、环境、人口承载力、产业、人才、政府管理。这些顾虑主要集中在风险防范上。事实上，在我看来，只要设计妥当，这些风险是完全可以控制和化解的。

第一，关于金融风险。从现实看，海南的资源，包括土地资源、自然资源等，远未开发出来。海南可利用可开发的资源还很多，如果深化"多规合一"改革，实现"六个统一"，即统一土地资源利用、统一产业布局、统一基础设施建设、统一城乡发展、统一环境保护、统一社会政策，将会释放巨大的能量，可以消化很多历史上的债务。更重要的是，建立海南自由贸易港，海南将成为金融开放区，由外来资本、社会资本组成的金融将把金融风险明显降低。

第二，关于环境风险。有人担心海南自由贸易港会破坏环境。我认为，海南的人口承载力至少为1500万左右，目前海南只有926万人。台湾目前有2300万人口，海南的土地面积虽然比台湾少一两千平方公里，但可利用面积比台湾多，海南的人口承载力远没有成为突出矛盾。另外，现在建立自由贸易港，是在绿色生产方式、绿色生活方式、绿色发展理念背景下来建设，不仅不会破坏环境，还可能通过绿色发展形成自身的特点。对于人口的担忧，只要海南在房地产方面，采取坚定、适当的举措，如不搞小型房地产，推进以适合于各种专业人士、中高端群体为目标的房地产转型。只要控制好房地产，不炒"短期"，海南在人口承载力、环境承载力上就不会出大问题。

第三，关于财政风险。有人认为海南财政穷，要搞自由贸易港，需要中央财政的大力支持。从现实看，目前海南基础设施建设基本告一段落，不需要中央财政大幅投入；只要能够按照国际惯例、按照自由贸易港惯例，采取15%—20%的企业所得税，就会有大量企业涌入，即使地方财政暂时存在困难，但可以通过发债、借债等形式解决财政困难问题。未来企业的大量涌入将扩大海南本地税源。更重要的是，中央可以把海南作为税收结构转型的试点，实现由以增值税为主体的间接税向以个人所得税为主体的直接税转型。这一转型，不仅成为中国税收结构转型试点，同时也使地方政府不再将主要精力放在产能上，而是放在营造发展环境、消费环境、营商环境上。

第四，关于管理风险。有人担心海南缺少能力。我认为，一是现在的干部能力比以往任何时候都好得多；二是可以通过体制创新，在省委统一领导下，建立自由贸易港的以高效率为目标的开发机构，实行双重开发体制；三是建立自由贸易港，会有很多人才来海南，尤其是很多专业人才会到海南来。另外，海南岛是一个岛屿经济体，即使在某些方面失败了，对全国的冲击最小。更何况，这种情况不大可能发生。

总的来看，海南建立自由贸易港的全局意义与当初不可比拟、条件不可比拟、机遇不可比拟。要把握全局，充分估计海南建立自由贸易港的特殊作用。不下大决心，不逼上一条死路，海南就没有更大的希望。作为岛屿经济体，海南只有通过大开放，才能起到别的地方起不到的特殊战略棋子作用。

下 篇

建言海南自由贸易港

2018年4月13日，这是一个具有重要历史意义的日子，习近平总书记在庆祝海南建省办经济特区30周年大会上郑重宣布："党中央决定支持海南全岛建设自由贸易试验区，支持海南逐步探索、稳步推进中国特色自由贸易港建设，分步骤、分阶段建立自由贸易港政策和制度体系。"① 我当时就在现场，全场响起了热烈掌声。走向大开放、建立自由贸易港，是海南30年不懈的探索，是全省上上下下的期盼。对我来说，更是倾注了30年心血的"海南梦"。

在现场聆听了习近平总书记"4·13"重要讲话后，我的劲头更足了，责任和压力也更大了。在对海南未来发展充满期待的同时，更多的是研究思索怎么才能把海南自由贸易港这篇战略大文章做好，怎么才能实现中央提出的目标要求，怎么才能不辜负各方对海南的高度期望。为此，我和我的研究团队对海南自由贸易港建设重大问题展开研究，相继形成了《海南自由贸易港初步设想（研究建议60条）》《加快探索海南自由贸易港　实行特殊的行政体制安排》《以"早期安排"取得"早期收获"——加快海南自由贸易港建设进程的建议》《推进海南自由贸易港立法总体思路研究（30条建议）》《推进海南自由贸易港与东南亚区域合作进程——打造"重要开放门户"的重大任务（15条建议）》等若干研究成果，有的得到了中央领导和海南省主要领导的批示，在服务中央有关部门和省委省政府政策决策中发挥了积极作用。此外，我也多次在公开场合为海南自由贸易港建设鼓与呼。

---

① 《党中央支持海南全面深化改革开放　争创新时代中国特色社会主义生动范例》，《光明日报》2018年4月14日。

◇ 一　一锤定音·建设中国特色自由贸易港

建设海南自由贸易试验区和中国特色自由贸易港，是党中央着眼于国内外发展大局，深入研究、统筹考虑、科学谋划作出的重大决策，是习近平总书记亲自谋划、亲自部署、亲自推动的重大国家战略，是新时期中央赋予海南的重大战略使命，也是海南面临的一次千载难逢的重大历史机遇。为了这件事，我们真的是盼了30年，努力了30年，建言了30年。

（一）梦想变现实，新闻联播忍不住哽咽

作为一名学者，我有幸见证和参与了海南30年走向大开放的全部历程，能够长期立足一个地方，促成一件事，从心底感到很欣慰、很幸福。

1. 有责任才有追求，有情感才能坚守

2018年4月，我接到省委关于参加庆祝海南建省办经济特区30周年的通知。4月13日下午，当习近平总书记在大会上郑重宣布，"党中央决定支持海南全岛建设自由贸易试验区，支持海南逐步探索、稳步推进中国特色自由贸易港建设，分步骤、分阶段建立自由贸易港政策和制度体系"的时候，会场响起了经久不息的掌声，我也万分激动。

会议结束后，我赶回中改院。为了庆祝海南建省办经济特区30年，中改院当天下午举办了《策划天涯30略》《我的海南梦》新书发布会。一本是中改院立足过去、着眼未来的海南研究成果汇编；另一本则由我回顾30年来亲历海南、建言海南的改革实践。这两本书，是向海南建省办经济特区30周年的一份祝福、一份献礼！那天的新书发布会，请来了很多老朋友、老熟人，也有不少和我一样的30年"闯海人"。有在海南各个厅局、部门的老朋友，有曾经在体改办一起工作的老同事，也有20多年跟踪采访中改院的媒体朋友。当时，不少人也从庆祝大会现场往中改院会场赶，我是新书作者、会议主办方，没想到堵车半个多小时，还是最后一个赶到会场的。

当时在会上，我讲了一段话，"有责任才有追求，有情感才能坚守"，"在座的很多老朋友，和我一样，将自己的青春留在了海南大特区这片热土上。30年来，正是对海南改革发展的责任感，使得我和我的团队从来没有放弃过建言海南；正是对海南的情感，使得我们坚守在自己的岗位上。30年来，我和大家一样，努力争做一名热土赤子"。

2. 成了"网红"

新书发布会前，我接受了中央电视台《新闻联播》的采访。本来，我还比较冷静，谈了谈聆听习近平总书记讲话后的感受，当说到"总书记代表党中央郑重宣布，在海南全岛建立自由贸易试验区，再分步骤、分阶段来建立中国特色自由贸易港，真的，全场很激动"时，我不知怎么，突然说不出话来，"因为为了这个事情,我们期盼了 30 年,有了这一条,海南真的会实现我们的海南梦"。当时,我还请同事反复叮嘱记者,不要播出我激动的这一段。后来,记者答复:"请迟院长相信央视《新闻联播》。"

4 月 14 日的《新闻联播》还是播出了这段采访。一时间,网上的讨论很多。我同事告诉我,共青团中央的微信公众号一篇《昨晚〈新闻联播〉中的这一幕,让无数网友为之动容……》的帖子,引来无数跟帖和转载。我的女儿和我开玩笑,"爸爸,你成网红了。"一位传媒界的老朋友发来信息:"老迟,这是新闻联播最好的采访之一!"我的同事也收到很多信息,"为你们迟院长 30 年的不懈追求、不放弃感到敬佩。"播出当晚,我接到老朋友、吉林省政协主席江泽林发来的信息,"看到您泪洒央视,很受感动。"他还为此作了一首小诗:"又听迟君哽咽声,只因怀梦三十年。闻者泣下谁最多,当年天涯独行人。"

在激动的同时,我更感觉到了肩上沉甸甸的压力。海南终于迎来建设自由贸易港这一千载难逢的历史机遇。如何发挥自己的作用,为自贸港建设贡献力量?自那天以后,深化自由贸易港研究,成为我的主要工作。

(二)向省长表态,一定竭尽全力

庆祝大会后的第 3 天,时任省长沈晓明找到我说:"省委省政府想设立海南自由贸易港研究院。老迟,只给个牌子,不给编制,怎么样?下半辈子就做自贸港这件事。我们能够亲身推动自由贸易港的建设，参与这个过程，终身无悔啊！"省长的话说得很重，我当即就表了态，"请省长放心，中改院、我本人为这件事情一定竭尽全力！"

1. 筹建中国特色自由贸易港研究院

根据省长的指示，我院征求相关专家意见，于 4 月 16 日形成了《中国（海南）自由贸易港研究院组建与运行方案设计（讨论稿）》。4 月 22 日，中改院在北京召开中国（海南）自由贸易港建设专家座谈会，进一步讨论研究院建设的相关事宜。4 月 27 日，时任省委书记在我院提交的请示中批示："名称建议为'中国特色自由贸易港研究院'。"

2018 年 5 月 9 日，海南省政府正式批复同意成立中国特色自由贸易港研究院（以下简称"自贸院"），由中改院牵头，我担任院长，中国南海研究院院长吴士存、时任省政府研究室主任朱华友担任副院长。它的主要职责是以自贸试验区、自由贸易港的理论和政策研究为特色，开展有关课题研究、参与重大问题的讨论和决策、提供人才培训服务等。研究院不设编制、不设级别。

自贸院是一个研究平台，组建专家委员会、充分发挥专家"大网络"的作用成为成立后的首要事情。5 月 20 日，自贸院专家委员会第一次会议在北京召开。会议主要就研究院专家委员会组成方案、专家委员会章程、海南自由贸易区（港）（海南自由贸易试验区、自由贸易港的简称，下同）建设迫切需要重点研究的重大课题进行了讨论。

2018年6月27日，中国特色自由贸易港研究院成立大会暨揭牌仪式举行

6月27日上午，中国特色自由贸易港研究院成立大会暨揭牌仪式在中改院举行，时任省长沈晓明为自贸院成立作出批示。作为自贸院的首任院长，我在成立大会上讲，自贸院的成立，对集聚各方面力量共同推进海南自由贸易区（港）建设十分重要。自贸院将发挥三个"平台"的作用：一是研究平台，重点开展海南自由贸易区（港）的理论与政策研究，为省委省政府决策提供智力支持；二是网络平台，自贸院坚持"小机构、大网络、平台型"的办院原则，以专家委员会和特聘专家为主，吸引海内外更多知名专家以多种形式为海南自由贸易港建设献计献策，贡献智慧；三是学习交流平台，通过学术研讨会、专题讲座等形式，统一认识、稳定预期、坚定信心、形成合力。

2. 形成系列专题研究报告

自贸院成立至今，全力开展海南自由贸易区（港）专题研究。一方面，积极开展相关政策研究。2018年，围绕海南自由贸易试验区与中国特色自由贸易港建设形成9份研究成果；2019年，围绕加快探索建设海南自由贸易港形成12份建议报告；2020年，围绕服务海南自由贸易港开局形成15份研究成果。以《专报》形式及时上报省委、省政府领导和相关部门，得到高度重视。其中代表性的有：2018年12月底形成的《海南自由贸易港初步设想（研究建议60条）》；2019年7月形成的《加快探索建设海南自由贸易港进程 实行特殊的行政体制安排（9条建议）》；2020年形成的《〈海南自由贸易港法〉立法的思路性建议》等，积极服务政策决策，产生了一定影响。

另一方面，自贸院成立至今，共委托国内知名专家开展14项专题研究，重点围绕打造"两洋门户"战略目标，海南自由贸易港财税、金融、法律、人才、数据自由流动，国际旅游消费中心、从"区"走向"港"、早期安排等方面开展专项研究，并及时报送省委省政府主要领导及相关部门，供政策决策参考。

3. 举办自由贸易港专题研讨会

自贸院成立以来，围绕"高标准高质量建立海南自由贸易试验区""探索建设中国特色自由贸易港"等主题，邀请省内外领导、知名专家学者及企业家代表等，以线上线下形式，在北京、海口先后举办了19场学术研讨活动，共形成数十份会议成果，在服务政策决策、凝聚共识、扩大影响方面起到了积极作用。

2019年3月24日，举办"加快探索建设中国特色自由贸易港进程"研讨会

4. 编写《自由贸易试验区、自由贸易港100问》

习近平总书记"4·13"重要讲话和中央12号文件发布后，自由贸易港一时成为全社会乃至国内外舆论的"热词"。什么是自由贸易港？什么是自由贸易试验区？自由贸易港的国际经验有哪些？各方对于这些问题的阐释和理解，一下迸发出了很大需求。这让我意识到，有必要尽快形成一本关于自由贸易试验区、自由贸易港的基础性、普及性的读本，便于社会各界，尤其是海南省领导干部能够更加通俗易懂地迅速了解自由贸易区（港）的基础知识。

于是，我组织中改院的研究人员，用了1个月左右的时间形成了《自由贸易试验区、自由贸易港100问》，分为上中下三篇，分别介绍了自由贸易区（港）的基础知识、国际案例和海南使命，成为当时省里第一本相对比较全面的科普读本。我们形成这个本子后，没想到各方面需求很大。记得海南省公安厅一下想要两万本，考虑到是内部资料，只送去 200 本。这本小册子经过多次印刷，省人大、省政府、省委组织部、省侨联、省委党校、琼海等厅局、相关机构和市县都拿去给干部作为学习读物，一些企业也找上门来。

（三）理论探讨与争鸣

海南自由贸易港宣布以后，引起了国内外的强烈反响。但是，作为我国第一个自由贸易港，而且是全世界最大的自由贸易港，各方有不同理解。举个例子来说，如何理解自由贸易试验区和自由贸易港的关系，当时主要有三种议论。第一种观点，认为自由贸易港和自由贸易试验区是一回事，尤其是有的海南专家学者在调研时谈到这一点。第二种观点，认为海南自由贸易试验区是全岛的，但是自由贸易港未必是全岛的。第三种观点，认为现阶段海南只能按照其他自贸试验区的成熟经验来推广，不可能讨论自由贸易港的事情。有的人说得很坦诚，海南建设自由贸易港的基础太弱，国际上的自由贸易港是以转口贸易为主，海南能搞转口贸易吗？

这让我意识到，对于海南自由贸易港的认识和理解，还没有统一。如何理解中央决定在海南建设自由贸易港？从自由贸易试验区走向自由贸易港要处理好哪些重要问题？于是，我组织中改院研究人员对相关问题作论证和研究，并在公开场合尽可能地表达自己的观点，提出有价值的建议。

1. 自由贸易港为何最终落地海南？

习近平总书记"4·13"重要讲话后，陆续有一些机构、企业来中改院进行访问交流，我和同事们也到上海、广东等自贸试验区调研。那段时间，常常听到有人提出疑问，海南的产业基础薄弱，没有建设经验，论基础条件，上海、广东要比海南好得多，为什么中央把自由贸易港这个"大红包"送给海南呢？我理解，海南尽管在一些条件上确实不如国内发达地区，但在某些方面具有其他地方没有的独特优势。

第一，相对独立的地理单元。海南岛四面环海，有实行"一线放开，二线管住"监管制度的天然优越条件，相对国内其他地区，海南的监管成本相对较低，风险也相对好控制。海南经济总量小，就算出现某些风险，只要及时、有效地管住、管好，就不会对国内造成大的冲击和影响。

第二，特殊的区位优势。海南岛是连接东北亚和东南亚的区域中心；特别是授权海南管辖南海200万平方公里的海域，是往来两大洋和两大洲的必经之地和海上要冲。特殊区位优势决定其在服务"一带一路"建设、海洋强国、经略南海等国家战略中将发挥特殊作用。

第三，巨大的资源潜力。土地是海南建设自由贸易港最宝贵的资源。海南岛和台湾岛相比，虽然少了1000平方公里的土地面积，但是海南岛可利用的土地面积远大于台湾岛。台湾2/3是丘陵，海南 2/3 是平原；台湾 2/3 的沿海是礁石，海南 2/3 的沿海是沙滩，可利用、可使用的地方大有可为。更何况建省办经济特区 30 多年来，由于多方面原因，海南的土地资源潜力远未释放出来，资源利用效益还相当低。2019 年，海南每平方公里土地产出的 GDP 只等于广东的 1/4，不足新加坡、香港特区 2018 年的 0.45%、0.69%。[①] 若 2025 年，海南单位土地面积产出达到广东 2019 年的 50%，将带来超过 1 万亿元的资本需求。我认为，差距就是潜力，潜力就是发展的空间，就是后发优势。

第四，全国最好的生态环境。良好生态环境成为海南发展的最强优势和最大本钱。例如，2019 年海南 PM2.5 为 16 微克/立方米[②]，比全国平均水平低 20 微克/立方米；空气质量优良天数比例为 97.5%，森林覆盖率居全国前 5 位。[③] 据海南省环境监测中心站监测，霸王岭国家森林公园、尖峰岭国家森林公园、五指山国家级自然保护区等主要森林旅游区空气负离子浓度，均远超世界卫生组织规定清新空气标准，对人体健康极为有利。优美生态环境与开放政策相结合将释放巨大经济发展潜力。

第五，独有的开放政策。2009 年 12 月 31 日，国务院 44 号文件赋予了国际旅游岛许多独有的开放政策，如离岛免税购物政策。再如，2013 年国务院正式批复海南设立博鳌乐城国际医疗旅游先

---

① 2019 年海南省 GDP 和土地面积均来源于《海南统计年鉴 2020》；2019 年广东省 GDP 和土地面积来源于《广东统计年鉴 2020》；香港特区、新加坡 GDP 根据世界银行数据与 2018 年汇率计算得出。

② 《2019 年海南 PM2.5 年均浓度为 16 微克/立方米》，《海南日报》2020 年 1 月 16 日。

③ 《2019 年海南省生态环境状况公报》，《海南日报》2020 年 6 月 5 日。

行区，并给予九项"黄金"政策。

第六，海南有 30 多年探索走向大开放的历史经验。建立海南自由贸易港，走向大开放，是海南 30 多年的实践探索。建省之初海南就曾提出并探索建设特别关税区，再到后来建设国际旅游岛，以产业开放带动区域开放。我认为，这些历史经验，一方面提醒我们不要再重蹈历史覆辙，少走弯路；另一方面促使我们增强紧迫感和使命感，抓住机遇、解放思想、大胆创新、主动作为。

2. 自贸港、自贸区、自贸试验区是一回事吗？

在一次《海南自由贸易试验区总体方案》的专题调研座谈会上，有一位专家就提出自由贸易港、自由贸易区、自由贸易试验区在本质上是一回事。对于这样一种观点，我认为应该认真做些客观的分析和论证。

第一，三者的基本内涵。在 1999 年通过并于 2006 年实施的《京都公约》修订版中，对自由贸易园区（FTZ）定义为"缔约方境内的一部分，进入这一部分的任何货物，就进口税费而言，通常视为在关境之外"，被称为单边自由贸易区或者国家内自由贸易区。目前国内 11 个自贸试验区属于 FTZ 的范畴，但又有区别。自由贸易试验区的功能较多地侧重于货物进出便利化、外商投资管理、政府职能转变等方面的制度创新；自由贸易港是设在一国（地区）境内关外、货物资金人员进出自由、绝大多数商品免征关税的特定区域，是目前全球开放水平最高的特殊经济功能区。

第二，自由贸易港先于自由贸易区产生。世界最早的自由贸易港产生于 1547 年。意大利西北部托斯卡纳（Tuscany）地区的小城市里窝那（Livorno），是历史上第一个有史可查的自由贸易港。早期的自由贸易港，只是在港口实行一种促进商品流通和发展对外贸易的开放政策，突出特点是在为各地船只往来提供方便和安全的同时，免征其进出口货物关税。在自由贸易港产生后，为了促进国际贸易，欧美等地区纷纷在港口的港区或邻近港口地区划出专门地带作为自由贸易区，发展以转口贸易为重点的对外贸易，并逐渐拓展仓储、加工等功能。

第三，自由贸易港的主要类型。现代以来自由贸易港形态开始发生变化，从最初的港口型自由贸易港，发展到港产结合、港城结合的自由贸易港。港产型，是港口和城市的若干区域产业相结合，例如迪拜；港城型，比如新加坡、中国香港，是港口和城市相结合的自由贸易港。这与传统的依托港口的自由贸易港有很大区别：一是范围变了，是整个国家或者地区；二是传统的自由贸易港没有生活区，但是港城型自贸港有居民生活区；三是传统自由贸易港功能是转口贸易，现在是以资金、人员、投资货物、信息进出四大自由为主要特征。

自由贸易港的港区、港产、港城模式比较

	概念	典型代表
港区模式	依托特定海港或空港划出较小的地理范围作为自由贸易港，并以物理围栏形式与周边区隔开来，一般不允许居民居住	美国纽约港、巴拿马科隆港、荷兰鹿特丹港

续表

	概念	典型代表
港产模式	把自由贸易港建设与产业开放和发展结合起来。对自由贸易港与周边区域实行一体化运作和管理，使用物理围栏进行分隔	迪拜
港城模式	把整个城市作为自由贸易港，允许居民居住和购买免税商品，同时实行自由经营企业制度	中国香港、新加坡

第四，自贸港和自贸试验区有质的区别。我国自贸试验区建设始于上海，"试验"两个字，主要是政府职能转变、服务业市场开放等方面的制度创新，而自由贸易港是以"一线放开，二线管住"为特点的制度集成创新。自由贸易港与自贸试验区的根本区别在于，前者不仅是政策层面和操作层面的"境内关外"，更是国际法律意义的"境内关外"，真正免于实施惯常的海关监管制度。自由贸易试验区是国内制度创新的重要试验田，它在推动国内制度创新中发挥了重要作用，强调可复制可推广。自贸港是对标世界最高开放水平形态的一种制度和政策安排，由此自贸港所实行的一系列政策和制度，显然要比自贸试验区优惠得多、开放得多。

自由贸易港与自由贸易试验区的区别

	自由贸易港	自由贸易试验区
要素流动自由度	货物、货币、运输、人员、信息等要素全方位自由流动	侧重于货物自由流动

续表

	自由贸易港	自由贸易试验区
企业进入及经营制度	企业实行自主登记。对除了影响国家安全和少数与国内经济发展不一致的一些产业之外，一般没有其他限制，实行准入前和准入后国民待遇	区内企业注册仍需要工商登记、审查，很难实行区内企业高度自治管理
贸易结算自由度	国际贸易结算自由	有所限制
税收制度	简单低税制，税种少、税率低	与其他地区并无明显区别，只在某些方面实行税收优惠政策
关税设计	绝大多数商品零关税（部分商品除外）	对生活性服务业等企业进口的货物仍征收关税
海关监管方式	"合格假定"，免于实施惯常的海关监管制度，实行"事中事后监管"	"不合格假定"，实施惯常的海关监管制度
离岸业务许可程度	允许	不允许开展离岸金融、离岸贸易等业务
外籍船舶进出便利程度	外来船舶可免办入港申请及海关手续	需要办理海关手续，每次入关都要进行申报
人员通关便利程度	实行免签或落地签政策	对人员通关实行普通程序
市场干预度	以服务为主，行政干预为辅，依靠市场调节以及行业自我管理	负面清单较长、行政干预色彩更浓

3. 如何理解"中国特色"？

从党的十九大报告提出"探索建设自由贸易港"到习近平总

书记"4·13"重要讲话提出"支持海南逐步探索、稳步推进中国特色自由贸易港建设",如何理解"中国特色",成为自贸港落地海南后各方关注的一个重要问题。

我理解,中国特色自由贸易港是在加强党的领导下,在社会主义制度范围内,实行与世界最高水平开放形态相适应的制度、体制、机制和政策。基本要求是充分借鉴国际先进经验建设当今世界最高水平的开放形态;基本特点是"境内关外";基本要素是"货物资金人员服务进出自由,绝大多数商品免征关税";基本目标是打造成为以国际化营商环境为突出优势的对外开放新高地;鲜明特征是第一个中国特色社会主义自由贸易港。做到"中国特色",我认为有三个基本点特别重要。

第一,高举改革开放大旗帜。中国特色社会主义进入新时代,海南努力成为新时代全面深化改革开放的新标杆,形成更高层次改革开放新格局。

第二,没有思想大解放,就不会有改革大突破。建省办经济特区之初,海南什么都缺,但是最不缺的就是激情。建省之初十万人才下海南,很多人就露宿在三角池街头读报、作诗,当时的人思想很解放,那是一段激情燃烧的岁月。

第三,坚持以开放为先,加快建立开放型经济新体制。海南担负着服务国家重大战略的使命,抓住这个机遇,海南就有可能建设成为高度现代化、国际化的美丽宝岛。

4. 自由贸易港是全岛建还是局部建?

2020年6月1日,在习近平总书记关于海南自由贸易港建设的重要指示和当天公布的《总体方案》中都明确提出,"海南自由贸易港的实施范围为海南岛全岛"。但是,在2018年4月自由贸易港刚刚落地海南时,并不是所有人都认识到这个问题。

习近平总书记"4·13"重要讲话10天后,2018年4月22日,中改院在京召开了"中国(海南)自由贸易港建设专家座谈会",主要目的就是学习"4·13"重要讲话,就自由贸易港建设听取专家意见。会上,有位国家智库专家的发言令我吃惊,他讲"中央提出的逐步探索建设自由贸易港,有多种选项。第一个选项就是类似于目前的自由贸易试验区,在具备条件的基础上,向标准的自由贸易港去转型。如果是这样的话,只可能在全岛自由贸易试验区的基础上选择一些局部的地区,以建立一个海关特殊监管区的方式,探索建立一个自由贸易港。上海、浙江是按照这个选项推进的。第二个选项就是全岛的自由贸易试验区经过逐步推进的方式,最终建立一个全岛型的自由贸易港,但这不是一两年、三五年能办到的事,需要更长时间"。

我听完后立即做了回应:"我认为这个理解不符合习近平总书记讲话精神。我的学习理解是,海南自由贸易港绝不只是选海南的某个地方建自由贸易港,而是要全岛建,这是必须要明确的。在这个问题上,不要产生任何的误读。"针对这个问题,我与这位专家和他的研究团队进行了比较激烈的辩论。

应该说,从海南30年实践看,建省初期我们搞政策倾斜性的开发区(如洋浦),是有过历史教训的。在全岛还不能实现"一线放开,二线管住"的情况下,搞一块地方把它隔起来,给它一些更特殊的政策，难度极大。更重要的是，习近平主席在博鳌亚洲论坛2018年年会讲，"中国开放的大门不会关闭，只会越开越大！"[①] 4月13日，又宣布在海南建设中国特色自由贸易港。习近平总书记在讲话中提出两个"重大"：这是党中央着眼于国际国内发展大局，深入研究、统筹考虑、科学谋划作出的重大决策，是彰显我国扩大对外开放、积极推动经济全球化决心的重大举措。[②] 中央12号文件明确提出，"到2025年，自由贸易港制度初步建立"，"到2035年，自由贸易港的制度体系和运作模式更加成熟，营商环境跻身全球前列"。[③] 从这点来看，如果把"全岛"只界定在自由贸易试验区建设，显然是把习近平总书记和中央想做的这篇大文章想小了。我认为，这是不恰当、不准确的理解。

5. 是先"区"后"港"，还是区港联动？

2018年4月，在全省上下如火如荼深入学习贯彻习近平总书记"4·13"重要讲话精神之际，省委组织党政代表团分11个组，分赴全国11个自由贸易试验区考察学习。4月17—19日，我按照省委安排，随时任省委书记率领的第一代表团赴广州南沙新区、珠海横琴、深圳前海蛇口考察学习中国（广东）自由贸易试验区建设以及广州市和珠海、深圳两个经济特区的发展经验。其间，

[①] 习近平：《开放共创繁荣 创新引领未来》，《光明日报》2018年4月11日。
[②] 《党中央支持海南全面深化改革开放 争创新时代中国特色社会主义生动范例》，《光明日报》2018年4月14日。
[③] 《中共中央、国务院关于支持海南全面深化改革开放的指导意见》，2018年4月15日，中国政府网（www.gov.cn/zhengce/2018-04/14/content_5282456.htm）。

两省还在广州召开座谈会，就进一步学习贯彻习近平总书记重要讲话精神，深化两省合作，共商改革发展进行交流。

在会上，我发表了自己的看法："从这两天在广东的调研中感到，第一，广东多年来想做却没做成的事，想不到给了海南，让海南来做；第二，广东努力地从海南的政策中思考自己应该怎么做，并且正在努力做。从这两点来看，海南要用广东的状态来做好广东做不成的事。"

会上有观点认为，现阶段只能谈自由贸易试验区，不能谈自由贸易港，因为中央12号文件中的要求是"到2020年自由贸易试验区取得重要进展"。我在会上表示，如何认识自贸试验区与自贸港的关系，这是一个十分重要的问题。海南与其他11个自贸试验区最大的不同，是明确了建设自贸港的发展目标。要以自由贸易港为目标来推进海南自由贸易试验区的建设进程。在这个问题上，需要统一思想。

中央给海南更大开放政策的目标是从自由贸易试验区尽快走向自由贸易港。毫无疑问，自由贸易试验区和自由贸易港都是以投资贸易便利化、自由化为主要特征，但自由贸易试验区与自由贸易港有着重要区别。自由贸易港是一个"境内关外"的范畴，是全球开放程度最高的形态。因此，讨论海南全岛建设自由贸易试验区，一定要把握一点，这只是建设海南自由贸易港的一个起步，一个过渡。海南自由贸易试验区所有的规划与政策都要朝着自由贸易港的目标来设计和谋划。我理解，这个方向选择特别重要，要十分明确，凡是和自由贸易港不相符的政策，坚决不能出；不相符的做法，坚决不能做。为此，海南要解放思想，提振精神，大胆推出重大举措，并尽快形成区别于其他自贸试验区的海南模式。海南自身底子相对薄，经济发展缺乏广阔腹地支撑、缺乏制造业集群支撑。要把后发劣势转化为后发优势，需要用十二分的力气。其他几个自贸试验区都在学习研究习近平总书记"4·13"重要讲话精神和中央12号文件，都在从中寻找能在本地突破的改革开放举措。对此，海南要有危机感、紧迫感。

6. 如何尽快从"区"走向"港"？

高标准高质量建设海南自由贸易试验区是中央12号文件明确提出的要求。如何理解高标准高质量建设？如何尽快从"区"走向"港"？为此，2018年6月29日，中改院向省委省政府提交了《高标准高质量建设自由贸易试验区——建设海南自由贸易港的基本要求和重要基础（10条建议）》。10月26日，为加快推进海南自由贸易试验区建设，中改院与中国南海研究院、国务院参事室自贸区建设研究中心、海南省人民政府研究室在海口共同主办以"高标准高质量建设海南自由贸易试验区"为主题的研讨会。在这次研讨会上，我提出了"高标准高质量建设海南自由贸易试验区（4点建议）"。

我对高标准、高质量有三点理解。第一，高标准高质量是党中央对海南自贸试验区建设提出的明确要求。这就要求海南自贸试验区要高起点谋划、高标准定位、高效能推进。第二，到2020年自贸试验区建设取得重要进展是党中央对海南提出的阶段要求。这就需要海南自贸试验区在未来2—3年内实现重要突破，国际开放度显著提高。第三，海南要在充分借鉴国内11个

2018年10月26日，举办"高标准高质量建设自由贸易试验区"研讨会

自贸试验区①成功经验的基础上，实现新的突破。海南自贸试验区建设时间紧，要求高，任务重，这就要求海南一方面要尽快学习11个自贸试验区的成功经验，缩小与国内自由贸易试验区的开放"落差"，例如尽快在外商投资管理、商事制度改革、国际贸易"单一窗口"、自由贸易FT账户等方面实现突破；另一方面，海南要结合自身优势和特点，尽快在国内其他自贸试验区无法突破的领域取得新突破。

我认为，从自由贸易试验区走向自由贸易港需要解决几个重大问题。首先，海南要发挥特殊的作用，扮演特殊的角色，重要

---

① 在当时国内的自由贸易试验区为11个。

的是要采取大的举措。我建议成熟一个推出一个,比如先推出负面清单。与此同时,借鉴雄安新区经验,尽快组织海内外重要专家,研究制定海南自由贸易港建设的总体方案,年内报党中央、国务院批准。其次,争取更大的改革自主权。海南作为一个岛屿经济体,如果没有体制创新的重大突破,许多政策是难以落实的。只有把体制创新与特殊政策相融合,才会产生巨大的活力、动力。中央 12 号文件提出,凡是各部委要交给海南的要尽快交给海南,这远比给某些具体政策重要得多。有了这一条,很多事情就有了重要前提。最后,争取具体政策的自主决策权。例如,在中央相关部委的监管下,把国际旅游消费中心的具体决策权全面下放给海南。再者,海南自身要在改革上下大功夫,以改革释放巨大的能量,具体有以下几个方面。

第一,改善营商环境要有重大突破。我提出,以深化市场化改革为重点改善营商环境,在必要的制度规范前提下充分激发市场活力,倒逼政府提高行政效率。改善营商环境的突出矛盾是市场活力不足与政府效率低下。激发市场活力、形成市场决定资源配置的大格局是海南改善营商环境的首要任务。2018 年 5 月,东北大学正式给海南省政府发函,希望海南支持东北大学办海南分校,东北大学依托自身学科优势,希望在海南结合 12 个重点产业办学,支持海南产业发展。到了年底,我到东北大学开会,时任校长告诉我,广东佛山已经保证:一两年之内完成"交钥匙"工程,建立东北大学佛山研究院。这个对比让我很有触动。

第二,要尽快实施海南版服务贸易负面清单。在《自由贸易试验区外商投资准入特别管理措施(负面清单)(2018 年版)》的

95 项负面清单中，有 70 项是限制服务业市场开放和服务贸易的。我认为，海南自由贸易试验区发展要以稳步推进自由贸易港建设为目标，就应该按照服务业市场开放、服务贸易创新发展的要求，重新设计负面清单的框架及具体内容，只有这样才能走出一条新路子。2018 年 6 月 29 日，中改院向省委提交了《以服务贸易创新发展为主导研究设计海南负面清单的框架建议（10 条）》，提出以建设中国特色自由贸易港为目标，以服务贸易创新发展为主导，研究形成既符合国际自由贸易港的通行做法、又具有海南特色的负面清单总体框架，由此实现海南从"区"到"港"的重要突破。

第三，建设国际旅游消费中心要有实质进展。2018 年 6 月 8 日，我参加了财新峰会香港场，并以促进琼港服务贸易合作为主题发表了演讲。当时，会上有人提出了一个疑虑：海南建设自由贸易港和世界级的国际旅游消费中心，会不会取代香港？面对疑虑，我回应，海南建设国际旅游消费中心不但不会取代香港，并且对香港的需求程度、合作程度更大。海南和香港至少可以在三个方面开展合作：一是可以在免税购物的供应链上展开合作，确保海南免税产品的品质；二是与香港企业共同建设免税购物中心，扩大香港免税购物的供应链；三是引进香港免税购物管理标准、服务体系，提升海南免税购物的服务质量。就是说，建设国际旅游消费中心需要加强和香港的合作。

2018 年 9 月 5 日，第十二届泛珠三角区域合作与发展论坛暨经贸洽谈会在广州召开。这次论坛的层次很高，当时，我作为学者代表、马化腾作为企业家代表，参加了"9 + 2"主要行政首长对话交流单元。① 会上，我提出，海南正在积极打造以服务贸易为主导产业的自由贸易试验区，并为自由贸易港建设奠定重要基础。落实"推动海南建设具有世界影响力的国际旅游消费中心"的重要指示，在泛珠三角区域合作进入新阶段的背景下，海南应当尽快与香港开展实质性合作，由此使琼港合作成为泛珠三角区域合作的突出亮点之一。

应该说，海南建设国际旅游消费中心面临的突出矛盾在于国内不断上涨的服务型消费需求与海南国际化产品和服务供给严重不足。建设具有世界影响力的国际旅游消费中心的着力点应放在扩大国际化旅游产品及相关服务供给上。为此，我也提出了几点建议：

一是加快海南免税购物政策的重大调整。例如，争取中央将免税特许经营权下放给海南，所有符合条件的企业都可以经营免税业务；全面放开日用消费品的品种限制，实行离岛免税商品负面清单管理；在确保自用的前提下，放开对本岛居民购买免税产品的限制。

二是以健康医疗市场全面开放为重点培育旅游消费新热点。努力争取进口药品、医疗器械市场开放的重要突破，率先在海南免征进口药品关税、增值税；争取支持海南引进美国、欧盟的药品质量安全标准，将在欧盟、美国、日本已批准上市但在国内尚未获准注册的药品审批权下放给海南；争取在以癌症治疗为主的医疗器械进口方面实行零关税；争取将博鳌乐城国际医疗旅游先

---

① "9+2"，即福建、江西、湖南、广东、广西、海南、四川、贵州、云南省（区）人民政府，香港特别行政区政府、澳门特别行政区政府。

行区的某些开放优惠政策扩大到全省；鼓励发展与国际接轨的各类商业医疗健康保险，探索建立长期护理保险制度。

三是提高资源利用效益要有明显成效。从自由贸易试验区走向自由贸易港，要把加快构建有利于提升海南土地、海洋、环境等资源利用效益的体制机制作为重大任务，通过优化重要资源配置不断形成海南的财力积累。这样，海南就有可持续的资金来源，就有财力加快改善基础设施、提高基本公共服务水平。

四是人才引进要形成独特优势。加快海南服务贸易发展，重中之重在于人才。能不能以非常之举尽快形成吸引人才、留住人才、用好人才的体制机制和独特优势，是海南加快从自由贸易试验区走向自由贸易港的决定性因素。中央支持海南建设自贸试验区和自贸港，给各类人才发展带来良好预期。在这个独特优势下，务实可行的方式是建立多种类型的平台，为人才创造创新创业的重要机会。体制创新是关键。例如，建立创新工作室制度，赋予科研人才更大的自主权；对科研人员科技创新收益和成果转化收益不设上限，鼓励高校、科研院所、企业通过股权、期权、分红等方式激励科技创新，营造创新创业的良好环境。解放思想，"只求所在，不求所有"，把海南某些高校的新校区交给海内外名牌大学来办，在开放中提升海南整体教育水平。

◇二　为《总体方案》落地建言

据我了解，自中国特色自由贸易港落地海南以来，各方面的质疑一直没有停止。比如有的人疑虑,海南能承担起这个重大使命吗?还有的人提出,海南搞旅游还行,在这么一个经济欠发达、工业基础很薄弱、对外开放度又比较低的省份建立开放程度最高的自由贸易港,能行吗?也有人质疑,海南1988年建省研讨特别关税区、2009年建设国际旅游岛,两次重大机遇都没有抓住,这次建设自由贸易港就能做好吗?

面对这些声音,我很着急,因为真的感到海南不能再失去这一次机遇了。尽快出台《海南自由贸易港总体方案》,对统一认识、稳定预期、增强信心、形成合力十分重要。为此,在这期间,我与我的研究团队通过政策建议、研究报告、研讨会、公开讲座等多种形式为总体方案的出台呼吁和建言。

(一)面对多方质疑,呼吁尽快出台海南自由贸易港总体方案

尽管建设海南自由贸易试验区很重要,但更重要的是要尽快出台海南自由贸易港的总体方案,否则各方难以产生对海南的中长期预期,国内外企业难以下决心到海南投资兴业。于是,我一方面多次在省政府会议上以及省领导干部专题培训班等场合呼吁尽快出台海南自由贸易港总体方案;另一方面组织院研究人员,着手对海南自由贸易港基本要求和政策制度体系开展研究。

2018年6月18日,在省长主持召开的省政府专题会议上,我提出,按照习近平总书记的要求,当前的重要任务是"谋",要"谋"总体方案、基本思路、行动举措。在会上,我向省长报告,中改院正在研究关于尽快形成海南自由贸易港总体方案的建议。6

月 22 日，我们正式向省委、省政府提交了《尽快形成海南自由贸易港总体方案的建议（20 条）》。在这份建议中，我们提出，在多方面对海南建设自由贸易试验区、中国特色自由贸易港高度关注又疑虑较多的情况下，尽快形成海南自由贸易港的总体方案，并争取年内由中央批准，有利于统一认识、稳定预期、形成合力。

1. 以服务国家重大战略为目标

海南自由贸易港是一篇大文章，如何做大？中改院的主要建议是：一是要以服务国家重大战略为目标确定海南自贸港的战略定位。建设海南自贸港，是我国在经济全球化深刻复杂变化背景下推动形成全面开放新格局、打造对外开放新高地的重大举措；建设海南自贸港，就是要站在更高起点谋划和推进改革，下大气力破除体制机制弊端，为全国深化改革开放先行先试；推进海南自贸港建设，就是要发挥海南的区位优势和特殊作用，打好"经济牌""开放牌"，加快泛南海经济合作圈建设，发挥海南在推动以泛南海为重点的区域一体化中的特殊作用。二是要以服务国家重大战略为目标研究制定海南自贸港的战略任务。要利用建设海南自贸港的契机，建设 21 世纪海上丝绸之路战略支点，把海南打造成为我国面向太平洋和印度洋的重要对外开放门户，以开放合作守好祖国南大门。三是要以服务国家重大战略为目标研究确定海南自贸港的行动路线。

2. 以建设中国特色自由贸易港为主题

如何建设中国特色自由贸易港，大家有不同的议论，我在不同场合,反复讲自己的观点:一是明确海南自由贸易港是要探索建设第一个中国特色社会主义自由贸易港。海南自贸港是党领导下高度开放市场经济的重要探索,是一个欠发达地区通过自贸港实现跨越式发展的生动范例;海南自贸港建设核心是经济社会管理体制与管理方式变革,是实行与全球最高水平开放形态相适应的制度、体制、机制和政策;明确海南自由贸易港以吸引国际要素资源、推进要素配置国际化为重点,打造全球最开放、最具特色的特殊经济区域。二是要以建设自贸港为目标高标准、高质量建设自贸试验区。未来1—2年,努力以自贸试验区的重要突破为全面推动海南自贸港建设奠定坚实基础。三是要充分借鉴国际先进经验,建立开放水平最高、范围最广、全球最大自由贸易港。四是要全岛布局,重点突破。海南自贸港建设,是在全岛实行"一线放开、二线管住、区内自由",要向海内外公开全岛自贸港建设目标,稳定各方预期;在全岛建设自由贸易港,需要结合区域特点,在全岛划分不同功能区域,布局不同的产业;要加快推动重点领域、重点产业的重大突破。

3. 以服务贸易创新发展为主导

有人说,海南是工业发展的落后地区,没有产业基础,难以形成产业优势。我认为,适应国际国内发展大趋势,海南自由贸易港建设要以服务贸易创新发展为主导。一是把握服务贸易创新发展的大趋势。二是海南自贸港建设要把打破服务业市场开放的政策体制掣肘、推进服务贸易创新发展作为重大任务,并为我国补上服务贸易这块"短板"发挥特殊作用。三是以服务贸易为主导，形成海南自贸港的鲜明特点和突出优势。服务贸易创新发展既符合国家战略需求方向，也是海南这个岛屿经济体实现跨越式发展的现实选择，且海南有条件在服务业市场开放和服务贸易创新上推出重大举措，形成独特优势。四是要加快服务业市场全面开放的重大突破。例如，实现国际旅游消费中心建设的重大突破，全面放开健康医疗市场的相关政策，以邮轮旅游为重点构建泛南海旅游经济合作圈，以全岛推广新能源汽车为重点推动新的服务业态发展，等等。五是对标国际标准，按照服务贸易创新发展的要求研究设计负面清单的总体框架和实施细则。

4. 以全面制度创新为核心

建设海南自由贸易港，核心是制度安排与制度创新。这些年，自由贸易试验区不断推出一批制度创新案例。我认为，海南自由贸易港建设的制度创新，关键是要抓住重点实现突破。一是要以"零关税、低税率、简税制"为突出特点构建自由贸易港的财税制度；以实现资本自由流动为目标构建自由贸易港金融体制；构建"一线彻底放开、二线高效管住、区内高度自由"的海关监管体制；构建适应自贸港建设的法律法规制度。二是要以全面实施企业自主登记制度为重点打造国际化营商环境。参照中国香港、新加坡的经验，尽快全面实施企业自主登记制度；引进国际水准的服务机构；完善产权保护制度要走在全国前列。三是要以提高资源配置效率为重点深化"多规合一"改革。把破解区域、城乡体制壁垒，提高资源配置效率作为深化"多规合一"改革的重大任务，加快形成"六个统一"的整体布局，按照"全岛一个大城市"加快行政区划调整，创新城乡融合发展的体制机制。四是要以"小政府、大市场"为导向深化行政体制改革。以"放、统、合"为重点加快党政机构改革，以提高行政效能为重点优化营商环境。五是要构建更加开放灵活的人才管理体制机制。开展国际人才管理改革试点；推动法定机构改革，保障用人主体更大自主权；但求所在、所用，不求所有，加快吸引国际国内高端教育科研机构进驻海南。

（二）2018年最后一天形成《海南自由贸易港初步设想》

2018年10月16日，《中国（海南）自由贸易试验区总体方案》正式印发。方案公布后，文件内容与国内其他自贸试验区的方案差别不大，在一定程度上影响了各方面对海南自由贸易港建设的预期。那个时候，中央相关部委正在研究海南自由贸易港总体方案，省里在11月也成立了海南自由贸易港总体方案起草组，以形成海南省的建议稿提交给中央参考。

海南走向大开放，是我最初来海南的一个梦想。怎么立足当前，着眼长远，在学习理解贯彻中央精神的大前提下，结合海南省情提出海南自由贸易港建设总体方案？我觉得自己有责任、有必要认真研究，力争提出一个有前瞻性、参考性的海南自由贸易港总体框架方案，服务决策。

1. 加班加点研究总体方案

2018年10月中旬，中改院组成了由我牵头的"海南自由贸易港总体方案研究"课题组,对海南自由贸易港的战略目标与定位、政策与制度体系、从自由贸易试验区到自由贸易港的行动方案等进行专题研究。当时,我组织研究人员搜集整理并消化大量关于自由贸易港的资料,其中就包括以自贸院的名义委托国内知名专家形成的海南自由贸易港财税、金融、国际旅游消费中心、从"区"走向"港"、法律五个专题研究报告。差不多有两个月的时间,就集中做这一件事,这耗费了我很大的精力。

其实,在做这一课题前,我在一次身体检查中查出肺部有些问题,医生让我必须马上手术,但是我没答应。与医院商量后,将手术推迟到2019年的1月2日。我心想着一定要在年底前完成总体设想的研究,这件事做完了,我才能安心上手术台。这件事,当时院里的同事并不知道。

经过数次讨论,12月上旬,我们初步确定了报告写作框架。之后,我与我的研究团队加班加点,于12月28日一早形成了《海南自由贸易港初步设想(研究建议60条)》(征求意见稿)。当天下午3点,我们组织召开了"《海南自由贸易港初步设想》专家座谈会",就形成的建议报告征求有关专家和相关部门意见。与会专家对这个报告高度认可。例如,中国经济体制改革研究会原会长宋晓梧表示,"作为一个研究报告,内容很丰富,很全面,是非常好的"。中国人事科学研究院原院长吴江认为,"这是一个大手笔,大的构想"。中国社会科学院学部委员田雪原表示,"我感到咱们现在提出这个设想或者思路,一是速度快;二是大胆。这个报告贯彻了中央要求的大胆试"。同时,与会专家也对建议报告提出了具体的修改意见。

根据专家座谈会的意见，课题组迅速对报告进行了修改，最终于12月30日晚上，正式形成了《海南自由贸易港初步设想（研究建议60条）》，12月31日也就是2018年最后一天正式提交给省委省政府，也同时报给了相关部委。应当说，这是我30年长期思考和积累的成果，也凝聚了我和院里参与研究同事的心血。报告提交后的第二天，也就是2019年1月2日我住进了医院，4日上了手术台。

2. "一份有质量、有重要参考价值的研究性成果"

2019年2月25日，中国特色自由贸易港研究院、中国（海南）改革发展研究院、国务院参事室自贸试验区建设研究中心在北京共同主办"探索建设中国特色自由贸易港"专家座谈会。在这次会议上，与会专家对我院形成的《海南自由贸易港初步设想（研究建议60条）》进行了讨论，提出了宝贵的意见和建议。国务院研究室原主任、中改院决策咨询委员会主任魏礼群认为，"这个报告是下了功夫的，是一份有质量、有重要参考价值的研究性成果。这份报告体现了中国特色和海南发展定位。整体思路是清晰的，战略目标任务是明确的，重点措施是有力的，具有前瞻性、创新性、战略性和可操作性。这个报告我认为应该作为中央制订海南自由贸易港建设方案的重要参考"。

后来，这份报告得到了中央领导、国家发展改革委领导以及省委主要领导的批示。应当说，对自由贸易港总体方案的研究，是中改院作为一个立足海南的改革智库的主动和自觉责任，这份报告虽然只是一个初步设想，但在当时起码起到了一个"敲门砖"

的作用。

在这份报告中,我们围绕四个方面就海南自由贸易港总体方案提出建议。

第一,总体思路。探索建设中国特色自由贸易港的战略目标,是要适应经济全球化的新形势和我国扩大开放的新要求,按着中央赋予的"三区一中心"的战略定位,把海南打造成为我国最高水平的开放平台、面向太平洋和印度洋的重要对外开放门户、面向全球的国际服务贸易中心;探索建设中国特色自由贸易港,要把打造具有国际竞争力的营商环境、构建"泛南海经济合作圈"、形成服务贸易主导的突出特色作为带动全局的主要任务;探索建设中国特色自由贸易港,要形成现代化基础设施体系,形成市场决定资源配置的格局,形成绿色发展的新模式,并建立高效的行政管理体制与"放得开、管得住"的监管体制。

第二,政策需求。作为最高水平的开放平台,海南自由贸易港建设,要以服务业市场全面开放、服务贸易创新发展为主导,实施全球最高开放标准的市场准入政策与贸易自由化便利化政策,并及时将政策用法律法规形式固定下来。

第三,制度创新。一是优化海关监管方式,在海南设立国家海关特殊监管区,实行"分线管理、分类监控",建立适应海南自由贸易港的海关特殊监管体制。二是以调整中央与地方税收关系、改革税制、创新征管体制等为重点,实行一套有别于内地、与海南自由贸易港建设相适应的具有国际竞争力的财税体制。三是实行与海南自由贸易港建设相适应的金融体制。四是推进行政区划调整。形成省下辖五大区域中心城市的行政格局,并加快推进城乡一体化进程。通过行政区划调整,打破区域、城乡壁垒,促进资源要素的自由流动,以实现全岛资源利用效益最大化。五是建立高效精简的行政体制。我们提出了两种方案:方案一,在现有行政架构下大幅精简整合各类机构;方案二,实行双重开发管理体制,即在省级层面成立海南自由贸易港开发管理委员会,承担全省经济发展职能。六是推进司法体制改革。以审判为中心推进刑事诉讼制度改革,建立多元化纠纷解决机制,建立与国际接轨的仲裁制度,培育多元化法律服务市场。七是中央政府充分授权。建议在中央的统一领导下,将经济类与社会类事权尽可能下放给海南,使海南充分自主地享有相应的管理权限。

第四,从自由贸易试验区走向自由贸易港的行动建议。尽快制定未来几年从区到港的行动方案,尽快在改善营商环境上取得重大突破,加快实行服务业项下的自由贸易政策,在提高资源利用效益上取得明显成效,加大海南自由贸易港建设起步阶段的财税金融支持,加快形成引才用才的独特优势。

(三)在海南全面深化改革开放专家座谈会上建言

2019年11月初,我接到省委正式通知,参加11月8日由国务院领导在海口主持召开的海南全面深化改革开放专家座谈会,研究讨论海南自由贸易港的政策和制度体系安排。这次会议规格很高,财政部、国家海关总署等在内的推进海南全面深化改革开放领导小组成员、领导小组办公室、有关部门负责同志都参加了会议。

1. 是要优惠政策还是要争取改革开放自主权？

我连续几天一直考虑，海南自贸港方案的核心是什么？我认为，关键是要赋予海南更大的改革自主权。开会前一天晚上，我才拿到中央相关部门形成的《海南自由贸易港建设总体方案》（讨论稿）。拿到材料后，我仔细看了其中的相关内容。第二天会议上，我做了"以制度创新的重大突破加快推进海南自由贸易港建设"为题的发言。我提出：

第一，制度创新的主要目标是赋予海南高度的经济自主权。一是建议赋予海南自由贸易港更大的改革开放自主权。主要包括：自由贸易港特殊地方立法权、对外经济合作自主权、经济政策制定自主权，以及与此相适应的行政管理权等。二是尽快授予海南一定的财税自主权。三是分步赋予海南充分的经济自主权。如授予海南一定的财税自主权，设立海南自贸港海关特殊监管区。

第二，制度创新的关键所在是中央对海南的充分授权。一是以充分授权打破现行体制与政策的矛盾。建议以《立法法》为依据，对海南自贸港以法律法规明确授权。二是对海南实行一揽子授权。建议由全国人大及国务院适时对海南进行一揽子法律法规授权，以使海关、财税、金融等重要制度创新尽快取得重大突破。

第三，制度创新的特别之举在于实行特殊行政体制安排。一是授权海南自贸港实行特殊行政体制。建议赋予海南实行特殊行政体制安排的权力，支持海南探索建立适应全球最高开放水平的行政体制。二是建议对海南现行行政体制进行大胆创新设计。建议按一级行政建制的目标，分两步调整行政区划；建议大幅精简省级政府机构,加快推进法定机构化重构;建议支持海南探索政务官和事务官分类管理制度,改革现行干部考核机制。三是建议出台海南自由贸易港行政体制改革行动方案,作为《总体方案》实施最重要的专项配套方案,授权海南采取特殊行政体制安排,为加快建设海南自贸港提供重要制度保障。

2. "老迟恨不得明天就建成自由贸易港"

我在专家座谈会上直言,中央宣布探索海南自贸港建设已近两年,尽管自由贸易港政策和制度体系的探索创新一直在推进,但内外资本和市场主体仍有疑虑、仍在观望,本地百姓中也出现了一些声音。例如,物价太高是长期困扰海南的一个问题,尤其是蔬菜肉类水果的价格明显高于北京,而海南居民的实际收入又远低于北京。

在这样的背景下,怎么尽快做出海南自贸港建设的"早期安排",怎么使老百姓分享自由贸易港建设红利?我也提了四点建议。

第一,建议从2020年开始对部分进口商品和服务实行零关税政策。例如,对医疗健康、文化娱乐、旅游、教育、科技研发、会展等现代服务业发展所需原材料、基础设施配套设备和用品进口实行"零关税";与香港联手打造免税产业链,加快建设具有世界影响力的国际旅游消费中心。

第二,建议在人才体制创新上做出"早期安排",以取得广揽人才的"早期收获"。从2020年开始,首先对医疗、教育等现代服务业与高新技术产业等行业的个人所得税实行最高不超过10%

的税率；尽快设立服务于海外中高端人才的海南自贸港移民事务管理机构，保障海外高端人才的住房、医疗、子女教育等服务，并有序放开菲佣等外籍劳工入琼，为中高端人才提供专业化家政服务。

第三，建议以高新技术产业开放的"早期安排"取得"智慧海南"建设的"早期收获"。 分类、分级、分流向、分阶段加快推动数据跨境流动自由化便利化，推动海南自贸港数字经济和数字贸易率先发展。

第四，我建议按照"加快"的要求，能加快就加快，能做的事情尽快做起来。 由此，形成加快推进海南自由贸易港建设的合力。

我发言结束后，国务院领导同志说，"老迟对海南感情很深，恨不得明天就建成自由贸易港"。

（四）我对《总体方案》的学习理解

2020年6月1日，《海南自由贸易港建设总体方案》（以下简称《总体方案》）公布。大家说给海南送上一份最珍贵的节日礼物。海南是最年轻的省，但是为这件事情盼了30多年。习近平总书记重要指示，在海南建设自由贸易港，是党中央着眼于国内国际两个大局、为推动中国特色社会主义创新发展作出的一个重大战略决策，是我国新时代改革开放进程中的一件大事。① 这两个"大"——重大战略决策、一件大事，怎么理解？

---

① 《要把制度集成创新摆在突出位置　高质量高标准建设自由贸易港》，《光明日报》2020年6月2日。

1. 解读《总体方案》

2020年6月1日《总体方案》一公布,当天下午,我就给中改院全院同事作了专题讲座"打造引领我国新时代对外开放的鲜明旗帜——学习《海南自由贸易港建设总体方案》的体会"。

2020年6月6日第十一期"天涯商道"邀请迟福林院长学习解读
《海南自由贸易港建设总体方案》

据我了解,各方对学习解读《总体方案》的需求非常大。为了让更多人了解、学习、参与自贸港建设,我决定在中改院举办一次规模较大的公益性专题讲座。6月6日,由海南改革发展研究基金会联合相关机构共同举办的第十一期"天涯商道"活动在中改院学术交流中心举办。我以"建设高水平的自由贸易港"为主题,围绕"建设海南自由贸易港是国家重大战略""海南自由贸易港政策与制度安排的突出特点""建设海南自由贸易港的开局之举"三个方面谈了我个人的学习体会。让我没有想到的是，那天是星期六，居然来了800多人，中改院学术交流中心一楼多功能厅都挤不下，临时加开了2个会议室，供大家听讲座。这让我很感慨，说明大家对这个方案是非常期待的，对于方案的解读也有很大需求。会后，一位青年人走上前来和我合影，"迟院长，我看了您在《朗读者》的访问，我很受鼓舞，去年通过人才引进来海南的。今天听您的讲座我很受启发！"

讲座结束后，海南卫视《潮起海之南》把录制下来的视频制作成20多分钟的片子，四天后播出了。在得到广泛关注的同时，在省里也带来了一些争议，这让我对解读《总体方案》更加慎重。

2. 在省政协的讲座中提出建设自由贸易港的十大思考

有一次在省里开会，省政协主席、党组书记毛万春走到我身边，请我给省政协作一次解读《总体方案》的专题讲座。我当时问他："我讲合适吗？"他说："有什么不合适的，你讲最合适。"7月6日下午，我以"建设高水平的海南自由贸易港"为主题，谈了谈我对推进海南自由贸易港建设的十大思考。

第一，处理好"重要开放门户"战略目标与"三区一中心"战略定位的内在关系。我认为"打造引领我国新时代对外开放的鲜明旗帜和重要开放门户"，是中央建立海南自由贸易港的重大战略目标，是海南自由贸易港的重大战略任务。"三区一中心"是海南自由贸易港发展的战略定位，是实现战略目标的基本要求。战略目标与战略定位是相互联系、相互依赖的两个方面。实现战略目标，是实现战略定位的重大推动力；夯实战略定位，是实现战略目标的重要基础和条件。战略目标和战略定位有着内在联系，只有从战略目标出发，才能了解战略定位的重要性；只有把战略定位做好了，才能为实现战略目标打下重要基础。

第二，把握好高水平开放与制度集成创新的融合关系。一方面，高水平开放重在推进制度型开放。我国扩大开放的重点是制度型开放，扩大开放的重要标志是制度型开放；制度型开放是更高水平的开放，是以服务业为重点的开放，是以适应国际经贸规则重构为特点的开放。制度型开放的重点，是推进规则、规制、管理、标准等与国际通行做法对接。另一方面，制度集成创新是高水平开放的内在需求，具有系统性、融合性的主要特点。把握制度集成创新的着力点，核心是"集成"，以形成制度创新的放大效应。落实自由贸易港的政策与制度体系安排重在制度集成创新。再者，要按照高水平开放的要求推进制度集成创新，包括以"五大自由便利"为重点的制度集成创新；高效率行政体制的制度集成创新；相关立法的制度集成创新；司法体制的制度集成创新。

第三，利用好国内与国际两个市场的优势。处理好海南自由贸易港建设中的国内与国际两个大市场，是十分重要的事情。首先，要发挥背靠14亿人国内大市场的突出优势，使国人不出国门就能享受国际化产品与服务。其次，海南自由贸易港要面向国际市场。从长远看，要形成具有国际竞争力的开放政策和制度，积极吸引全世界投资者到海南投资兴业，集聚全球优质生产要素与企业，提升对全球及区域产业链、供应链、价值链的管理服务能力。从短期看，要尽快提升海南经济流量，形成以东南亚为重点的境外经济腹地，在加快自身经济和产业发展的同时，尽快培育具有海南特色的合作竞争新优势。再者，充分利用特殊的政策与制度安排，使海南自由贸易港逐步成为国内市场与国际市场的重要连接点。一方面，充分利用特殊开放政策与制度安排，有效破解国内居民对服务型消费"有需求、缺供给"的突出矛盾，使海南成为释放内需潜力的重要承载地。另一方面，要充分利用中央赋予海南的贸易投资自由化便利化、税收等政策与制度，更加积极地参与国际分工、拓展国际市场，推动自身产业转型升级。

第四，处理好海南自由贸易港建设中政府与市场的关系。政府在经济领域的主要职责是制定规则、标准，推动市场有序放开。以免税购物为例。未来，政府的主要职责是制定免税购物市场标准、严格监管，实现企业间的充分竞争、平等竞争。只有这样，才能尽快形成免税购物的市场体系。要在维护公平竞争的市场环境中更好发挥政府作用，同时，最大限度地激发各类市场主体活力。经济活动要遵循市场经济规律，尤其是要搞活市场、搞活经济，更要注重遵循市场经济规律。

第五，把握好"放得开"与"管得住"的关系。一方面，"一线完全放开、二线高效管理"是国际自由贸易港的突出特征。另一方面，"放开、搞活"是海南自由贸易港建设最大的实际需求。我认为，"管得住才能放得开"，这句话从原则上讲是对的，但"管住"不是"管死"，不能把"管得住才能放得开"绝对化。

海南自由贸易港建设初期，"一线"全面放开更具迫切性、战略性。海南是一个岛屿经济体，在缺乏市场流量、产业基础比较薄弱的情况下，如果将"二线管住"作为开局阶段的首要任务，就难以实现海南自由贸易港建设开篇布局的突破。未来，我国面临的国际形势将更加复杂，能否利用重要时间窗口期，在海南自由贸易港开局的头几年实现"一线"全面放开，是搞活市场、搞活经济，提升物流、人流、资金流的关键。此外，要在"一线"放开中逐步形成"二线"高效、科学管住的制度安排。这需要从实际出发，处理好"一线"与"二线"的关系，在"一线"放开中逐步明确"二线"管理的重点、措施、制度。

第六，处理好"早期安排"中重点园区建设与全岛产业发展的关系。 当前，产业基础薄弱仍然是海南自由贸易港建设面临的突出矛盾。2019年，海南服务业增加值3129.54亿元，仅相当于上海的11.2%、北京的10.6%、广东的5.2%。① 为此，要把重点推进园区建设与加快产业发展，尤其是服务业市场开放作为"早期安排"的重中之重。"早期安排"政策向重点园区倾斜的目的是拉动相关产业发展。一方面，由于海南市场体系不完善，以重点园区为主承接"早期安排"政策对产业发展具有一定的带动作用。另一方面，园区发展的关键也在于产业。"早期安排"要注重产业发展的全岛布局，调动全岛各个方面，尤其是调动市县的积极性。要以产业为重点统一规划全岛资源和空间布局，优化整体资源配置、完善城乡分工体系，实现"六个统一"，显著提升包括市县、农村在内的全省资源利用效益，形成海南发展的整体优势。

第七，着力处理好海南自由贸易港建设中城市与农村的关系。 海南自由贸易港的实施范围为海南岛全岛，意味着包括农村。但是海南农业现代化程度较低，尽管已经基本实现了"品种革命"，

---

① 根据《中国统计年鉴2020》计算。

但是农业的生产方式、组织方式、运输方式尚未发生重要变革。工业化程度低，严重影响了生产关系、生产方式的变革，并使热带农业价值大打折扣。落实《总体方案》所提出的"打造全球热带农业中心"，是一篇需要着力破题的大文章。海南80%的土地、60%的户籍人口、20%的产业在农村。由于发展相对滞后，再加上城乡关系尚未有实质性突破，土地资源利用效率比较低下。充分释放农村资源潜力，关键是制度创新。现代农业是农村发展的主线，土地是核心，人才是关键。在建设海南自由贸易港的背景下，如果农村改革不出大招、实招，如果不采取某些特殊办法，就难以真正搞活农村市场，难以充分释放海南巨大的土地资源潜力。

第八，客观判断海南自由贸易港建设面临的短期风险与中长期风险。海南自由贸易港开局确实面临着某些风险，从服务国家重大战略出发，如何客观判断自由贸易港建设面临的风险，还需要研究：在海南产业基础薄弱、市场流量不大、营商环境有待改善的特定背景下，如何尽快改善营商环境、如何尽快采取相关重大举措，增强海南自由贸易港的吸引力？在疫情严重冲击经济全球化和国际政治经济格局深刻复杂变化的特定背景下，吸引境外投资者，尤其是有实力的企业来海南自由贸易港投资，存在很大的不确定性。在这样一个大环境下，建设海南自由贸易港既具有迫切性、战略性，又凸显严峻性、挑战性。客观、清醒地估计海南自由贸易港建设的短期风险和中长期风险至关重要。要在把握什么是短期风险、什么是中长期风险的基础上从长计议；客观分析判断哪些是主要矛盾、哪些是次要矛盾，哪些是常规性问题、哪些是突出问题，不能把常规性问题变成主要问题。唯有这样，才有利于客观分析矛盾与问题，从而找出解决这些矛盾与问题的有效办法。

第九，解决好现行体制与政策落实的关系。政策与体制不协调是海南改革发展的突出矛盾。从海南建省办经济特区30多年实践看，只赋予某些政策和推进产业开放而没有重大制度创新，没有充分的改革开放自主权，很多特殊政策是难以落实到位的。关键是形成想干事、能干事的发展环境与制度安排。海南要在中央和国家有关部门的支持下，"大胆试、大胆闯、自主改"，开创海南自由贸易港建设新局面。要尽快形成与建设海南自由贸易港相适应的发展环境。同时，加快在行政体制改革、公务员管理制度改革等方面推出重大举措，形成行政效率明显提升的体制保障。此外，尽快出台《海南自由贸易港法》，作为海南自由贸易港建设的主体法。

第十，客观总结建省办经济特区的历史经验与全面吸取历史教训。建省办经济特区之初，产生海南"房地产泡沫"的重要原因在于当初走向大开放期望的落空。客观地讲，房地产是一个表层现象而不是问题根源。如果只是把"板子"打在"房地产泡沫"上，就很难抓住问题的本质。实践一再说明，扩大开放才是海南最大的希望。产业开放与产业发展是吸引人才、投资的基础与前提。没有产业项目，难以找到产业投资机会，使得大多数短期资本炒股票、炒房地产。现在有一部分短期资本已开始进入海南，要尽快出台产业项目清单，引导投资，发展产业。人才引进重在政策与制度创新。"十万人才下海南"，当时一项制度创新起了重大作用，即只要是专业人才，来海南可以重建档案。总结实践经验，要吸引大批人才并真正发挥其才能，关键靠人才发展的制度创新，靠企业主体，靠市场活力。

◇三 为自由贸易港建设重大问题建言献策

习近平总书记"4·13"重要讲话已3周年。如何按照总书记的要求加快推进海南自由贸易港建设进程，如何加快落实《总体方案》中提出的重大任务，是摆在海南面前的重大课题。我认为，完成好这一特别之事，需要有非常之举，需要在一些重大领域和关键环节实现重要突破。为此，中改院就海南自由贸易港建设进程中涉及的重大问题开展专题研究，积极建言。

2020年4月13日，中改院联合中国特色自由贸易港研究院、海南省社会科学界联合会、海南省社会科学院、中国南海研究院共同主办"加快推进海南自由贸易港建设"论坛

（一）以特别之举办特别之事：实行特殊的行政体制安排

2018年"4·13"后，习近平总书记多次在重要国际场合对海南自由贸易港建设提出"加快"的要求。当前，多方担心和疑虑的焦点集中在海南现行的政府管理体制与政府工作效率能否担负起自由贸易港建设的重任。从现状看，确实面临着某些突出矛盾：例如，行政体制与高度开放的需求如何相适应；现行的中央与地方经济关系如何有利于全面开放政策的落地，等等。对此，我认为，在海南建立与最高水平开放形态相适应的行政架构，不是一般的修修补补，而是要以优化行政权力结构为重点推进行政体制的重大改革，由此为"加快进程"提供重要体制保障。

2020年4月13日，中改院等主办的"加快推进海南自由贸易港建设"论坛，引起媒体广泛关注

1. 提出建立海南特别经济区的设想

2019年7月，围绕如何落实习近平总书记多次强调的"加快进程"要求，如何实质性解决政策与体制的突出矛盾，理顺海南与中央部委的关系，以支持海南大胆试、大胆闯、自主改，中改院向中央提交了《加快探索建设海南自由贸易港进程 实行特殊的行政体制安排（9条建议）》。

这份建议提出了在全岛建立海南特别经济区的设想。起初提出这个概念的时候，有领导和专家就提出来，这与经济特区、特别行政区有什么区别？我提出，一方面，建立海南特别经济区，核心是要实行特殊的行政体制，是在总结海南建省办经济特区30多年经验的基础上，适应新形势、新目标、新要求，对经济特区行政管理体制的一次重大变革；另一方面，海南特别经济区是在中央统一领导下、在保持基本制度不变的前提下，建立中央授权的行政管理体制，这是与香港、澳门特别行政区最大的区别。主要建议有：

第一，赋予海南高度的经济社会行政管理权。经中央授权，建立适应海南自由贸易港建设发展需求的、高效率的行政管理体制；中央政府赋予海南高度的经济自主权、行政管理权、社会治理权和特殊的立法权、司法权。这样，既有利于协调海南与中央各部委的关系，更好地利用国内资源；也有利于提升海南行政运行效率。

第二，授权海南按照境内关外的原则处理与境外的经贸关系。建议中央授权海南在投资、贸易、金融、航运、通信、旅游、文化、体育、医疗等领域，同相关国家、地区保持和发展经贸关系，由此全面对接国际市场。

第三，在海南全岛设立国家海关特殊监管区。一是以实现"双自由、双便利"为目标。即在有效防范风险的前提下，既要面向国际市场又要服务国内近14亿人的内需大市场；既要保证海南与境外市场在各要素流动上的自由和便利，也要保证海南与内地市场在各要素流动上的自由和便利。二是探索实行"分线管理、分类监管"的模式。为保证海南与内地市场的自由、便利流通不受影响，要创新自由贸易港"一线放开，二线管住"的传统监管模式，对人员、货物、服务、资金的进出岛、进境出岛、进岛出境三个流向实行分类监管的模式。

第四，加快建立与海南自由贸易港建设相适应的财税体制。加快探索建设海南自由贸易港进程，重在理顺中央与海南的财税关系。当前，加快海南自贸港建设进程，吸引国际投资、国际化人才进驻，很大程度上取决于能否尽快形成具有国际竞争力的税收体系。从全域自贸港建设需求出发，借鉴国际经验，海南要实行一套有别于内地、具有国际竞争力的财税体制。建议将税种开征权、税收减免权、税率调整权下放给海南，以支持海南加快自由贸易港建设进程。

第五，积极探索与行政体制改革相适应的司法体制改革。随着海南自由贸易港开放范围、广度、深度的不断扩大，将会有更多的境内外企业进驻海南，各类国际性民商事纠纷与案件也会不断增多，迫切需要加快推进与自由贸易港建设相适应的司法体制改革。建议将与国际惯例接轨的司法体制和统一高效的行政体制相融合，推动海南形成法治化、国际化、便利化的营商环境和公平统一高效的市场环境。

第六，为海南自由贸易港实行特殊行政体制提供法律保障。建议在《海南自由贸易港法》中明确在海南实行特殊的行政体制、赋予海南高度的经济社会行政管理自主权、改革开放自主权以及特殊的立法权、司法权。在《海南自由贸易港法》尚未颁布前，为使海南自由贸易港建设尽快取得重要突破，建议由国务院授权海南采取特殊的行政体制安排。

2019年6月29日，我受邀参加海南省委召开的"中国特色自由贸易港政策与制度体系的建议"专家咨询会。在会上我再次提出，加快探索建设海南自由贸易港进程，关键取决于制度创新上要有"非常之举"。建立海南特别经济区是行政体制改革的"非常之举"，是"制度创新"的重大突破。由此，将在多方面产生重大影响。

2019年9月，国家发展改革委地区经济司联系我院，他们正在研究制定《海南自由贸易港建设总体方案》，请我院就治理体系的相关内容开展研究。10月，我们形成了《高度开放下的有效治理——海南自由贸易港治理体系建设的重大问题（30条建议）》。在我看来，海南自由贸易港治理体系建设的重中之重是创新政府治理。经济治理、社会治理的成效关键取决于政府治理的重要突破。为此，海南要解放思想，大胆创新，把行政体制重构作为海南自由贸易港治理体系建设的"特别之举"，把行政区划调整、行政建制重构、行政机构改革、行政人才制度创新作为重点任务，由此为加快探索建设海南自由贸易港进程提供行政制度保障。

2. 从"六个统一"到实行省一级行政建制

与国内其他自由贸易试验区不同，海南是在全岛 3.54 万平方公里范围内探索建设中国特色自由贸易港；与世界其他自由贸易港不同，海南是在农村占相当大的比重情况下建设自由贸易港。为此，海南的资源要素配置、城乡关系、行政区划结构等要与全岛建设自由贸易港相适应。我和同事们建议，要对海南现行行政体制进行大胆创新设计，分步推进，由此从根本上打破区域、城乡之间的体制壁垒，实现全岛资源利用价值最大化的发展目标。

第一，以"六个统一"为重点深化"多规合一"改革是务实之举。2013 年，中改院曾向省委省政府提交了《海南全面深化改革的重点突破（50 条建议）》，其中一条就是建议尽快在全省实施"六个统一"，即统一规划、统一土地利用、统一基础设施建设、统一社会政策、统一环境保护、统一重要资源开发。2015 年 6 月，中央同意海南省在全国率先开展省域"多规合一"改革试点。当年的 7 月，在中改院向省委省政府提交的《以"多规合一"改革形成海南发展新动力（26 条建议）》中，我们再次建议将"六个统一"作为深化"多规合一"改革的重大任务。虽然全省规划实现了统一，但在其他方面仍没有重要突破。我始终认为，如果仅仅是规划统一，那么就把"多规合一"改革给做小了。

海南全岛建设自由贸易试验区与自由贸易港以来，行政区划体制改革的需求不是减少了，而是明显增大了。我深知推进行政区划调整涉及方方面面的利益调整，其改革的阻力和难度非常大。在这个背景下，如何采取务实举措尽快实现改革的目标，成为我思考的重点。为此，我与我的研究团队形成了《以深化"多规合一"改革为主线推进海南行政区划体制改革（10条建议）》。这份建议得到了中央编办和民政部主要领导的批示。

我们认为，在现有行政区划不做大的调整前提下尽快形成"六个统一"的整体格局，稳妥易行、见效快。一方面，以"六个统一"为重点深化"多规合一"改革，有利于打破区域、城乡间的体制壁垒，明显提高全岛资源利用效益；有利于明显提高行政效能，并为按照"一个大城市"的思路推进海南行政区划体制调整与改革奠定重要基础。另一方面，以"六个统一"为重点深化"多规合一"改革，不涉及较大规模的行政关系变动，改革难度比较小，比较容易得到各方面的支持，形成改革合力；相比其他省份，海南土地面积小，人口少，19个市县总体处于低水平的均衡状态，又实行的是省直管市县的体制，推进"六个统一"，强化省级统筹，由此打破市县、城乡间的体制壁垒，相对比较容易；作为全国第一个省域"多规合一"改革试点，海南已经在空间规划统一方面迈出了重要一步，这为实现"六个统一"奠定了基础。

第二，率先实现大海口、大三亚的重点突破。我们建议服务于打造全省经济增长极的目标做局部行政区划调整。海南省第七次党代会报告明确提出，"提升区域协调发展水平，加快推进'海澄文'一体化综合经济圈建设"。为此，在不改变市县行政建制的前提下，为加快省会中心城市发展，建议将澄迈县的老城镇、文昌市的铺前镇等与海口市直接相联的部分乡镇划入海口市，由此做大做强北部经济增长极。服务于大三亚旅游经济圈建设，建议将三亚周边市县的部分乡镇划入三亚市，由此做大南部经济增长极。关于这个建议,其实早在2004年,中改院就在形成的《建立三亚旅游经济区》研究报告中提出以三亚市为中心,建立包括三亚、保亭、陵水、乐东在内的"三亚旅游经济特区",实行与之相适应的"以市联县"的特殊管理体制。

第三,按照"全岛一个大城市"的思路形成省下辖六大区域中心城市的行政格局。早在2009年6月,海南省正在编制全省城乡一体化总体规划,中改院接受委托并研究形成《海南省城乡一体化体制机制与政策研究报告》。该报告提出了"省下辖五大区域性中心城市"的方案设计。当时的设计思路是:从全岛城乡独特资源整合优化、统一开发利用的内在要求出发,突破原有市县行政区、农垦分治的格局,以海口、三亚、五指山、琼海、儋州为中心,合并相关市县,形成"省下辖五大区域性中心城市"的行政格局,强化省一级政府在战略资源统一开发的控制权、熨平地方基本公共服务差距的实际能力。

2018年4月,中央12号文件提出"推进海南行政区划改革创新,优化行政区划设置和行政区划结构体系"的要求。考虑到2012年三沙设市以及其在我国经略南海中的特殊作用;还有少数民族地区对行政区划调整的不同意见,我们在以往研究基础上,提出形成海南省下辖东、西、南、北、中、海上六大区域中心城市的行政格局,即形成大海口、大三亚、大琼海、大儋州、大五指山、三沙市。岛内的五大区域中心城市"撤县(及县级市)改区",建立统一的市辖区格局;在行政区划调整的同时,明确少数民族地区享受的扶持优惠政策保持不变。

**第四,除三沙市外,其余五个中心城市"撤市改区",全面实

行一级行政建制。为何建议实行一级行政建制，主要是基于四个方面的考虑：一是全域型国际自由贸易港实行一级行政建制，为海南行政建制重构提供了重要参考经验。例如，实行极简的行政建制成为中国香港、新加坡等全域型自由贸易港实现高效政府治理的重要保障。二是在海南实行省一级行政建制，可以从根本上打破城乡、区域之间的行政壁垒和体制束缚。通过强化省级政府统筹全省经济、社会、环境、海洋等资源利用的能力，大幅度提高资源配置效率，由此实现资源利用效益最大化的目标。三是推进行政建制重构涉及大量行政机构的撤并、优化、调整和行政人员的精减，有利于大幅度提高行政效能，加快建立与海南自由贸易港相适应的高效行政管理体制。四是相比其他省份，海南土地面积小，人口少，又实行的是省直管市县体制，推进行政建制重构，强化省级统筹，由此打破市县、城乡间的体制壁垒，相对国内其他省份比较容易。

3. 建议成立海南自由贸易港经济委员会

2018年6月18日，我在省长主持召开的省政府专题会议上直言，海南行政效率问题各方是有议论的，评价是不高的，长期以来饱受诟病，对此要有清醒的认识。有的企业家抱怨，目前海南政府办事效率低、决策执行力不高，基层"吃拿卡要"少了，但办事却难了。有些事情在杭州最多跑一次，在海南跑十次甚至更多次都难以解决。在我看来，政府效率不高是制约海南营商环境的重要因素。改善营商环境，提高政府效能，关键要在行政管理体制改革上实现重大突破。

在2017年8月我院形成的《建立海南自由港——方案选择与行动建议（20条）》中就提出了尽快建立适应自由港的双重管理体制。建议海南自由港可以采取"全岛搞自由港，特定产业进开发区"的模式，形成开发区负责经济发展，地方政府负责社会管理与民生改善的模式。

在2018年12月形成的《海南自由贸易港初步设想（研究建议60条）》中又提出实行双重开发管理体制。主要思路是：鉴于海南省目前的状态，从自由贸易港长远发展考虑，建议在过渡阶段实行双重开发管理体制，待条件时机成熟时，再考虑设计新体制。一是在省级层面成立海南自由贸易港开发管理委员会，承担全省经济发展职能。二是经济管理部门实行专业化、市场化、法治化运作。省市经济管理部门实行法定机构运作模式，拥有相对独立的财政管理权；管理人员实行聘任制，不按公务员管理，采用企业化、市场化的用人制度。三是将海南各级政府的工作重点转到创造良好营商环境、提供优质公共服务、加强社会治理上来。

2020年6月1日，习近平总书记对海南自由贸易港作出重要指示，强调"要把制度集成创新摆在突出位置"。按此要求，省委就海南自由贸易港制度集成创新任务列了17项参考题目，并要求主要围绕这些领域开展系统研究。我作为自由贸易港咨询委员会专家成员，承担《制度集成创新研究参考题目》中的第一项"党政机关和法定机构的设置、职能、权限、流程等制度集成创新"研究。考虑到行政机构改革的复杂性、敏感性，我提出了以增量带动存量改革的思路，而这个增量的关键举措就是设立海南自由贸易港经济管理委员会。于是，6月17日，中改院课题组形成了《建立与最高水平开放形态相适应的高效率行政体制——关于海南行政体制改革研究建议（18条）》。在"18条建议"基础上，我们又进一步研究，聚焦重点，形成了《加快建立海南自由贸易港经济委员会（8条建议）》，就海南自由贸易港经济委员会设立的目的、职能、路线等问题进行了系统阐述。主要观点和建议有以下八条。

第一，建立与最高水平开放形态相适应的高效率行政体制。当务之急是尽快在省级层面建立法定机构性质的海南自由贸易港经济委员会，以此打造专业、高效、灵活的执行系统。

第二，海南自由贸易港经济委员会在法定职权范围内依法开展相关业务。独立承担法律责任，不受行政机关及其他机构的干涉，在经费总额控制与职责明确的前提下享有充分的管理、人事聘用和财务自主权。主要负责内外贸易、国际经济合作、招商引资、总部经济、产业促进和口岸运营等。

第三，实现海南自由贸易港经济委员会权责法定。建议由省人大出台《海南自由贸易港经济委员会条例》，明确其法律地位、职能权限、运行机制、人事管理、财务监管、考核评价以及与相关机构的关系、主要负责人的产生和免职、经费来源、活动管理、监督、变更和撤销等内容。争取《海南自由贸易港法》予以明确或授权海南省人大决定建立海南自由贸易港经济委员会。

第四，实行严格的法人治理结构。建议由省委省政府主要领导担任海南自由贸易港经济委员会理事长。这样，既有利于协调海南自由贸易港经济委员会与现有行政机构的关系，也有利于更好地利用省内外资源，提升运行效率。海南自由贸易港经济委员会实行"理事会+职能部门"的扁平层级组织架构。理事会为海南自由贸易港经济委员会的决策机构，直接对省委省政府负责，不参与职能部门的日常经营活动；理事会其他成员由政府部门代表、知名专家、企业代表、行政执行人等组成。按照因需设立、经济优先的原则，下设若干职能部门，在明确相关职责的前提下负责经济领域的具体执行事务；职能部门实行全员岗位聘任制及市场化薪资，最大限度释放人才活力。其中，主任作为职能部门负责人，由理事会向全球招聘产生。

第五，建立以法定机构为主体的高效执行系统。聚焦贸易投资自由化便利化，建议尽快在专业性要求比较强、自由贸易港建设需求急迫的领域设立法定机构，作为海南自由贸易港经济委员会的具体执行部门，实行企业化管理、市场化运作、目标绩效考核，防止法定机构行政化。

第六，推动决策、执行职能相对分离。在政府很多经济执行职能被海南自由贸易港经济委员会及法定机构执行体系承担的情况下，如何明确政府职能就成为一个重要问题。我们建议，适应海南自由贸易港建设需求，提高决策的科学性、运作的高效率，要按照决策与执行分离的要求重构政府职责体系。借鉴新加坡等自由贸易港的做法，结合建立海南自由贸易港经济委员会的实际情况，按照精简扁平的原则，整合分散在各部门相近或相似的功能职责，推动相近部门合并，并推进具体经济执行职能向外转移。同时，形成"大部门制"的行政架构。建议以公共服务与社会管理为重点，最大限度地整合分散在不同部门相近或相似的职责，推进"大部门制"改革，有效避免政府职能交叉和多头管理，提高行政效率。

第七，推进人事薪酬管理制度改革。适应海南自由贸易港建设需求与政府组织结构调整、职能转变的需要，打破人才管理行政化、封闭化的传统格局，以专业性、开放性为重点重构人才管理体制，形成政府效能提升的重要保障。例如，加快推进公务人员分类改革，进一步细分公务人员职组和职系，科学定岗、定编、定员；制定《职位说明书》，强化公务人员分类考核。同时，严格控制行政综合类公务员比例，在卫生、规划、教育、监管等专业性较强的领域全面推行技术类或领导职务岗位市场化聘任制，吸纳体制外优秀人才，激发体制内干部队伍活力。

第八，在《海南自由贸易港法》中赋予海南充分的行政体制改革自主权。建议在《海南自由贸易港法》中明确海南自由贸易港行政体制与运行机制基本原则的前提下，赋予其政府机构与法定机构设置的充分自主权。在《海南自由贸易港法》尚未颁布前，建议由国务院授权海南采取特殊的行政体制安排，尽快使海南自由贸易港行政体制改革取得重要突破。争取到2025年，与高水平开放相适应的"大部门决策+法定机构执行"的行政组织结构和运作模式基本形成；争取到2035年，"经济高度开放、行政高效运转"的行政体系和运作模式更加成熟。

（二）为海南自由贸易港立法建言

立法，是自贸港建设事关当前、立足长远的一件大事。海南自由贸易港立法要对标世界最高水平开放形态，加大力度为制度创新提供法律依据、法律支撑和法律基础。1988年海南省委省政府向中央关于建立海南特别关税区的请示中，就曾建议全国人大授权海南省人大制定《海南特别关税区法》，这是当时关于特别关税区立法最早的建议。

2018年6月，中改院在《尽快形成海南自由贸易港总体方案的建议（20条）》中提出要加快推进海南自贸港的立法工作，以特别法的形式明确海南自贸港的法律定位；尽快出台海南自贸港的配套法律法规。要尽快研究制定《海南自由贸易港基本条例》，建议国家赋予海南更大的立法权，这是推进海南自贸港建设与全面深化改革开放的客观需要。

从2019年3月15日十三届全国人大二次会议批准启动海南自由贸易港法立法相关工作到2021年1月4日《中华人民共和国海南自由贸易港法（草案）》全文公开向社会征求意见的这段时间，我和我的同事主要做了三个方面的工作：一是服务于全国人大和海南省的立法研究需求，形成海南自由贸易港立法总体思路的研究建议；二是就《中华人民共和国海南自由贸易港法（草案）》，主动建言献策；三是搭建各类研讨平台，为自由贸易港立法听取各方意见、凝聚社会共识。其中，形成的部分研究成果得到了全国人大主要领导的批示，在服务海南自由贸易港立法决策上起到了一定参考作用。

1. 承担全国人大财经委专项委托课题

2019年3月15日十三届全国人大二次会议上，"启动海南自由贸易港法立法调研起草工作"被写入全国人大常委会工作报告，这标志着海南自由贸易港法正式提上国家立法日程。这是事关海南自由贸易港建设的一件大事，是推进海南自由贸易港建设的重要保障。6月，受全国人大财经委委托，中改院承担"海南自贸港建设的中国特色与法治保障"研究。于是，我组织研究人员形成专题课题组开展研究，经过多次讨论与修改，最终形成《推进海南自由贸易港立法总体思路研究（30条建议）》并报送给全国人大财经委。

11月5日，全国人大财经委主任徐绍史来琼调研期间，专门莅临中改院就此课题进行座谈。徐主任对报告给予高度评价，"中改院提供了一个很好的报告，读这个报告确实学到好多东西，也启发我们思考更多的问题"。记得徐主任在座谈交流时提出，如果就用传统的一套思维来考虑自由贸易港建设的话，那距离就太大。他当时的一个提法让我很受启发，海南自由贸易港要成为"为全球设计的一个公共产品"。

在这份建议中，我们主要从海南自由贸易港建设的战略目标、海南自由贸易港立法的特殊性、海南自由贸易港立法涉及的重大问题进行研究。

第一，海南自由贸易港立法的基本原则。首先，突出"中国特色"。一是加强党的领导；二是坚持社会主义基本制度；三是坚守政治体制的基本框架；四是打造一个党领导下的人类命运共同体的先行示范区。其次，对标最高水平开放。不仅要对标国际自由贸易港的一般规则，而且要对标世界最新及未来最高水平的经贸规则，把握全球经贸规则变化升级的趋势，为未来最高水平开放形态预留制度空间。最后，要服务于打造高效治理体系。最后，要有利于发挥海南独特地理区位优势与资源价值潜力。

第二，**海南自由贸易港立法的基本目标**。一是要紧扣中央赋予海南自由贸易港的服务重大战略目标，把"泛南海经济合作圈"相关重大事权纳入立法范畴，为发挥海南特殊作用提供法治保障，并进一步提升我国在泛南海区域中的经济、政治、安全治理话语权。二是要明确海南自由贸易港法律地位，以确保中央赋予海南的一系列政策与制度安排有效落地。三是要能倒逼海南开放创新，如将开放政策上升为法律，突破政策落实的体制机制掣肘，并以法律提升海南自由贸易港政策与制度的稳定性与可预期。

第三，**核心问题是赋予海南更大改革开放自主权**。考虑到我国自由贸易试验区实行的一些法律有关规定暂停实施、地方立法等措施难以有效保障自由贸易港高水平开放进程。这就需要通过中央地方立法修法等多种形式，理顺中央与地方关系，赋予海南更大的经济体制改革自主权。

第四，**重大任务是要确立海南自由贸易港特殊的行政体制、海关体制、财税体制与司法体制**。例如，我们提出明确海南为特别经济区的设想，建议建立大部门制与法定机构体系；在海关监管体制方面，建议赋予海南单独关税区的法律地位，并授权以"中国海南"名义加入国际经贸组织；在财税体制方面，建议立法确立"简税制、低税率"的安排；在司法体制方面，建议授权实行与国际接轨的仲裁制度。

第五，**《海南自由贸易港法》的基本特点**。例如，明确《海南自由贸易港法》作为海南自由贸易港建设的基本法的定位。建议在《海南自由贸易港法》中明确规定，"在海南自由贸易港区域内，现有的法律如与本法抵触，可依照本法规定的程序修改或停止生效"，并明确海南自由贸易港立法的法律效力高于部门规章制度及政府规定，确保港内特殊的政策体系和制度创新得到有效落实。

我们根据委托方的意见对"30条建议"进行了修改完善，并最终在2019年12月底正式结项。全国人大财经委在结项意见中写道：研究报告论证充分、观点清晰，提出的建议紧密结合海南实际情况，具有前瞻性和针对性，对于开展海南自由贸易港建设专题研究有重要借鉴意义。

2. 建言《海南自由贸易港法（海南建议稿）》

2020年6月20日，就在《总体方案》公布后没多久，调整后的全国人大常委会2020年度立法工作计划对外公布，《海南自由贸易港法》立法工作按下了快进键。全国人大加紧就《海南自由贸易港法》进行调研。同时，为配合全国人大做好《海南自由贸易港法》的起草工作，2020年，海南省人大常委会法工委组织人员起草了《海南自由贸易港法（海南建议稿）》。在这个背景下，继续深化《海南自由贸易港法》的相关研究并积极建言，成为我和我的团队当时的重点工作。

2020年7月6日，我收到了海南省人大常委会办公厅《关于征求〈海南自由贸易港法（海南建议稿）〉（修改稿）修改意见和召开海南自由贸易港法协助调研工作组专题会议的函》，希望就海南建议稿提出修改意见。对此，我们提出了以下四点建议。

第一，《海南自由贸易港法》的性质是主体法，起到某些基本法的作用。第二，基本目标是赋予海南更大改革开放自主权，从法律上理顺中央与地方关系，确保总体方案各项制度与政策安排尽快落地，服务国家重大战略。第三，突出两个特点。一是框架法，需要明确海南自由贸易港的基本内涵、法律地位与性质、行政体制框架、贸易与投资制度、财税制度、金融制度、海关制度等；二是授权法，就相关制度集成创新涉及的中央事权给予统一法定授权。第四，按照框架法的要求，内容宜粗不宜细，特别是部分过渡时期的政策不宜纳入本法当中；此外，在"5大自由+1大安全便利+税收制度"领域，建议作出框架性安排，并根据政策落实需要赋予海南相关权限；同时，按照探索建设与立法准备同步的原则，根据《海南自由贸易港法》的基本框架和原则推进更大力度的探索，并及时将探索成果法制化，逐步形成完善的自由贸易港法律体系。

2020年7月29日，省委主要领导主持召开海南自由贸易港法协助调研工作组会议，就《海南自由贸易港法（海南建议稿）》（讨论稿）听取汇报与意见。我受邀参加了这次会议。在会上，我又提了三点建议。

第一，把握立法的指导思想和重大背景。我理解，2020年6月1日，习近平总书记对海南自由贸易港建设作出的重要指示有三个关键词，也是对海南自由贸易港建设提出三大基本要求：一是"高质量高标准建设自由贸易港"；二是"要把制度集成创新摆在突出位置";三是"解放思想、大胆创新"。习近平总书记要求,"中央和国家有关部门要从大局出发,支持海南大胆改革创新"。《海南自由贸易港法》的立法工作,首先,要以习近平总书记重要指示为指导思想。其次,《海南自由贸易港法》要充分体现对标当今世界最高水平开放形态的要求,充分学习借鉴国际自由贸易港的先进经营方式、管理方法和制度安排,形成具有国际重要影响力、竞争力的立法,由此在我国新一轮高水平开放进程中产生重大影响、发挥特殊作用。最后,要充分体现打造"重要开放门户"的战略目标,使这个立法有利于促进海南与泛南海区域合作进程,有利于提升海南在泛南海区域中的影响力,有利于促进海南与东南亚区域合作,等等。

第二,把握《海南自由贸易港法》的四大特点。一是基本法的特点。重要目的是要规范、明确《海南自由贸易港法》和国内其他现行法律的关系,要对海南自由贸易港长远建设中涉及的重大问题作出法律规定。二是授权法的特点。一方面要在法律层面赋予海南更大改革开放自主权,确保《总体方案》的相关部署尽快落地;另一方面,要明确规定海南立法的基本权限。三是框架法的特点。《海南自由贸易港法》不是《总体方案》中政策与制度安排的简单罗列,而是要以《总体方案》为重要依托,对海南自由贸易港建设涉及的重大问题作出法律安排,宜粗不宜细。四是创新法的特点。《海南自由贸易港法》要形成支持海南全方位大力度推进制度集成创新的法律保障,促进海南解放思想、大胆创新,做成国内其他地区做不到或没有条件做的事情。

第三，关于《海南自由贸易港法》框架安排。一是《海南自由贸易港法》的总则部分，不应将"三区一中心"的海南发展定位等纳入，应重点突出《海南自由贸易港法》的立法目的、基本原则等。二是贸易投资自由化便利化安排。建议将贸易制度、投资制度、金融制度、运输制度、数据制度、税收制度等经济方面的制度安排整合调整，重点突出贸易投资自由化便利化制度集成创新。三是重点对建立与最高水平开放形态相适应的行政体制安排等作出明确规定，并赋予海南自由贸易港行政体制改革自主权。四是服务于建立专业、高效、权威的立法与司法体制的重大要求，对海南自由贸易港立法、司法体制做出框架性安排，并赋予海南更大立法权与特殊的司法权。五是海南自由贸易港社会发展和社会治理安排。可将关于生态环境、社会治理、风险防控等相关内容进行整合调整，明确原则、框架及要求，赋予海南探索共建共治共享的社会治理格局的相关权限。六是附则。可考虑将前面未纳入的关键内容作为附则。

3. 向全国人大提交立法建议

2020年9月，全国人大形成的《海南自由贸易港法（草案）》向海南省征求意见。10月，中改院在以往研究的基础上，向全国人大和海南省提交《〈海南自由贸易港法〉立法的思路性建议》。这份建议得到了全国人大和省委主要领导的批示。我们建议，《海南自由贸易港法》要从服务于将海南打造成为引领我国新时代对外开放的鲜明旗帜和重要开放门户的战略目标出发，充分体现对标世界最高水平开放形态的基本要求，对自由贸易港建设涉及的重大问题提供原则性、基础性的法治保障。

第一，要明确"母法"与"基本法"的定位。首先，《海南自由贸易港法》是海南自由贸易港法治体系的"母法"。在海南目前法律体系不完善、相关制度需要系统性调整的情况下，需要以《海南自由贸易港法》为基础逐步形成完善的与国际接轨的法律体系。从这个意义上看，《海南自由贸易港法》是海南自由贸易港法治体系构建的"母法"，其站位高度、相关内容等直接影响着以本法为基础出台的相关具体条例、政策的质量。要充分体现打造重要开放门户的战略目标，要充分体现习近平总书记提出的"解放思想、大胆创新"的重大要求；要充分学习借鉴国际自由贸易港的先进经营方式、管理方法和制度安排。其次，《海南自由贸易港法》是海南自由贸易港建设的"基本法"。《海南自由贸易港法》就是要明确海南自由贸易港建设的基础性制度体系，并在国家层面形成支持海南全方位大力度改革和实行最高水平开放政策的法律保障，确保实现中央在海南建立自由贸易港的战略目标；从法律上确定海南自由贸易港建设的战略目标、法律地位、基本原则等；将海南自由贸易港建设的制度体系以法律形式固化；规范海南自由贸易港建设中的中央与地方关系；规范《海南自由贸易港法》与其他现行法律的关系。

第二，要突出"最高水平开放法"的基本要求。《海南自由贸易港法》属于国内法域，在坚持宪法和法律基本原则的前提下，要充分体现世界最高水平开放形态这一本质要求，最大限度与国际规则接轨，成为我国一部"最高水平开放法"。为此，要对标国际成功自由贸易港的通行做法，对标国际高水平经贸规则，对标具有一流国际竞争力的营商环境。

第三，要突出"创新法"的鲜明特点。按着"解放思想、大胆创新"的要求，不仅要明确海南自由贸易港制度集成创新的重大任务，更要着眼于如何更好发挥制度创新的集成效应形成相关创新性安排，以此形成海南自由贸易港建设的大环境，并增强各方对海南自由贸易港建设的信心。

第四，要突出"授权法"的关键所在。海南自由贸易港涉及政策与制度的系统性调整，也就要求其与自由贸易试验区以行政授权为主、法律暂停实施的方式不同，而是要通过在法律上"一揽子"授权的方式，为海南自由贸易港政策落实与制度集成创新提供法律保障。建议赋予海南四大自主权，包括充分的经济管理自主权、行政体制改革自主权、更大的地方立法权和一定的司法管辖权。

4. 成立海南自由贸易港法律研究机构

2018年8月，海南省高级人民法院院长陈凤超找到我，提出省高院和中改院能不能合作成立一个专门做海南自由贸易区（港）的司法研究机构。我当即表示赞成。双方经过研究，10月25日，中改院和海南省高级人民法院正式签署合作备忘录，决定共同设立"海南自贸港司法研究中心"，开展合作研究、举办学术研讨、人员培训、联合调研、定期和不定期的学术交流活动等内容，务实推进双方合作。10月26日，在由中国特色自由贸易港研究院主办的"高标准高质量建设海南自由贸易试验区研讨会"开幕式上，举行了海南自由贸易港司法研究中心揭牌仪式。

2018年10月26日，海南自由贸易港司法研究中心揭牌仪式

为了深化海南自由贸易区（港）建设司法研究，同时切实落实海南自由贸易港司法研究中心开展研讨活动的工作安排，2019年4月9日，中改院与海南省高级人民法院合作举办了"海南自贸区（港）建设司法理论与实践探索"研讨会。最高人民法院副院长罗东川出席了本次会议。在这次会议上，我以"研究探索与中国特色自由贸易港相适应的司法体制改革"为题作了演讲，从推动泛南海经济合作进程、以服务贸易为主导建设海南自由贸易港、建设全域型自由贸易港三个方面提出了对海南司法体制改革的要求。

2020 年 5 月 22 日，应邀为 2020 年第一期"省司法厅自贸港大讲堂"系列专题讲座授课

无论是海南自由贸易港立法，还是司法都是一项全新的重大课题，对自由贸易港建设的重要性不言而喻，也需要聚集更多专业领域人才开展系统研究。为此，2020 年 8 月 15 日，中改院与国内最大的法律服务机构之一——国浩律师事务所经过多次协商后，正式合作设立中改院—国浩自贸港法律研究院。为方便运作，将其作为中改院的内设机构，致力于自由贸易港法律、法规、法学研究、咨询、培训和交流研讨，借助海南自由贸易港的各项政策和制度优势，依托中改院和国浩的学术资源、研究平台及专家团队，致力于打造具有广泛影响力和鲜明特色的自由贸易港法治研究和法律咨询的智力支持机构。

2020 年 8 月 15 日，中改院—国浩自贸港法律研究院正式揭牌

自贸港法律研究院成立当天就召开了"海南自由贸易港立法与司法体制创新研讨会"。与会专家学者围绕"海南自由贸易港立法体制创新""海南自由贸易港司法体制创新"等议题进行线上线下交流研讨。来自海南省委、省人大、省政府、省高院等部门，以及国内研究机构、知名高校共计 200 余名代表参加了本次研讨会。我在会上发表了题为《赋予海南充分的改革开放自主权——关于海南自由贸易港立法的建议》的演讲。研讨会结束后，我们及时将各位专家的观点形成会后综述，这份综述也得到了省委主要领导的批示。同时，包括中新网、新华网等国内主流媒体以"迟福林：《海南自由贸易港法》应是一部'最高水平开放法'"等为题进行了广泛报道。

2020年8月15日，举办"海南自由贸易港立法与司法体制创新"研讨会

2020年9月，在中改院—国浩法律研究院的一次办公会上，有同事问我，《海南自由贸易港法》的相关研究建议还要不要继续做。我当时强调，不仅要做，而且要高质量地开展相关研究，最好是能研究形成一份智库版的《海南自由贸易港法（草案）》。11月30日，中国特色自由贸易港研究院和中改院—国浩自贸港法律研究院在北京召开"《海南自由贸易港法（建议）》征求意见座谈会"。12月初，我们向省委提交了《关于海南自由贸易港法的若干建议》，得到了省委主要领导的批示。

5. 提交《海南自由贸易港法（草案）》的修改建议

2021年1月4日，《中华人民共和国海南自由贸易港法（草案)》（以下简称《草案》）全文公开向社会征求意见。为此，我组织研究团队就《草案》进行研究。1月18日，中改院—国浩自贸港法律研究院和中国特色自由贸易港研究院以线上线下的方式在海口联合举办《中华人民共和国海南自由贸易港法（草案）》立法建议座谈会。来自法学界、经济学界的专家学者围绕《草案》修改建议与海南自由贸易港法治体系建设开展研讨，并提出建议。1月20日，我们向全国人大提交了《关于〈中华人民共和国海南自由贸易港法（草案）〉的建议（18条）》《关于〈中华人民共和国海南自由贸易港法（草案）〉的修改建议》两份建议。这两份建议很快就得到了全国人大主要领导的批示。

1月26日，我受邀参加全国人大常委会法制工作委员会、全国人大宪法和法律委员会召开的"海南自由贸易港法草案两委座谈会"，我在线作了《形成一部"最高水平开放法"——关于〈中华人民共和国海南自由贸易港法（草案）〉的几点建议》的发言，主要观点有以下三点。

第一，立足国家重大战略需求，进一步明确本法的战略目标、立法目的和功能定位。建设海南自由贸易港，就是要发挥海南独特的地理和区位优势，打造我国面向太平洋、印度洋的重要开放门户，使海南在泛南海区域合作、亚太区域合作中扮演特殊角色、发挥重大作用。对此，建议在总则中明确提出"将海南自由贸易港打造成为引领我国新时代对外开放的鲜明旗帜和重要开放门户"的战略目标，以及"对标世界最高水平开放形态"的基本要求。同时，建议在总则中提出"在海南自由贸易港区域内，现有法律法规、部门规章如与本法相抵触，应当优先适用本法规定，或依据本法规定暂停实施"，体现本法作为海南自由贸易港"基本法"的特殊地位。

第二，对标当今世界最高水平开放形态，形成具有国际竞争力的开放政策与制度的法律安排。对标国际自由贸易港贸易与投资领域的一般特征，"自由便利的投资贸易制度＋零关税、简税制、低税率"是国际自由贸易港的突出特征。建议对草案中贸易、投资、税收、运输往来等制度进一步整合，形成框架性安排，并就重点内容进行调整。

第三，把握国际经贸规则发展趋势，形成对标国际高水平经贸规则的法律保障。把握由"边境上"向"边境后"转换大趋势，强化竞争政策、知识产权保护等规则安排。本法要服务于更大力度开放探索与压力测试的需求，对标CPTPP、中欧全面投资协定等，率先推动相关规则在海南自由贸易港内单边实施，使海南在亚太区域经贸合作中扮演越来越重要的角色。建议，在明确全面"零关税"、全面负面清单管理模式等"边境措施"外，更加强调竞争政策、知识产权保护、政府采购、监管透明度、劳工标准等WTO未能覆盖的"边境后规则"。

发言中，我提出本法是在尽可能加快立法程序的情况下起草并出台的，要兼顾海南自由贸易港过渡时期与长远建设的法律保障需求，应当说有一定难度。可否考虑采取"决定＋立法"的方式，由全国人大常委会尽快出台决定，为海南自由贸易港过渡期内的相关重大事项提供法律保障。同时，抓紧出台一部对海南自由贸易港长远建设具有基础性法律保障的"最高水平开放法"。

（三）疫情中建言以打造"健康海南"王牌形成自贸港开局新亮点

2020年春节期间，我时刻关注着新冠肺炎疫情的防控进展。这是继SARS危机后又一次严峻的突发性公共卫生事件。作为一名学者，我希望能够把自己长期研究积累和针对性的建议反映出来，为各方决策提供一些支持。一方面，面对重大公共卫生危机，如何以"人民健康至上"的治理理念应对危机、化解危机，成为国家治理体系和治理能力现代化面临的重大考验。另一方面，2020年是海南自由贸易港的开局之年，突如其来的新冠肺炎疫情打乱了整个国家甚至世界的经济社会秩序，在这种严峻考验面前，海南自由贸易港如何开局？我真的很着急，从大年初八开始，就与几位同事在办公室深入研究。

1. 疫情中思考海南自由贸易港如何危中寻机开新局

在我看来，疫情冲击下，关键是打好"健康海南"这张王牌，以特别之举形成"健康海南"的独特优势。对此，提出了三点判断。

第一，疫情在对旅游及相关服务业产生严重冲击的同时，也对"健康海南"提出迫切需求。2003年，海南成为全国"无疫区"之一，"健康岛"品牌初步树立。此次疫情后，海南将会成为健康旅游的热点区域。

第二，以"特别之举"打好"健康海南"王牌，将形成疫情

后海南自贸港开局的新亮点。这就需要依托海南资源环境优势与自贸港政策制度优势,尽快在公共卫生领域推出某些"特别之举",以加快提升海南医疗与公共卫生服务的专业化、标准化、国际化水平。例如,若医疗健康、旅游、文化娱乐等服务业全面开放,预计到2025年,海南医疗健康产业增加值占GDP的比重将提高到10%,医疗健康产业增加值将达到1200亿元左右;若海南人均旅游花费达到我国居民出境旅游花费水平,旅游总收入将达到5940亿元,是2018年的6.3倍。

第三,"特别之举"的重中之重是开放。加快医疗与公共卫生的全面、高度开放,既是补齐海南公共卫生与基本医疗服务这一突出短板的关键之举,也是在冲击、压力下形成海南自贸港良好开局的关键之举。尤其是在抗击疫情的背景下,自由贸易港的开放政策越早实行越主动。

基于以上三点判断,2020年2月20日,我和我的同事加班加点、系统研究,并且数易其稿,最终形成并向省委省政府提交了《以"健康海南"的特别之举形成疫情后自贸港开局的新亮点(8条建议)》。

专栏22 以"健康海南"的特别之举形成疫情后自贸港开局的新亮点
(8条建议)(提纲)

第一,抓住机遇,尽快把博鳌乐城国际医疗旅游先行区部分政策在全省范围内实施;

第二,主动争取在海南建立中日医疗健康合作区;

第三,自贸港"早期安排"政策向医疗健康领域倾斜;

第四,加快公共卫生与医疗教育开放进程;

第五,加快建立具有国际一流水准的公共卫生大数据平台;

第六，把加强公共卫生服务体系建设作为海南"十四五"规划的重大任务；

第七，以强化居民公共卫生行为习惯为重点形成社会文明大环境；

第八，率先建立直属省长领导的公共卫生风险防控体系。

资料来源：中改院课题组。

"8条建议"提交后，很快便得到了省长的重要批示，并指示分管医疗的副省长就"8条建议"具体研究讨论。2月28日，这位副省长组织省卫健委、省委宣传部、省委编办、大数据管理局、药监局、疾控中心等相关部门，就如何推动"8条建议"落地进行专题讨论。

2. 为海南疾控体系改革建言

2020年5月，海南省卫健委与我院联系，提出省政府即将就海南省高标准建设疾病预防控制体系建设出台重要文件，委托我院先形成一个代拟稿。为此，我组织研究力量加班加点，形成了《海南省高标准建设疾病预防控制体系的若干意见》。后期，我们在代拟稿的基础上，再次深化研究形成了《高标准建设海南自由贸易港疾控体系的建议（8条）》。适应自由贸易港建设需求，提出了疾控体系改革的总体思路和阶段目标。

到2022年，利用海南自由贸易港的改革自主权，加快改革全省疾控体系管理体制、运行机制和保障机制。改革的具体目标是：全省疾控机构横向统筹、纵向一体的管理体制初步建成，疾控机构法定化改革取得重要进展，全省一盘棋的疾控资源区域布局基本形成，重大疫情和公共卫生风险早发现、早研判、早预警、早防控的能力明显提升。

到2025年，全省疾控综合能力达到国内发达省区平均水平，主要指标达到国内一流水平。改革的具体目标是：平战结合、专业化、复合型、高素质的疾控人才队伍基本形成；疾控体系网底织密扎牢，国际卫生检疫合作和国际疫情信息及监测预警的防控体系初步形成，国际旅行卫生保健体系基本建立；疾控体系科研和人才培养支撑显著强化，省疾控中心初步成为泛南海地区的疾控知识中心、疾控人才培养中心、疾控技术中心、疾控信息中心和疾控区域合作中心。

到2030年，全省疾控体系基础设施、技术装备、人才队伍和综合能力达到国际先进水平。改革的具体目标是：全岛同城化、集中统一、响应迅速、科学精准、联防联控、多元参与、国内一流、国际先进的自贸港疾控格局基本形成；财力保障制度完善定型，财政资金与医保资金融合保障公共卫生的新机制不断完善，疾控体系建设多元化融资格局基本形成；科研和人才培养能力达到国内一流、国际先进水平。

3. 努力促成中日医疗健康产业项下合作

这几年，几次到日本参观、调研的经历给了我很大的启示。我到日本的大药房去，90%以上的消费者都是中国人；日本用干细胞治疗癌症，技术已经十分成熟，而且已经纳入日本的医保。如果国人到日本做这项干细胞治疗，除了医疗费用，加上照护、交通、住宿等，起码要花费数百万元。如果能引进到海南，这将大大减少成本、造福国人。有数据显示，2020年全球新发癌症病例1930万例，其中中国新发癌症457万人，占全球23.7%，由于中国是世界第一人口大国，癌症新发人数远超世界其他国家。① 这几年，我也请好几家日本知名医疗机构到海南交流，希望促成中日医疗健康产业项下的合作在海南落地。

应该说，中国改革开放40多年来，实现了由短缺经济社会向消费新时代的历史性跨越，14亿人的健康服务需求全面增强，健康服务业发展成为消费新时代的重大任务。在这个特定背景下，深化中日医疗健康产业合作，将释放中日经济贸易合作的巨大潜力。海南建设自由贸易港，加快健康服务业市场开放是重大任务。因此，无论是从现实需求，还是从长远看，中日医疗健康产业合作在海南大有可为。为此，我在多种场合呼吁在海南尽快开展中日医疗健康产业项下合作。

第一，我国健康服务消费需求快速增长带来重要机遇。 随着我国城乡居民收入水平的不断提高，城乡居民消费结构由物质型消费为主向服务型消费为主加速升级，突出表现为在养老、养生、保健、康体、疗养、康复等健康服务型消费的全面快速增长。中国老年人口规模的长期持续快速增长，带来了巨大的医疗健康和养老服务需求。预计到2030年，我国60岁以上人口占比为25%。有报告提出，到2050年，我国60岁及以上人口将达到4.8亿，约占届时亚洲的2/5、全球的1/4，比现在美、英、德三个国家人口总和还要多。② 从最近几年增长的趋势看，我国的健康服务业有

---

① 世界卫生组织国际癌症研究机构（IARC）发布了2020年全球最新癌症负担数据。

② 迟福林：《海南中日医疗健康产业合作大有可为》，《海南日报》2018年12月26日。

望在未来发展成为全球增长最快、规模最大的健康服务市场。估计到2030年，我国大健康产业市场规模有望达到16万亿元人民币。

我国健康服务消费需求的不断增长，形成中日健康服务业合作的重大机遇。日本已连续多年在世界卫生组织全球医疗水平评比中位居第一，并且相对于欧美发达国家，日本健康服务的理念、技术手段、习惯和标准等多方面比较符合中国居民的健康服务消费习惯和偏好。当前，日本已经成为中国居民境外健康服务消费的重要市场之一。在这个背景下，中日健康服务业的互补性将成为两国深化产业合作的重要领域，并具有巨大的合作潜力。

第二，海南有条件成为中日医疗健康产业合作的重要区域。一方面，随着国人对生态环境要求的不断提升，海南生态环境与气候条件优势全面凸显，全国城乡居民对海南的健康服务消费需求不断增长。"到海南过冬""到海南养老""到海南养生""到海南疗养""到海南深呼吸"等，开始成为相当一部分人的追求。另一方面，估计逐步会有越来越多的俄罗斯、中亚国家和东南亚国家中高收入者把海南作为健康服务消费的重要目的地。目前，来自俄罗斯、吉尔吉斯斯坦、乌兹别克斯坦、塔吉克斯坦、哈萨克斯坦、乌克兰等国的游客有所增多，其中相当一部分游客到海南享受中医药养生保健和康复疗养服务。

2013年，国务院就正式批复海南设立博鳌乐城国际医疗旅游先行区。2020年1月2日，日本奈良某医疗机构的理事长、院长及总经理参观完博鳌乐城后问我，为什么博鳌乐城的医院看不到患者，看不到专家，市场需求到底在哪？近几年，我一再呼吁在把博鳌乐城打造成为"国际性医疗硅谷"的同时，尽快将其某些政策在全省实施。这样，海南就可以为中日医疗健康产业合作提供重要条件。

第三，要在海南努力实现中日医疗健康产业合作的新突破。建议海南要率先引入日本医药、医疗器械、养老用品、保健品、健康管理服务、医疗服务、老年保健服务等标准体系，使日本的药品、医疗器械、老年产品、保健品及各种医疗健康服务技术能很快获批进入海南；海南要加快实现与日本健康服务行业管理标准、规范化技术和程序及市场监管执法标准的直接对接；海南要在国家的支持下，逐步扩大进口力度，在免关税从日本进口癌症药品及医疗器械的前提下，大幅度降低甚至取消进口环节增值税；海南允许具备资格条件的日籍医生在除博鳌外的岛内其他地区自由执业，允许经认定的日本医院通过远程手术等方式为海南相关医疗健康机构提供跨境医疗协作，允许具有相应技术技能的日本医护人员在海南就业；加快引进日本商业保险机构在海南设立分支机构，为海南医疗健康产业提供多样化、专业性、高品质的医疗健康保险服务；研究借鉴日本介护保险的经验，支持海南在全国率先建立长期护理保险制度；在海南探索建立中日健康职业教育联盟，通过委托代培、职业培训、教师互换等多种方式，加强与日本在健康管理、健康职业教育和健康服务技术研发等领域的全面合作，相关方面及企业联合在海南创建以健康检查、康复医疗为重点的中日健康小镇，为中日医疗健康产业合作提供示范。

（四）与企业、社会交流的几件事

2018年习近平总书记发表"4·13"重要讲话以来，找我的企业家很多。从我接触到的企业家的需求看，一是想了解海南自由贸易港的具体政策制度；二是想了解海南自由贸易港的未来发展前景；三是仍对海南自由贸易港建设预期持有疑虑，希望听听我的看法。我十分重视与企业家的交流和接触，在为企业家答疑解惑的同时，了解市场一线的情况和需求，也力争更多企业家到海南投资，更多企业落户海南。有的企业家还和我开玩笑："迟院长是海南招商引资的形象大使啊。"

1. 从唐宁会客厅的问题说起——如何看待海南房地产？

2020年6月29日，也就是《总体方案》公布1个月后，我受宜信财富创始人、CEO唐宁先生的邀请，在线上做客他的直播栏目——《唐宁会客厅》，他们想请我向企业家讲一讲海南自由贸易港建设这一千载难逢的历史机遇。事先对方团队给我发来了提问提纲，主要想了解，30多年来，如何为海南的发展与改革建言献策？为何在这一时间节点推出海南自由贸易港这一国家重大战略，有何深意？将带来哪些重大利好？对于企业、个人，海南自贸港的红利在哪？

我的同事告诉我，仅百度直播通道就有35万人在线。主持人会围绕企业家最关心的问题和我交流。直播在晚上7点半准时开始，没想到唐宁先生问我的第一个问题是："海南房地产还能不能买？内地人能不能在海南买房？"

我讲了几条：第一，海南是宜居之地，房地产有好的发展空间。海南目前只有不到 1000 万的常住人口，如果自由贸易港建设 10 年左右，有可能达到 1500 万左右的人口，再加上城乡一体化进程加快，使得海南房地产的需求不断提升。第二，为了防止房地产乱序发展对海南自由贸易港建设的冲击，采取了某些行政控制的办法，我认为这是短期不得已而为之的措施。第三，从长期来看，首先要解决好本地居民的保障性住房。要学习借鉴新加坡的组屋计划，使得海南本地人能买得起房、住得起房。与此同时，在政府的有效调控下有序地放开房地产市场。第四，海南房地产需要加快转型，增加服务型功能，要用市场化的办法满足多元化的需求。

这也让我联想到 2018 年习近平总书记"4·13"重要讲话后不久，海南有两件事情受到全国热议，一件事情是房地产限购，另一件事情是燃油车限售。也就在当年的 9 月 20—21 日，国务院参事室、中国行政体制改革研究会、中国经济体制改革研究会共同主办，新华网承办的以"改革开放再出发"为主题的 2018 年国是论坛上，有一位国务院参事向省政府官员发问："海南自由贸易港公布了几个月，除了限房、限车，海南有什么重要举措吗？"当时我在现场，看到这个情况，我对他讲："我对此的理解是，海南担心像国际旅游岛政策刚公布时，房价过快上涨会对自由贸易港开局产生大的冲击。所以这些限制政策是短期内的行政调控手段。但是从长远考虑，海南应主要用市场化改革的办法来解决经济生活当中的突出矛盾和问题。"

9 月底，中改院课题组形成了《形成海南房地产平稳健康发展的建议（16条）》。课题组建议，要按照短期与中长期结合的原则，以市场化改革为导向，以扩大土地供给总量和优化土地供给结构为核心，以保障中低收入群体住房为重点，加快建立多主体供给、多渠道保障、租购并举的新型住房制度。

专栏23　　《形成海南房地产平稳健康发展的建议（16条）》（提纲）

一、促进房地产中长期平稳健康发展事关海南自贸试验区和自贸港建设全局

1. 全局影响远大于局部影响
2. 长期影响远大于短期影响
3. 间接影响远大于直接影响

二、形成发挥市场在房地产资源配置中起决定性作用的基本格局

4. 坚持房地产的市场化改革导向
5. 谋划房地产市场平稳健康发展长效机制
6. 推进以"限"为主的行政手段向以"调"为主的经济手段转变

三、抓住土地资源有效供给这一核心问题

7. 扩大土地供给总量
8. 优化土地供给结构
9. 提高土地利用效率

四、重点解决中低收入群体的住房需求

10. 加大政府保障性住房建设
11. 加快发展住房租赁市场，采取租售并举的方式满足多元化住房需求
12. 多渠道、多方式解决人才房供给问题

五、相关建议

13. 研究制定《促进海南房地产稳定健康发展的专项方案》，成熟一个推出一个
14. 研究制定《促进海南住房租赁市场发展的专项方案》
15. 加强调研，充分借鉴国内外先进经验
16. 探索建立海南房地产信托投资基金（REITs）

资料来源：中政院课题组，2018年9月29日。

2. 让海南本地居民有获得感　分享自贸港红利

2018年5月，我在海南省图书馆为我院改革年度报告《二次开放》举行了一场新书讲座。没想到，讲座中一位海南籍的小伙子突然站起来："你不要再说了，我们不要这个政策那个政策，我们要住房、要收入！"这件事给我很大触动。

早在2009年，我就提出在海南全岛建立日用消费品免税区的建议，分别在全国政协十一届二次会议和五次会议上提交了提案。后来我也在多种场合呼吁允许本岛居民免税购买进口商品。我理解，海南国际旅游消费中心不仅是游客可以享受免税，本岛居民也应当享受这个政策。

2018年10月26日，在"高标准高质量建设海南自由贸易试验区"研讨会上，我建议加快海南免税购物政策的重大调整。在确保自用的前提下，放开对本岛居民购买免税产品的限制。

2019年10月25日，我在由中国特色自由贸易港研究院主办的"加快探索建设海南自由贸易港研讨会"的主旨演讲中建议，把日用消费品"零关税"作为"早期安排"的重中之重。在我看来，争取中央部委支持，尽快在日用消费品领域实行"零关税"的"早期安排"，有利于解决本岛居民收入不高但生活成本却高企不下的突出问题。在这方面，使海南广大城乡居民取得"早期收获"，其需求更为迫切、条件也比较成熟。同时，这也是加快建设具有世界影响力的国际旅游消费中心的重大举措。

3. 以"早期安排"取得"早期收获"

习近平总书记在多个场合一再强调"加快",我理解,很重要一点就是有条件落地的政策要尽快施行,某些"早期安排"要成熟一个推出一个;海南有条件做、能做的事要尽快行动。以做出海南自贸港建设的"早期安排"稳定各方预期,让内外资本、市场主体、创业创新者、本地居民都能增强获得感。

2019年10月21日,我在参加中国(海南)自由贸易试验区(自由贸易港)咨询委员会专家交流研讨会上提出,在当前国内外对海南自由贸易港建设高度关注的同时,仍然有某些观望、疑问甚至抱怨。在这样的情况下,如何对标世界最高开放水平,以"早期安排"取得"早期收获"十分必要,意义重大。我认为,以"早期安排"取得"早期收获"涉及几个重要问题:一是民生问题;二是产业开放与产业发展问题;三是人才问题;四是降低企业税费负担。

2019年10月25日,我在"加快探索建设海南自由贸易港进程研讨会"开幕式上作了题为"以'早期安排'取得'早期收获'——加快探索建设海南自由贸易港进程的建议"的主旨演讲,提出三点建议。

第一,以扩大服务业市场开放的"早期安排"取得产业发展的"早期收获"。长期以来,产业基础薄弱是制约海南发展的突出问题。海南多年的实践证明,没有产业的大开放就没有产业的大发展。加快推进自由贸易港建设,迫切任务是产业的高度开放。

第二,以实施"零关税"的"早期安排"取得制度创新的

"早期收获"。从 2020 年开始在相关服务贸易领域取得"零关税"的"早期收获";把日用消费品"零关税"作为"早期安排"的重中之重。

第三,以人才制度创新的"早期安排"取得广揽人才的"早期收获"。例如,探索实行政务官和事务官分类管理制度,事务官参照国际标准实行市场化薪酬待遇;除党政部门外,事业单位、社会组织等从业人员全部取消编制管理,全面实行聘用制。建议从 2020 年开始对医疗、教育、高新技术等行业的人才来源于海南的综合所得,个人所得税按照最高不超过 10% 的税率征收;对新引进的和本地的医疗、教育、高新技术等行业高层次人才,在海南取得的劳动所得,在一定时期内可以实行更低的个人所得税。

◇四 海南自由贸易港是一篇战略大文章

《海南自由贸易港建设总体方案》明确提出,"将海南自由贸易港打造成为引领我国新时代对外开放的鲜明旗帜和重要开放门户",这是中央建立海南自由贸易港的重大战略目标。在全球经济政治格局深刻复杂变化的大背景下,充分发挥海南地理区位独特以及背靠超大规模国内市场和腹地经济等优势,率先对接国际高水平经贸规则,实施全面深化改革和最高水平开放政策和制度,建设泛南海经济合作先导区,促进区域内生产要素自由便利流动,使海南成为中国深度融入全球经济体系的前沿地带,并在推进区域合作方面发挥独特作用。

（一）如何理解这一国家重大战略？

2018年6月，在中改院召开的"中国特色自由贸易港财税制度设计研讨会"上，当讨论到海南自由贸易港要实现"零关税、低税率、简税制"的财税制度时，一位来自某部委的处长发言说："海南实行一套单独的财税体制恐怕很难，面临如何平衡和处理与国内其他自贸试验区的关系问题。"这让我意识到，各方对中央建设海南自由贸易港的重大战略意图，认识并不到位。我在多个公开场合讲，建设海南自由贸易港绝不是海南的"自娱自乐"，也不只是一个区域经济发展战略，而是服务国家对外开放大局的国家重大战略。为什么说这是一个国家重大战略？我有自己的理解。

1. 打造制度型开放新高地

我理解，这几年中央关于"开放"有"三级跳"。第一，2018年习近平主席在博鳌亚洲论坛宣布大幅度放宽市场准入、主动扩大进口等四项重要扩大开放举措，明确提出服务业尤其是金融、汽车等方面扩大开放。2018年11月5日，习近平总书记在上海首届中国国际进口博览会进一步提出，"加快电信、教育、医疗、文化等领域开放进程"。第二，2019年，中央经济工作会议提出制度型开放，"适应新形势、把握新特点，推动由商品和要素流动型开放向规则等制度型开放转变"。第三，2020年，从深圳特区40年到浦东开发30年，习近平总书记提出，"深入推进高水平制度型开放，增创国际合作和竞争新优势"。党的十九届五中全会提出"更高水平开放"和"更高水平开放型经济新体制"。这几年，中央关于高水平开放的部署逐步清晰。

应该说，改革开放 40 多年来，我国推进以商品要素流动型为重点的对外开放取得了历史性成就。比如制造业的开放，五年前基本上能达到 95% 以上。2019 年，党的十九届四中全会明确提出，"推动规则、规制、管理、标准等制度型开放"。进入新时代，我国扩大开放的重点是制度型开放，扩大开放的重要标志是制度型开放。在这个背景下，如何理解《总体方案》提出的"引领我国新时代对外开放的鲜明旗帜"？我认为，很重要的一点就是在我国高水平开放的大背景下，将海南自由贸易港打造成为我国制度型开放的新高地。具体来讲，就是要主动适应国际经贸规则重构等新趋势，加快推进与高水平经贸规则、规制、管理、标准等对接，以高水平开放带动改革全面深化，走出一条制度型开放新路子，使海南自由贸易港成为引领我国新时代对外开放的鲜明旗帜。

2. 打造面向太平洋和印度洋的重要开放门户

中央 12 号文件指出，"适应经济全球化新形势，实行更加积极主动的开放战略，探索建立开放型经济新体制，把海南打造成为我国面向太平洋和印度洋的重要对外开放门户"。在当前经济全球化面临严峻挑战，区域一体化的趋势和作用日益凸显的背景下，将海南自由贸易港打造成为我国面向太平洋、印度洋的重要开放门户，就是要充分发挥海南自然资源丰富、地理区位独特以及背靠超大规模国内市场和腹地经济等优势，以加强海南与东南亚产业合作为重点，提升海南自由贸易港区域影响力。

第一，以构建数字经济网络为重点推进数字经济合作。加快海南与东南亚建立数字经济合作区，推动跨境数据有序便利流动，在以我国为主导的区域数字贸易规则方面作出重要尝试；以海南生态软件园为载体，加快建立海南自由贸易港数据交易所，提升海南在区域数据安全、监管、认证、定价、标准、交易等方面的能力水平。

第二，建立面向东南亚的热带农产品保鲜、加工、储藏基地。抓住未来3—5年的时间窗口期，依托我国较强的工业配套能力与14亿人的内需大市场，以热带农产品保鲜、加工、储藏加快推进农业工业化进程，打造面向东南亚的热带农产品保鲜、加工、储藏基地，形成区域性热带农业的重要影响力。

第三，以泛南海邮轮旅游为重点形成对东南亚旅游市场的辐射力、影响力。一方面，邮轮旅游对经济发展具有重要带动作用；另一方面，邮轮旅游合作将对泛南海形势产生重要影响。因为一艘邮轮可以带去一个旅游消费大市场。

第四，以洋浦港为依托，打造海上运输、储藏、加工、交易中心。以"中国洋浦港"为船籍港，加快航道网络建设；培育发展以集装箱为主的海上运输体系；依托海南自贸港，设立洋浦航运交易所，发展国际船舶登记交易、国际航运信息服务、航运运价交易、保税油供应；培育与航运相关的维修、加工、储藏及金融、保险等产业。

3. 打造"双循环"的重要枢纽

在我国加快构建以国内大循环为主体、国内国际双循环相互促进新发展格局的特定背景下,要充分利用14亿人的国内大市场,努力把海南自由贸易港建设成"双循环"的重要枢纽;要充分利用海南地理区位的独特优势,在促进中国与东盟更深程度经贸合作与更广范围人文交流中发挥重要作用;要充分利用海南自由贸易港的高水平开放政策优势,在加快发展以服务贸易为主导的现代产业中走在全国前列。在我看来,海南有条件成为双循环的重要枢纽,主要是基于以下考虑。

第一,海南自由贸易港有条件成为我国"双循环"的重要枢纽。 独特的地缘、资源优势决定其在国际经济贸易格局中的枢纽地位;最高水平的开放政策;5大自由便利政策+数据安全有序流动+"零关税、低税率、简税制";RCEP是海南自由贸易港建设的重大利好。因此,海南将成为区域开放合作新高地,率先取得RCEP框架下经贸合作的"早期收获"。

第二,成为中国与东盟国家商品与要素双向流动的大通道。 依托海南自由贸易港"零关税""原产地规则"等政策,鼓励支持东南亚企业围绕农产品加工、旅游商品、新能源设备、医疗器械、通信设备、工业机器人的加工制造等在海南投资设厂;依托服务贸易自由便利政策,强化服务业管理标准规则对接,积极引进优质的旅游、医疗健康、文化娱乐等资源,共同服务国内服务型消费大市场;依托"中国洋浦港"的特殊政策,通过共建港口联盟、共同制定豁免查验商品目录、共同实施"认可经营商计划"等方式加强与东南亚国家港口的对接,打造连接两个市场的航运枢纽港。

第三,成为连接中国与东盟国家优质要素的中转、交易、配

置大平台**。共建国际数据交易所；提供数字版权确权、估价、交易、结算交付、安全保障、数据资产管理等服务功能；建设知识产权交易所，立足各自创新发展需求，推进区域内知识产权交易；建设热带农产品现货期货交易所，为区域内国家和地区提供农产品交易、定价、价格指数发布、金融保险等服务。

4. 打造我国深度融入全球经济体系的前沿地带

《总体方案》要求，"加快建立开放型经济新体制，增强区域辐射带动作用，打造我国深度融入全球经济体系的前沿地带"。在我看来，新冠肺炎疫情严重冲击经济全球化，虽然全球化大趋势不会变，但全球化的走势会发生一些重要的变化。在这样的特定背景下，海南自由贸易港建设要对标当今世界最高水平的开放形态，实行更加积极主动的开放战略，全面对接国际高标准经贸规则体系，实施更大范围、更宽领域、更深层次的全面开放。

第一，"挑战性全球化"的特点突出，并且挑战前所未有。在疫情严重冲击经济全球化的背景下，以欧美为主体的大企业、大集团能不能来海南，确实要打一个问号。但是从国家战略层面看，在疫情使区域经济一体化趋势明显增强的背景下，这个时候公布《总体方案》，对于国家实施扩大开放战略将发挥重大作用。海南要主动对标国际高水平经贸规则，为我国积极参与全球经济治理体系变革提供重要经验。

第二，全球供应链本地化、区域化、分散化的趋势日益明显。发达国家将更加重视高标准、广覆盖区域经贸规则，为在全球经济竞争中赢得新优势，"零关税、零壁垒、零补贴"有可能成为美欧日等发达经济体经贸规则变革的基本框架。

第三，主动对标国际高水平经贸规则，为我国积极参与全球经济治理体系变革提供重要经验。率先在海南探索实施"零关税、低税率、简税制"，提升全球资源配置能力和全球服务能力；对标国际一流营商环境标准，全面实施自由企业制度，为全世界投资者、创业者打造开放层次更高、营商环境更优、辐射作用更强的开放新高地。

（二）构建"泛南海经济合作圈"

南海是所谓的"文明冲突"焦点，还是和平、合作的交汇点？我的看法是，推进泛南海经济合作进程是大势所趋。以海南自由贸易港为平台，以海洋经济产业合作为主题，打造21世纪海上丝绸之路沿线国家和地区海洋经济合作的新机制，形成区域内国家和地区经济利益的交汇点。

1. 提出"泛南海经济合作圈"构想

"一带一路"倡议提出后，中改院与中国社会科学院亚太与全球战略研究院、中国社会科学院蓝迪国际智库项目合作，分别于2015年4月15日、12月22日共同举办了"一带一路"中巴经济走廊战略研讨会和"一带一路"中国—伊朗合作发展国际研讨会。这两次研讨会让我对"一带一路"沿线国家和地区的现实需求有了更深的认识，对于海南如何更好地服务"一带一路"、推动区域合作有了进一步思考。

2016年7月，因为所谓"南海仲裁案"，我国经略南海的战略性、紧迫性明显增强。在这个背景下，我和我的同事就如何发挥海南在我国经略南海中的特殊作用开展研究。8月，形成了《抓住机遇　加快构建"泛南海经济合作圈"——建设21世纪海上丝绸之路的海南国际旅游岛》的研究报告，正式提出了"泛南海经济合作圈"的构想。

报告提出，海南地处南海要冲，战略定位凸显，海南要充分发挥自身优势，以构建"泛南海经济合作圈"为重点，以更大的开放实现海南与泛南海区域国家和地区间更大范围、更深层次的交往合作，将海南建设成为泛南海经济合作先导区，进而在泛南海区域形成由中国主导的合作开发新格局。

专栏24　"泛南海经济合作圈"

区域范围。"泛南海经济合作圈"在地域上涵盖南海、东南亚周边及太平洋、印度洋等局部地区，包含中国、越南、马来西亚、印尼、菲律宾、新加坡、文莱、泰国、柬埔寨、老挝、缅甸、东帝汶、澳大利亚、印度、斯里兰卡、孟加拉国等十多个国家与地区。

基本内涵。以服务"一带一路"建设为总目标，以海上基础设施互联互通为依托，以海洋经济和产业合作为主题，构建开放性的次区域经济合作网络，促进区域内生产要素和商品服务的自由流动。

合作目标。破题海上丝绸之路建设，重在南海，难在南海，突破也在南海。在南海合作渐成趋势的背景下，提出构建"泛南海经济合作圈"的战略构想，目的是通过广泛性、开放性、互补性的区域互利合作，增强互信，促进协调；目标是把南海建成和平之海、友谊之海、合作之海，打造"利益共同体""命运共同体"。

把海南建成泛南海经济合作的先导区，21世纪海上丝绸之路建设的战略支点、面向泛南海区域合作的重要门户、连接泛珠与泛南海的区域国际物流航运枢纽、以海洋产业和现代服务业为重点的产业开放合作基地、南海综合服务保障基地、泛南海区域开放合作交流平台。

资料来源：中政院课题组，2016年8月。

2017年，海南省《政府工作报告》提到，"加强与南海各国在海洋旅游、海洋渔业等方面合作，推动构建'泛南海经济合作圈'"。① 至此，"泛南海经济合作圈"在海南省内得到了广泛认可，并成为专家学者讨论的焦点。随着海南决策层对这一战略构想认识的逐步深入，以海南为中心，加快构建"泛南海经济合作圈"也逐渐成为新时期海南扩大开放的重大任务。

2. 突破口："泛南海旅游经济合作圈"

2016年6月29日，我应邀出席在韩国济州岛举办的中韩21世纪海上丝绸之路发展与合作方案国际研讨会。当时，从中韩共建21世纪海上丝绸之路的角度出发，我提出了"以海南、济州作为试点探索建立中韩旅游经济合作体"，"探索推进海南与济州岛旅游卡计划，实现两岛间旅游互通免签，共同打造'东亚双岛'旅游品牌"等具体建议。

2016年11月15日，中改院与中国社会科学院亚太与全球战略研究院、中国社会科学院蓝迪国际智库项目共同举办"一带一路"中国—印度尼西亚合作发展国际研讨会，我在会上提出了以中国和印尼为重要伙伴，共同构建"泛南海经济合作圈"的倡议，提出"以海南岛、巴厘岛作为试点，探索建立中国—印尼旅游经济合作体"。

2017年3月，在全国政协十二届五次会议上，我提交了大会提案《关于支持以海南为中心构建泛南海旅游经济圈的建议》。当

---

① 《2017政府工作报告——二〇一七年二月二十日在海南省第五届人民代表大会第五次会议上》，《海南日报》2017年2月26日。

时的考虑是：我国与南海周边国家和地区共建21世纪海上丝绸之路，首要的选项是以海南为中心构建"泛南海旅游经济合作圈"，而且以海南为中心构建"泛南海旅游经济合作圈"的条件成熟。为此，我在提案中建议：支持海南与泛南海岛屿经济国家和地区实现互联互通；支持海南与泛南海岛屿经济国家和地区发展海上旅游；建立泛南海岛屿经济国家和地区健康养生休闲旅游业联盟；支持海南实行旅游业项下的自由贸易政策；争取将"泛南海旅游经济合作圈"纳入国家战略。

在前期研究基础之上，2017年10月，受海南省旅游委委托，中改院课题组形成了《服务"一带一路"构建泛南海旅游经济合作圈研究》的研究报告。在这份报告中，我们提出了把"泛南海旅游合作圈"作为"泛南海经济合作圈"的突破口；明确"泛南海旅游经济合作圈"的内涵实质，即通过旅游业的扩大开放带动旅游及相关服务业的转型升级，打造国际旅游岛升级版；以旅游合作为联结纽带，通过广泛性、开放性、互补性的区域互利合作，增强互信，促进协调，致力于将南海建成和平之海、友谊之海、合作之海；以"泛南海旅游经济合作圈"打造"人类命运共同体"。具体建议有以下四点。

第一，以"泛南海旅游经济合作圈"推动形成我国在区域经济发展和规则制定方面的主导权。 中国作为亚太乃至全球经济发展的重要引擎，参与全球经济治理、主导区域经济秩序的能力日益增强。伴随"一带一路"的深入推进，我国将逐步推动建立具有开放性、包容性和公平性的国际生产分工体系和经济发展秩序。构建"泛南海旅游经济合作圈"，率先在泛南海区域打造由中国主导、经济相互依赖和融合的"利益共同体"。

第二，将海南建设成为"泛南海旅游经济合作圈"的核心枢纽。即将海南建设成为泛南海区域国际航运枢纽、泛南海邮轮旅游母港、泛南海健康旅游合作示范基地、泛南海旅游合作和人文交流平台、国际一流的海洋旅游目的地。

第三，构建"泛南海旅游经济合作圈"的重点任务。加快推进海南全域旅游发展；率先实现邮轮游艇产业开放；稳步推进三沙旅游开放；扩大健康医疗产业的市场开放；推进文化娱乐产业市场开放；加快海南国际购物中心建设；建立泛南海岛屿旅游经济合作体；提高基础设施互联互通水平。

第四，争取将"泛南海旅游经济合作圈"上升为国家战略。建立"泛南海旅游经济合作圈"是促进"泛南海经济合作圈"形成的重要突破口，且具有较强的可行性。建议对"泛南海旅游经济合作圈"进行顶层设计，建立高层次协调机制，形成各方广泛参与的合力。

（三）加强海南自由贸易港与东南亚国家交流合作

近两年来，我与我的同事把促进海南自由贸易港与东南亚国家的交流合作作为研究重点之一。我也在多个场合呼吁或建议推进以东南亚为重点的经贸合作，中改院先后提出了《将海南自由贸易港打造成为泛南海经济合作的重要平台（16条建议）》《推进海南自由贸易港与东南亚区域合作进程——打造"重要开放门户"的重大任务（15条建议）》《加强海南自由贸易港与东南亚国家的交流合作——打造"重要开放门户"的重大任务（8条建议）》《复杂多变的南海形势与海南海洋经济发展的战略策略选择》《提升海南自由贸易港对越南的影响力——打造"重要开放门户"的战略重点（20条建议）》《关于在海南建立面向东盟的区域性市场的建议》等多份政策建议、研究报告。

1. 新时期承担服务"重要开放门户"的重大使命

我理解，把海南打造成为我国面向太平洋和印度洋的重要对外开放门户，是中央建设海南自由贸易港的总体战略目标，实现这个战略目标的重大任务是以加强海南与东南亚产业合作为重点，提升海南面向泛南海区域的重要影响力。正是基于这个判断，我带领我的同事持续深化加强海南自由贸易港和东南亚国家交流合作的相关研究，并在公开场合提出自己的观点，力求凝聚共识，服务政策决策。

2020年9月，中国绿公司年会"共享自贸港新机遇"焦点论坛在海口召开，我受邀参加并在论坛上的主题发言中就加强海南自由贸易港与东南亚交流合作提出四点建议：一是以融入RCEP为重点，努力把海南自由贸易港打造成为中国与东南亚交流合作的重要枢纽；二是尽快开展重点产业项下的自由贸易，努力把海南自由贸易港打造成为中国与东南亚区域市场的连接点；三是以人员流动便利化为重点，努力把海南自由贸易港打造成为我国与东盟区域性国际人文交流中心；四是以完善支持政策为重点，努力把海南自由贸易港打造成为我国与东盟企业"引进来""走出去"的重要平台。

在 2020 年 12 月 22 日召开的中国（海南）—东盟 2020 智库论坛上，我在演讲中进一步提出，面对全球性、区域性政治经济格局的深刻复杂变化，加强海南自由贸易港与东盟国家的经贸合作，既有条件，又有需求。其中主要条件来自海南自由贸易港独特的地缘与区位优势和独特的政策与制度优势；重要需求来自在域外大国的干扰下，南海形势更加复杂多变，中国和东盟各国发展面临着不稳定、不确定的外部环境，泛南海区域比以往任何时候都更需要紧密的经贸合作与人文交流。

2. 建议中马、中菲合作先行

2019 年 8 月 5 日，中马建交 45 周年战略研讨会在中改院举行。我在会上作了题为"中马率先在泛南海旅游合作上实现重要突破"的发言。在我看来，在国际经济形势面临更多不确定性和风险的新背景下，中马率先携手共建"泛南海经济合作圈"具有重要性和现实性。把推动共建"泛南海经济合作圈"作为中马深化合作的重点之一，不仅有利于巩固发展中马双边睦邻友好关系，有利于各自的经济发展和民生福祉，而且对促进区域经济一体化、推动互利共赢的自由贸易进程等共同目标具有重要作用。在此考虑下，我提出了推进中马合作的五点建议：以共建"泛南海旅游经济合作圈"为突破口；率先推进海上基础设施互联互通；率先推进海洋、数字经济、健康医疗、职业教育等产业项下的自由贸易进程；在海南自由贸易港合作共建泛南海合作产业园区、中马自贸合作区；深化中马合作，智库先行。

参会的马来西亚战略与国际问题研究所主席、执行院长拉斯塔姆·穆罕默德·伊萨在论坛总结的时候提出，"本次会议最大的贡献是提出了'泛南海经济合作圈'，尤其是迟先生提出的中马两国可以率先在泛南海经济合作，比如在旅游合作当中实现突破，我表示高度认可"。

这项建议也得到了菲律宾有关方面的赞同。2019年10月，我受邀赴马尼拉参加第二届中菲关系圆桌会。在这次会上，我就推进中菲合作提出了五点建议：中菲共建"泛南海旅游经济合作圈"；中菲共同打造形式多样的泛南海自由贸易区网络；中菲合作实施农业项下的自由贸易政策；中菲合作推进泛南海能源合作进程；中菲以人员流动便利化为重点深化人文交流合作。一年后，中国人民外交学会和菲律宾外交关系委员会共同举办了"建交45周年：中菲关系新起点"中菲关系圆桌会。我在会上提出，建设南海共同家园，中国、菲律宾合作要发挥独特作用。我提出了几点具体建议，其中包括：加快形成以抗击疫情为重点的中菲公共卫生合作机制；中菲合作推进泛南海旅游合作进程；务实推进中菲社会交流合作的某些突破，例如在海南率先引入菲佣；尽快启动并达成中菲自贸协定。

3. 加强与新加坡的合作

2020年1月10日，我在相关报纸上看到这样一则信息，新加坡前外长杨荣文建议，在中国海南岛成立一个东盟与中国之间的南海经济合作区。我对此大为赞同。应该说，新加坡虽然是个地理面积上的小国，但是在做发展战略规划时总是能看得十分长远、格局十分广阔。

为更好地服务海南自由贸易港与东南亚区域合作大局，考虑到新加坡在东盟国家中具有重要影响力与话语权，并且在自由贸易港建设上有成熟的经验，对参与海南自由贸易港建设有较强的积极性，中改院积极主动与新加坡国立大学东亚研究所联系合作事宜。2020年8月5日，中改院与新加坡国立大学东亚研究所合作召开"海南—新加坡线上专家研讨会"，邀请我国与新方知名专家就海南自由贸易港与区域合作的相关议题开展交流研讨。应当说，这次研讨会进行了有深度、有意义的研讨。在这次研讨会上我发表了题为"推进海南自由贸易港与东南亚合作进程"的主旨演讲。总的判断是：海南自由贸易港将成为中国国内市场与以东南亚为重点的区域市场的重要连接点，将在促进中国与东南亚区域经贸合作、人文交流中扮演重要角色。我还提出推进海南自由贸易港与新加坡服务贸易全面合作的建议。

在演讲的最后，我提到，当前海南自由贸易港建设正处于起步阶段，在行政体制、立法体制、司法体制等重大基础性制度安排方面需要研究学习新加坡的经验。希望通过这次论坛，中改院与东亚研究所就自由贸易港建设、区域交流合作等双方共同关注的重大问题开展合作研究和对话交流，为深化中新合作、推动区域一体化进程提供智力支持，也为双方的合作找到一个新的突破点。这些合作意向得到了新加坡国立大学东亚研究所所长郝福满的高度赞同。

为进一步了解东南亚国家区域合作的现实需求，增强海南自由贸易港与东南亚区域合作的共识，2020年11月13日，中改院与新加坡国立大学等机构再次合作召开国际论坛。来自新加坡、菲律宾、印度尼西亚、马来西亚及国内相关领域的专家学者围绕"海南自由贸易港与东南亚区域合作"这一主题展开深入研讨。

◇五 主动有为,跳出海南发展"怪圈"

经常有人问我,海南如何跳出发展"怪圈"?什么"怪圈"呢?从海南的角度讲,认为中央赋予海南很多好政策,但由于相关部委放权不够,政策具体执行起来很困难;从相关部委的角度讲,中央给了海南很多特殊政策,关键是海南要用足用好。我认为,从实际情况出发,"怪圈"的主要矛盾在海南。如何跳出这个"怪圈",对于海南自由贸易港顺利开局至关重要。对此,我在2021年海南省政协分组讨论中就如何跳出"怪圈"讲了自己的看法。

(一)自由贸易港是一篇大文章,不能做小了

我曾在多个公开场合讲到,自由贸易港不是海南的"自娱自乐",不仅仅是一个区域发展战略,而是新时期的国家重大战略。这是一篇大文章,如何做好这篇大文章?我认为,海南只有自觉、主动地把握和服务大局,才能赢得各方的支持,才能增强各方对海南的信心和预期。

1. "打造成为引领我国新时代对外开放的鲜明旗帜和重要开放门户"是海南自由贸易港建设的重大战略目标

建省办经济特区之初,就研究如何将海南推向国际市场,探索建设特别关税区。当时的主要目标是通过大开放使海南由一个落后的欠发达地区迅速发展起来,用20年左右的时间赶上甚至超过台湾的经济发展水平。

建设海南自由贸易港是国家重大战略,如何理解?以两个80%为例。我国80%左右的对外贸易量是通过海上贸易完成的,海上贸易又有80%左右是经过南海航道的。未来全球政治经济格局的重点在亚太,亚太的焦点在南海,经略南海的关键在于争取一个和平发展环境,努力推动形成"泛南海经济合作圈"。海南的地缘优势决定了其在主要面向泛南海"重要开放门户"的战略地位。正是基于此,"将海南自由贸易港打造成为引领我国新时代对外开放的鲜明旗帜和重要开放门户"是国家重大战略。

海南要深刻理解习近平总书记指出的"在海南建设自由贸易港,是党中央着眼于国内国际两个大局、为推动中国特色社会主义创新发展作出的一个重大战略决策,是我国新时代改革开放进程中的一件大事"。要清醒地认识到建设自由贸易港是中央从国家战略大局出发赋予海南的一项战略任务,也是海南自身发展的历史性机遇,千万不能把这篇大文章做小了,不能把海南自由贸易港简单等同于区域发展战略。

我也观察到海南有这样一种认识,即认为建设海南自由贸易港就是做好"三区一中心"。我理解,"三区一中心"是海南发展的战略定位,即使不建设自由贸易港,海南也要建设"三区一中心"。自由贸易港建设对海南"三区一中心"发展提出更明确、更高的要求,需要更大的动力把"三区一中心"做好。我们不能仅仅从海南自身发展来看自由贸易港,更不能将海南自由贸易港建设直接等同于"三区一中心"。按照习近平总书记的重要指示,建设海南自由贸易港重在把握三个基本要求:一是对标世界最高水平开放形态;二是把制度集成创新摆在突出位置;三是解放思想,大胆创新。习近平总书记要求,中央和国家有关部门要从大局出发,支持海南大胆改革创新,推动海南自由贸易港建设不断取得新成效。什么是大局?我理解,将海南自由贸易港打造成为"引领我国新时代对外开放的鲜明旗帜和重要开放门户"就是大局。中央有关部委与海南都要从这个大局出发,齐心协力加快海南自由贸易港建设进程。若方方面面都能自觉地、主动地把握这个大局,海南就会跳出发展"怪圈"。

2. 加强海南自由贸易港与东盟国家的经贸合作与人文交流是实现战略目标的战略抓手

明确了国家重大战略目标,海南自由贸易港建设的主要抓手在哪里?实现国家重大战略目标的战略任务是什么?我理解,实现这个战略目标,首要任务就是使海南自由贸易港在我国与东南亚国家的经贸合作与人文交流中扮演特殊角色、发挥特殊作用,并且成为连接国内国际大市场大循环的重要枢纽。一方面,要加强区域经贸合作与人文交流,提升对东南亚国家的影响力。只有把区域经贸合作、人文交流这篇文章做好了,海南才能在实现国家重大战略目标中发挥特殊作用。另一方面,要抓住 RCEP 生效的时间窗口期,加强区域经贸合作、人文交流,以提升海南在区域合作中的战略地位。RCEP 签署后,我国对东南亚国家大部分的产品将逐步实现零关税。届时,东南亚国家的产品尤其是农产品的成本将低于海南,这对海南产业发展乃至自由贸易港建设将产生一定影响。《总体方案》要求海南建设"全球热带农业中心"。我认为,打造全球热带农业中心,关键在于在海南形成热带农产品保鲜、储藏、加工、运输等产业链和供应链,这将明显提升海南热带农业的竞争优势,为建设"全球热带农业中心"奠定重要基础。

2020 年 11 月 13 日,在中改院与新加坡国立大学东亚研究所联合举办的"海南自由贸易港与东南亚区域合作国际论坛"上,

2020 年 11 月 13 日,举办"海南自由贸易港与东南亚区域合作国际论坛"

新加坡前外长杨荣文提到"充分利用海南自由贸易港背靠巨大中国国内市场优势与开放政策优势，在海南省和东南亚成立一个自由贸易区，为中国—东盟建立更深的联系发挥作用，创建一个共赢的未来"。他的这个主张值得海南高度重视。

只有站在提升海南面向东南亚的区域影响力这个大局上，海南自由贸易港建设才会得到包括中央部委在内的方方面面的大力支持。我认为，如果海南自由贸易港在建设若干年之后其区域影响与辐射作用没有较大提升，即使海南GDP有所增长，也没有多大的战略意义。为此，海南要以加强与东南亚国家经贸合作和人文交流为重点实现区域合作的重要突破，要将海南的医疗健康、教育等产业开放与这个重大战略任务、战略目标相融合。

3. 要用足自由贸易港政策，放大政策效应

在我看来，当前海南自由贸易港建设正处于过渡阶段，需要通过释放政策效应来增强各方信心，需要明显提升用政策的能力。这是海南跳出发展"怪圈"的关键所在。

第一，扩大过渡性政策适用范围。比如零关税，建议对所有在海南注册的企业进口自用的生产设备实行"零关税"。我认为，依靠现在的海关监管技术，不可能再发生类似于过去"汽车走私事件"的情况。再比如个人所得税，根据现在的政策，2025年前"对在海南自由贸易港工作的高端人才和紧缺人才，其个人所得税实际税负超过15%的部分，予以免征"。其中，条件之一就是要求连续缴纳6个月以上社保以及签订1年期以上的劳动合同或聘用协议等劳动关系。这些限制性条件，容易给外界对自由贸易港的预期带来不利影响。海南要发展服务型经济、服务贸易，关键在人。因此，海南要适时扩大相关政策的适用范围。

第二，将某些政策适用范围扩大到海南岛全岛。当前，海南把11个重点园区作为推动海南自由贸易港建设的样板区和试验区，承载实施海南自由贸易港过渡阶段政策的重要任务。在园区先行探索试验固然重要，但从海南以往的实践看，园中园、区中区的实践效果并不好。例如，2011年建立了国际旅游岛先行试验区。9年多过去了，先行试验区成为一大败笔。我们要认真吸取这方面的经验教训，不能再盲目乐观。建议从现在开始对重点领域实行产业项下的自由贸易政策，所有符合条件的企业都可以享受自由贸易港政策，不一定非要进园区，这样就不会把政策做小了。以医疗产业开放为例，博鳌乐城国际医疗旅游先行区是海南的一大亮点，而中欧全面投资协定以及CPTPP都涉及医药产业的全面开放问题。能不能考虑把博鳌乐城国际医疗旅游先行区打造成为"国际性医疗硅谷"的同时，尽快把先行区的部分政策在全岛铺开。

第三，有些原则性的政策安排需要创造条件寻求具体突破。比如金融开放方面，跨境资金自由进出、资本账户下货币自由兑换是自由贸易港的重要特点。由于海南的经济基础相对薄弱，金融发展相对滞后，金融管理面临着各种各样的问题，目前还不具备金融全面开放的条件。怎么办？要创造条件走出金融开放这一步。当然，政策的落地关键在人，要加快引进培养一批懂专业、懂管理的金融人才。

4. 要解放思想，防止把自由贸易港这篇大文章做小了

海南自由贸易港是一篇大文章。无论是战略目标、战略任务，

还是政策运用，都一定要把它做大，都要坚持不懈的努力。这就需要我们在学习理解中央文件上加大力度，在领会中央精神上统一思想。我们总讲这个不能、那个不能，过分强调"管得住才能放得开"，不能搞黄赌毒、不能破坏生态环境等，其实这些和自由贸易港没有直接联系，不建设自由贸易港这些也绝不能做。更重要的是，我们要认真学习领会习近平总书记重要讲话精神，以中央文件为指导，进行再学习、再认识。解放思想的首要任务就是要对自由贸易港的战略目标、战略任务有一个再认识。

（二）自由贸易港是一篇长文章，不要做短了

建设自由贸易港，绝对不是一年、两年的事情，而是一篇着眼未来十年、二十年、三十年发展的长文章，千万不要把这篇长文章做短了，尤其是要防止急功近利、只管眼前、盲目乐观三种倾向。未来，海南要同各方一道，以久久为功的精神，在党的领导下，在社会主义制度范围内，打造一个具有较强竞争力和影响力的自由贸易港。

1. 处理好短期政策与中长期政策的关系

《总体方案》明确提出"本世纪中叶，全面建成具有较强国际影响力的高水平自由贸易港"的发展目标。如何做好这篇长文章，这就要求我们不能只考虑短期，眼光要放长远。凡是与自由贸易港建设不相适应的举措和政策，坚决不能出台；要按照自由贸易港的发展目标来谋划和实施海南自由贸易港的行动规划与具

体政策。

举个例子，由于海南岛屿经济体的产业发展落后，地方财政来源有限，造成对房地产的过度依赖，尤其是在国际旅游岛刚公布时期，短期炒作给中长期发展带来巨大的隐患。为此，我赞成2018年4月13日前后海南省出台的限购政策，我认为这是"短期不得已而为之的办法"。但是，从中长期看，海南房地产改革的核心的是推动转型，要从资本导向型转向消费导向型，这个转型的社会需求空间巨大。在这个前提下，海南房地产仍有大的发展空间，关键是在保障岛内居民基本住房需求的同时，用市场化改革的办法推进房地产的转型，由此推进海南房地产持续健康发展。

2. 不能盲目乐观，要保持头脑清醒，久久为功

这两年，海南在推进自由贸易港建设上确实取得了一定进展。由于原来的基础十分薄弱，外商投资和进出口贸易增速很快；受政策红利的影响，来海南注册的企业和来海南就业创业的人才数量也增长较快。但是，我们必须清楚地认识到自己的差距。比如，人均GDP和居民收入仍然低于全国平均水平；服务业转型升级的空间还很大，现代服务业比重仍然较低；营商环境虽有明显改善，但是离中央的目标要求和企业的实际感受还有相当大的差距。这就要求我们认清现状，直面问题，不能盲目乐观，要按照习近平总书记说的以"功成不必在我"的精神境界和"功成必定有我"的历史担当，保持历史耐心，发扬钉钉子精神，一张蓝图绘到底，一任接着一任干，持之以恒地把这篇长文章做下去。

(三) 自由贸易港是一篇实文章，不要做虚了

现在喊口号的事情太多了。我理解，把海南自由贸易港建设好就是最大的政治。海南自由贸易港建设处在关键阶段，现在确实需要直面问题，做一些实实在在的事情，尤其是在产业发展、营商环境、基础设施等方面取得重要突破，由此来稳定预期，增强信心。

1. 要在医疗、教育产业开放上取得重大突破

海南在哪些方面能够取得突破？这次政府工作报告提出吸引消费回流。未来5年，海南能不能成为吸引留学生回流的重要区域？实现这一目标，首先要有名校。中山大学在深圳办一所分校，深圳无偿给了5000亩地。深圳能够把这么大的土地面积批给学校，就是因为深圳已经把教育作为发展中基础中的基础。有一次在总理座谈会上，李彦宏讲由于雾霾，百度从硅谷吸引的大部分人才都走了。我说你可以来海南。他马上说，什么时候海南把老人的医疗解决了，把孩子的教育解决了，我首选海南。所以，医疗、教育是海南基础中的基础、条件中的条件。如果这些方面做得不好，很多事情包括产业发展、投资环境改善等都难以做好。

2. 不把实事做虚，核心在改善营商环境

我很赞同晓明书记说的，海南今天的发展是靠政策环境、靠

生态环境，今后的发展主要靠营商环境。海南着力改善营商环境、出台优化营商环境的硬措施，对增强内外对海南自由贸易港的信心至关重要。当前，在思想观念转变不到位、体制没有重大调整、懒惰作风没有根本改变的情况下，营商环境某些方面的改善是有限的，是难以持久的。在这件事情上，估计得严重一点比盲目乐观要好。目前，相当部分的企业和个人对海南建设自由贸易港疑虑大于信心。在这个情况下，需要海南尽快出台一些举措、实招，做出一些改变，以取信于各方面，进而增强海南自由贸易港建设的合力。

3. 在改善基础设施建设上要下大功夫

海南要建设高水平的自由贸易港，港口的基础设施起码要搞好。举个例子，前不久，我去秀英港口一看，感到无论从港口的硬件设施还是港口综合管理与对面广东的港口都有很大的差距，人车拥挤，而且不分流，既存在安全隐患，也影响整个通行效率。还有海南的高速公路也经常有凹凸不平、坑坑洼洼的情况，离建设国际一流的自由贸易港还有相当大的差距。为此，我建议海南一定要扎扎实实地把自己的基础打好。

（四）自由贸易港是一篇好文章，不要做歪了

历史上看，海南有过很多教训。从短期利益出发，急功近利，这是海南发展"怪圈"的重要症结所在。我们千万不能再急功近利，防止再出现把好事儿做砸了、做歪了，甚至把好事儿做坏了

的问题。

1. 不能急功近利,把好事做歪了

《国务院关于推进海南国际旅游岛建设发展的若干意见》曾提出,"探索发展竞猜型体育彩票和大型国际赛事即开彩票"。但是,这一条到现在也没有落实。为什么?刚出这个政策时,我到三亚出差,某星级酒店居然办了赌场,在饭桌上就有人给你发赌场券。博鳌乐城是全国首个允许接种宫颈癌九价疫苗的地区,一下子需求火爆。但由于监管不到位,2019年出现了"假疫苗"事件。若现在再出现类似事件,真的会把一件好事做砸了。现在各方疑虑海南、担心海南,就是担心海南从短期出发把政策用歪了。中央12号文件也提出"探索发展竞猜型体育彩票和大型国际赛事即开彩票",关键是怎么规范地把政策用起来。

再举个例子,在三亚的一个中小企业家座谈会上,我国的"面条大王"跟我说:"我到某市,投资局领导一句话就把我顶回去了,'我们不欢迎你这样的企业,我们有限的土地不搞一般加工业'。我还没汇报呢,他们就撵我走。"这些年,海南各方面都着急尽快把自由贸易港做起来,但是切记:海南不能从短期出发,不能从局部利益出发,把好事儿搞砸了、搞歪了,甚至搞坏了。这方面的教训太深刻了。

2. 重在提高用政策的能力

1990年,时任海南省省长刘剑锋提出"用政策、打基础、抓落实"九字工作方针。说实话,海南用政策的能力不足,的确是一个大问题。这需要把握全局，加强学习，提高用政策的能力和水平，把一件一件事情做好。以封关为例，封关是海南自由贸易港全面正式运作的重要标志之一，但是2025年前封关并不是一个绝对性要求，主要取决于条件。我有几点判断：第一，在疫情冲击、世界资本供给不足、全球跨境投资流量持续下降、我国外部环境明显变化的背景下，能否吸引全球优质资本，尤其是欧美大财团进入海南面临多方面不确定性。第二，海南在未来相当长时间内主要市场仍然在国内。第三，在全岛基础设施等硬件条件尚不完善、海关监管制度等制度尚未建立健全的情况下，过早封关有可能不利于海南与内陆市场的互联互通，并影响国内资本的流入。海南在相当长一段时间要吸引国内企业尽快到海南来，利用海南的政策打造面向东盟的区域总部。

（五）几点建议

基于以上四点考虑，在省政协小组讨论时，我就海南自由贸易港的建设提出了三点具体建议。

1. 尽快出台未来 5 年落实《海南自由贸易港建设总体方案》的行动计划

贯彻落实《海南自由贸易港建设总体方案》，出台海南自由贸易港未来 5 年过渡阶段的具体行动方案，以向国内外发出海南自由贸易港建设的行动信号，这有着特别重要的作用。

2. 加大力度，出台有利于营商环境改善的实招

建设一流的法治化、国际化、便利化的营商环境，是建设海南自由贸易港的首要关键。省、市（县）要陆续出台一些针对性的硬措施，并对2025年、2035年营商环境作出切实可行的行动规划，这对提振各方信心、增强发展动力十分重要。例如，实行政府政策承诺诚信制度，提高政府公信力；全面实行企业法人承诺制，实质性破解"准入不准营""重复审批""差异化审批"等矛盾问题，并以此大幅度降低企业办事成本。

3. 在海洋经济发展方面要下大力气

海南海洋面积占全国的2/3，但2019年全省海洋经济规模只相当于广东的8%、山东的11.6%。"十四五"时期，海南海洋经济规模要努力实现倍增，争取到2035年跻身全国海洋经济发展强省的前列。对此，要形成具体的行动规划。

◇六 我参加"4·13"的三次活动

（一）主持中改院主办的习近平总书记"4·13"重要讲话三周年研讨会

2021年4月13日，在习近平总书记海南重要讲话三周年，中改院举办了以"建立面向东盟的区域性市场——加强海南自由贸易港与东南亚国家交流合作"为主题的研讨会,就为什么建立面向东盟的区域性市场,如何尽快实现建立面向东盟区域性市场的重要突破,建立面向东盟的区域性市场的政策需求与制度创新等问题开展研讨。在这次研讨会上,我发表了题为"建立面向东盟的区域性市场——推进海南自由贸易港建设的关键之举"的主旨演讲。

2021年4月13日,中改院主办以"建立面向东盟的区域性市场——加强海南自由贸易港与东南亚交流合作"为主题的研讨,迟福林发表主旨演讲

1. 海南自由贸易港建设的重要抓手是尽快建立面向东盟的区域性市场

2021年3月我在出差的飞机上碰到了冯飞省长。在交流时,冯飞省长问我海南自由贸易港建设的重要抓手是什么?我说,这个重要抓手就在于建立面向东盟的区域性市场。在我看来,建立

面向东盟的区域性市场具有重要意义。

第一，建立面向东盟区域性市场的战略意义。一方面，面对经济全球化逆潮挑战，面对各方促进疫后经济复苏、联动发展的共同需求，建立面向东盟的区域性市场，有利于加强海南自由贸易港与东盟国家的经贸合作与人文交流；另一方面，东盟日益成为中美战略竞争的利益交汇点。海南加快建设面向东盟的区域性市场，将在实现国家建设海南自由贸易港的战略目标、服务国家战略全局中发挥独特作用。

第二，建立面向东盟区域性市场的全局作用。一方面，未来5—10年，中国14亿人巨大内需市场潜力释放将为包括东南亚国家在内的全球经济注入重要动力；另一方面，东盟已成为全球最具活力、最有潜力的市场之一。2014—2019年，东盟GDP年均增长5%左右，远高于世界2.9%、欧盟2.1%的水平。预计到2030年，东盟GDP总量将达到6.6万亿美元，成为仅次于美国、中国、欧盟的全球第四大经济体。在海南建立面向东盟的区域性市场，就是要充分发挥其在连接两个市场、两种资源中的重要枢纽、重要交汇点的独特作用。

第三，建立面向东盟区域性市场的重大影响。相比于内陆经济体而言，岛屿经济体大都有市场空间小、物流成本高、产业体系不完善、自我循环能力弱等先天短板。截至2020年11月30日，海南市场主体总量为115.9万户，仅相当于广东的8.9%；2020年，海南与东盟贸易额为34.3亿美元，仅占我国与东盟贸易额的0.5%。适应东盟市场在我国开放发展中的地位日益提升的大趋势，吸引人流、物流、资金流，做大海南经济流量，并取得中央方方面面的支持，使自由贸易港政策顺利落地，关键之举在于尽快建立面向东盟的区域性市场。到 2025 年，若我国与东盟贸易额与直接投资有 20% 左右在海南实现，将带来 1400 亿美元的货物流与近 50 亿美元的资金流，在明显提升海南经济流量的同时，也将使东盟成为海南自由贸易港的重要经济腹地，并为吸引国内外各类总部型企业集聚海南并开展相关业务形成"决定性"影响。

2. 在海南建立面向东盟的区域性市场既有需求、又有条件

面对全球性、区域性政治经济格局的深刻复杂变化，面对各方促进疫后经济复苏、联动发展的共同需求，依托海南自由贸易港独特的地缘、区位与开放政策优势，加快建立面向东盟的区域性市场。

第一，东盟国家关注海南自由贸易港建设。从东盟国家的意愿看，马来西亚、菲律宾均表示愿意与海南率先携手共建泛南海经济合作圈。2020 年 1 月，新加坡前外长杨荣文在东盟高级研讨会上建议，"一旦《南海行为准则》谈成后，东盟各国可考虑在部分或整个海南岛成立一个南海经济合作区"。特别是在疫情冲击下，以外向型经济为主导的东盟国家对借助中国市场实现自身经济复苏的需求有所增强。

第二，我国企业加大以东盟为重点的产业链供应链布局。在大国博弈加剧、我国经济进一步转型升级等内外因素共同影响下，东盟成为承接我国对外投资与产业转移的主要区域。2019 年，我国对外直接投资前 20 位国家中，有 7 个是东盟国家。特别是RCEP 签署后，以东盟为重点的对外投资合作趋势更加明显。2021

年1—2月，我国企业对"一带一路"沿线国家非金融类直接投资197.3亿元人民币，同比增长4.3%，且主要投向新加坡、马来西亚、越南、印度尼西亚等东盟国家。

第三，海南自由贸易港具有建立面向东盟的区域性市场的独特优势。 海南地处"泛南海经济合作圈"中心位置，具有自然资源丰富、地理区位独特以及背靠超大规模国内市场和腹地经济等优势，有条件成为连接中国市场与东盟市场的重要枢纽。2018年以来，推进海南全面深化改革开放领导小组办公室会同海南省和有关部门已发布110多份政策文件支持海南自由贸易港建设，为建立面向东盟的区域性市场提供重要条件。2018年4月至2020年3月，海南与东盟进出口额达到512.6亿元，与上个两年相比增长60.2%，是外贸整体增速（31.8%）的近2倍。同时，海南同乡会、海南会馆等海南元素社会团体遍布东盟地区，200多个东南亚华人华侨组织与海南保持着经常性友好往来。

第四，抓住RCEP的时间窗口期，以建立面向东盟的区域性市场尽快形成自身优势。 RCEP实施将为企业"走出去"利用东盟国家劳动力与资源要素提供更加稳定透明的制度环境。建议抓住RCEP全面落实前的时间窗口期，率先实现面向东盟的旅游、农产品、金融等区域性市场的重要突破，形成海南自由贸易港在中国与东盟经贸合作中的先发优势，并为中长期构建泛南海经济合作圈奠定重要基础。

3. 努力实现建立面向东盟的区域性市场的重要突破

具体来看，我认为海南建立面向东盟的区域性市场在五个方面可以实现重要突破。

一是依托国内旅游消费大市场，建立面向东盟的双边、多边旅游经济合作网络。这不仅具有较强可行性，且具有较大的带动效应。例如，受疫情影响，2020 年东盟国家国际游客数量与 2019 年相比大幅度下降：马来西亚减少 83.4%、泰国减少 83.2%、新加坡减少 85.7%、越南减少 78.7%、印度尼西亚减少 75%。中国旅游消费大市场成为东盟国家关注的重点。这就需要加快三亚国际邮轮母港建设，开通面向东盟国家的邮轮航线，为疫后构建国际邮轮旅游大网络创造条件；在疫情稳定的情况下，争取中央相关方面支持，率先与马来西亚、菲律宾、新加坡、越南、泰国等国家的岛屿地区开展邮轮旅游、滨海度假、海洋公园、海岛娱乐等形式的海洋旅游合作，构建双边、多边旅游合作网络；充分利用近期中央赋予的特殊开放政策，争取中央支持并协调与香港共建旅游消费产业链，使海南尽快成为面向国内及东盟的中高端免税购物消费、医美消费、文化娱乐消费等的主要承接地。

二是抓住 RCEP 时间窗口期，在海南建立面向东盟的热带农产品保鲜、加工、储藏、出口基地。RCEP 生效后，我国对东南亚国家大部分的产品将实现零关税。届时，东南亚国家的产品尤其是农产品的成本将低于海南。抓住这一时间窗口期，通过零关税和原产地政策进口东南亚国家的农产品在海南进行精深加工，使产品增值 30% 以上再免关税进入内地；利用海南自由贸易港低税率政策吸引国内外龙头企业建立一批集加工、包装、保鲜、物流、研发、示范、服务等相互融合和全产业链的农业产业化项目，在明显提升海南热带农业竞争优势的同时，形成对东南亚热带农业的影响力和辐射力。

三是依托特殊的开放政策，建立面向东盟的各类交易市场。一是争取中国证监会支持，在海南建立以天然橡胶为重点的热带农产品交易所。2019年，泰国、印度尼西亚、越南三国天然橡胶产量合计约占全球的70%。2019年，我国橡胶消费量占全球的40%。目前，天然橡胶期货交易在上海期货交易所，其年成交金额13.10万亿元。二是落实发改体改〔2021〕479号文件，加快建立海南国际文物艺术品交易中心。2019年全球艺术品市场交易量达到4050万美元，创十年新高。目前，我国可进一步挖掘的艺术品投资市场潜在需求大约2万亿美元，是目前全球艺术品市场总成交额的4—5倍。抓住支持建设海南国际文物艺术品交易中心的重大机遇，依托海南自由贸易港低税率政策，引入艺术品行业的展览、交易、拍卖等国际规则，加快建立中国海南国际文物艺术品交易中心，吸引国内外知名拍卖机构及投资者在交易中心开展业务，在通关便利、保税货物监管、仓储物流等方面给予政策支持。对此，建议海南尽快出台行动规划。

同时，争取中央支持在海南建立区域性知识产权与数据交易市场。例如，在海南全面适用《新加坡公约》等国际高标准知识产权保护规则，建立区域性知识产权交易所，积极吸引东盟国家的知识产权在海南开展定价、交易、融资等服务，并推动知识产权在海南或内地成果转化，以此吸引更多创新要素在海南集聚。依托中央赋予海南跨境数据安全有序流动的政策优势，研究建立面向东盟的数据交易所，开展数字版权确权、估价、交易、结算交付、安全保障、数据资产管理等服务，并争取中央支持赋予海南更加开放的跨境数据流动政策等。

四是用好银发〔2021〕84 号文件政策，抓紧在海南筹建区域性金融市场。例如，利用"支持符合条件的海南企业首发上市"政策，在海南建立面向"一带一路"的国际资本市场。建议尽快出台实施该项政策的行动方案，并使之尽快落地。由此，吸引有关国家尤其是东盟国家高成长性的企业进岛挂牌，打造对外投资便捷通道，服务包括东盟在内的企业投融资需求。利用"探索开展跨境资产管理业务试点"政策，在海南建立区域性的离岸财富管理中心，允许欧美知名理财公司在海南以独资、合资、合作等形式开办私人银行等财富管理机构；条件成熟时，建立面向国内市场与东盟市场的离岸财富管理中心。

五是适时放开面向东盟的劳务市场。菲律宾、印度尼西亚、柬埔寨等是全球劳务派遣服务大国。2019 年，中改院受省公安厅委托专门对海南引入外籍家政人员做可行性研究。通过调研发现，无论是吸引中高端人才集聚还是海南本地中高等收入群体，对家政、养老、护理等领域的劳务服务都有很大的需求。在研讨会上，有位专家提到他所在的职业技术学院办了一个学制三年的菲佣培训班，结果不到两个学期都被海南家庭请走了。为此，建议通过配额管理、完善社会治安管理制度等方式，在海南率先引入菲佣等技能型外籍劳工，为国际化人才和海南中高收入家庭提供优质家政服务。

4. 建立区域性市场的政策需求与制度创新

我的看法是，加快建立面向东盟的区域性市场，首要任务就是要尽快将《海南自由贸易港总体方案》的政策具体化。

第一，以完善支持政策为重点鼓励企业"走出去"。例如，对到东盟开展农业种植、资源加工等企业，考虑到其投资成本高，建设周期长，风险大，建议给予一定的财政贴息或一次性财政资金支持；针对"走出去"企业，设立海南自由贸易港对外投资基金；实行更加灵活的原产地政策，对在海南研发设计，在东盟国家生产、加工的产品，经海南进入内地免征进口关税；放宽"新增境外直接投资取得的所得，免征企业所得税"政策，将农业等企业纳入适用范围；对总部设在海南、主要业务在东盟国家的相关企业人才，将其在东盟国家开展商务活动的时间视为在海南居住时间，以此突破居住满183天的限制，享受最高不超过15%的个人所得税政策；对面向东盟的区域性总部企业在办公场所和重大项目的建设用地给予保障。

第二，对标CPTPP协定，在竞争中性、产业补贴、知识产权保护、环境标准等敏感领域形成探索性安排。建设国际一流的营商环境是吸引国内外要素集聚海南的关键所在。总的来看，RCEP协定的开放水平与CPTPP相比，仍有一定差距，突出表现在竞争中性、产业补贴、知识产权保护、环境标准等领域，这也成为我国加入CPTPP的主要掣肘。海南自由贸易港建设，对标世界最高水平开放形态，有可能、有条件率先探索CPTPP的相关规定，以高水平开放倒逼深层次市场化改革。

第三，以专业、高效、便利为目标构建区域性市场的服务体系。聚焦贸易投资自由化便利化，在海南专门成立区域性市场开发管理局，其性质为法定机构，实行企业化管理、市场化运作、目标绩效考核；为"走出去"企业开展融资、担保、争议解决等服务；用好"跨境资金池业务试点"政策，率先支持旅游、数字经济、商贸物流、医疗健康等领域企业跨境人民币余缺调剂和归集业务，建立重点行业境外投资及资金出入境审批的绿色通道，以此吸引东盟及欧美财团入驻海南。

（二）参加海南自由贸易港咨询委员会咨询座谈会

2021年4月13日，由中改院主办的自由贸易港研讨会从上午一直开到下午1点才结束，我在院食堂简单地吃了午饭，就赶去参加当天下午由沈晓明书记主持召开的海南自由贸易港咨询委员会咨询座谈会。在座谈会上，我结合当天上午的研讨，向沈晓明书记汇报了建立面向东盟区域性市场的基本思考和建议。

1. 短、中、长期谋划海南自由贸易港建设

我认为，海南自由贸易港建设有三件事非常重要。从短期看，海南一定要在低碳上有所突破。在2019年博鳌亚洲论坛上，沈晓明书记提出海南争取在2028年率先实现碳达峰，我当时提出海南能否争取2025年提前实现碳达峰。我认为，要在2025年实现碳达峰的目标关键是2025年全面取消燃油车，因为燃油车是碳排放的主要来源之一。我建议，今年博鳌论坛时，海南可以适时提出争取2025年率先实现碳达峰，且海南正在研究碳中和，争取领先全国若干年实现碳中和。从中期看，海南自由贸易港建设的核心问题是能否加快建立面向东盟的区域性市场。从长期看，海南能否率先试点 CPTPP 规则，进而适时推动泛南海经济合作进程。

2. 建议海南建立面向东盟的区域性旅游、商品和要素市场

在座谈会上，我用自己亲身经历的事例谈了谈建立面向东盟区域性市场的可行性、如何建立面向东盟区域性市场等问题。我认为，从现实情况看，国家发展改革委、商务部以及中国人民银行、银保监会、证监会、国家外汇局分别发布了《关于支持海南自由贸易港建设放宽市场准入若干特别措施的意见》《关于金融支持海南全面深化改革开放的意见》，给了海南很多政策。应当说，这个条件正逐步具备。

我提出建设区域性旅游市场可以把几件事情融合起来。一是与消博会融合起来。在我看来，首届中国国际进口消费品博览会将带动海南国际旅游消费中心建设进程。同时，中改院将在首届消博会期间发布《中国消费》年度研究报告，2022 年开始发布中国消费绿皮书，以此形成海南在消博会期间的亮点。二是与免税购物政策融合起来。我理解免税购物政策会进一步放宽，随着免税购物政策的不断放宽，海南有可能成为面向东盟、国内国际结合的免税消费品中心。三是与文化娱乐、医美、健康、教育等服务业融合起来。将上述领域综合考虑，海南建立区域性旅游市场前景广阔。

关于实现区域性商品市场建设的重要突破，我提出当务之急是要抓住 RCEP 全面落实的时间窗口期，尽快吸引国内企业到海南建立热带农产品包装、加工、保鲜、运输、储藏项目，将海南打造成为面向东盟的热带农产品保鲜、加工、储藏、出口基地，利用国内强大的制造业支持海南尽快提升农产品价值链，使海南处于农业产业链上游。如果这件事情能做成，海南将在建立区域性商品市场方面打开一个通道，并且为《海南自由贸易港建设总体方案》提出的"建设全球热带农业中心"找到突破口。

关于实现区域性金融市场的重要突破，我提出建立面向东盟的区域性市场，核心在于金融市场。尽管海南金融机构、金融人才严重缺失，但我认为机构、人才是跟着市场走的。建省初期，1990—1992年，每年进入海南的短期资本有200亿—300亿元，当时海南的金融机构、金融管理人才是全国最多的，就是因为海南有市场。但是由于当时海南没有明确的产业规划，导致短期资本流向房地产市场、股市，而流入房地产市场的短期资本也不是流向住宅，而是炒办公楼。为此，建议尽快细化《关于支持海南自由贸易港建设放宽市场准入若干特别措施的意见》《关于金融支持海南全面深化改革开放的意见》，并抓住一两个点尽快有所突破。

3. 中改院在促进建立面向东盟区域性市场方面正在研讨的几件事

座谈会上，我向沈晓明书记表态，为了加快推进海南建立面向东盟的区域性市场，中改院将配合省委省政府，把区域发展、区域开放战略作为研究重点。重点是做好三件事：一是深入开展海南建立面向东盟区域性市场的相关专题研究。二是研究海南率先在国内开展CPTPP先行改革试点，以更高水平开放倒逼市场化改革进程。三是加强与新加坡智库的合作。最后,我建议要高度重视海南的华人华侨。我特别提到了1988年我陪许世杰书记访问东南亚时,华人华侨对家乡领导的热情接待。这是海南在东南亚的重要"财富"。

(三)参加海南省高法座谈会

4月14日上午,我受邀参加海南省高院举办的"学习总书记4·13重要讲话3周年"座谈会。座谈会的主题是"加快形成法治化、国际化、便利化的营商环境和公平开放统一高效的市场环境"。我在座谈会上,就此谈了自己的几点考虑。

1. 建立公开透明守信的政务环境

当前,营商环境成为各方诟病海南的焦点问题。如何才能形成一流的营商环境?从现实情况看,提高政府信用是改善营商环境的首要关键。建议建立政府政策承诺诚信制度。政府公开承诺的政策一定要落实,不落实就要追责,这样才能树立起政府的信用。以此为突破点,打造一个公开透明守信的营商环境。

2. 建立高水平开放的大市场

对标世界最高水平开放形态是中央对海南自由贸易港提出的基本要求。"将海南自由贸易港打造成为引领我国新时代对外开放的鲜明旗帜和重要开放门户",是中央建立海南自由贸易港的战略目标。《总体方案》提出了海南自由贸易港要建立以"五个自

由 + 一个安全有序流动"和"零关税、低税率、简税制"为主要特点的开放政策体系。这些政策需要在高水平开放环境中实现，需要在实践中扎扎实实落地。

3. 制度型开放要明显走在全国前列

制度型开放，就是规则、规制、管理、标准与国际对接。尤其是在海南以服务业发展为重点、以服务贸易发展为主导的背景下，需要尽快实现规则、规制、管理、标准与国际对接，通过制度型开放倒逼制度性变革。海南要形成以现代服务业为主导的产业结构，核心是要在高水平制度型开放方面走在全国前列。

4. 在法治化环境建设上要有重要突破

只有通过高水平开放倒逼制度性变革，才能开创一个以高水平开放带动高水平法治建设的新局面。在我看来，最为急迫的有两个方面：第一，推进低碳发展的立法并严格执法。海南一定要在低碳上有所突破。第二，推进知识产权保护的立法。未来海南将促进和东盟国家之间的知识产权交易，这有一系列问题需要研究。在座谈会上我也表示，中改院将配合海南省高院在这些具有前瞻性的问题上开展合作研究。

◇七 如何客观总结海南三年来的重要变化

2021 年 4 月 13 日，是习近平总书记发表关于海南全岛建设自由贸易试验区、探索建设中国特色自由贸易港重要讲话三周年。各方关注的一个问题是海南三年来发生了哪些重要变化。我看到很多媒体对此作了系统报道，有提出海南主要经济指标好于全国平均水平的，有说三年来制度创新取得了重要进展，还有说营商环境得到明显改善。固然，有些数字很重要。但我认为，从历史比较看，以下三个方面的变化更具基础性、长期性意义。

(一) 确定了发展方向、找对了发展路子

33年走来，我最大的感受就是只有走向大开放，海南才有希望。在我看来，过去3年的首要变化是，海南在如何扩大开放方面找到了一条根本性出路。2018年4月13日，习近平总书记的重要讲话为海南的开放和发展指明了方向，确定了新路子。他提出，海南要对标全球最高水平的开放形态，建设中国特色自由贸易港。这是海南发展的根本出路。这对海南中长期建设具有决定性影响。如果没有这个大前提，如果海南再迟疑几年，就会失去很多重大机遇。所以，海南一定要牢牢抓住这次重大机遇，这对海南、对国家、对国际政治经济格局都将产生重要影响。

习近平总书记明确提出海南要以旅游业、现代服务业、高新技术产业为主导。以往关于海南产业发展有多次讨论。这一次，中央对海南产业发展方向作出了明确要求。我认为以旅游业、现代服务业和高新技术产业为主导，符合经济全球化大趋势、符合我国开放转型大趋势、符合海南实际情况。

(二) 内外投资者的高度关注

海南自由贸易港给各方投资者带来很好的预期，这对海南来讲十分重要。越来越多的企业家高度关注海南自由贸易港的政策信息和发展前景。应当说，这个关注度及发展预期过去从未有过。比如说金融产业，此前海南的金融产业相对滞后，但如今各类证券机构、银行机构，包括个人财富管理机构都在关注海南。在医疗健康领域，也有外国医疗健康类企业在海南落地兴业，因为他们意识到海南将成为中国高端医疗消费的重要目的地，市场前景将十分广阔。此外，海南还将打造成为中国奢侈品消费新天堂，通过消博会等平台进一步打造具有世界影响力的国际旅游消费中心。

从我的感受看，不少企业纷纷落户海南，但企业对具体投资什么项目、投资多大规模还有很多疑惑。有些老朋友、尤其是企业家给我打电话，希望我就海南自由贸易港政策落地信息和发展趋势给他们做一个解答。过去3年来，我几乎每天都要接待1—2波企业家，这成了我很大的"负担"。为此，中改院也设立了企业咨询中心，专门为企业提供相关咨询服务。未来，关键问题在于海南如何将吸引力转变成为现实的发展能力，海南如何以扎扎实实的行动赢得各方信任，吸引内外投资者主动投入到海南的大开放大发展中来，这一点至关重要。

（三）形成了上上下下支持海南自由贸易港建设的氛围

在当前复杂多变的国际政治经济格局的大背景下，海南的地缘优势和作用全面凸显。打造引领我国新时代对外开放的鲜明旗帜和重要开放门户是海南自由贸易港的战略目标。海南自由贸易港作为国家重大战略，得到了中央及相关部委的大力支持。第一，中央专门成立了由韩正副总理为组长的海南全面深化改革开放领导小组，这有利于协调方方面面的关系，形成合力。第二，3年来，中央及有关部委陆续出台了支持海南自由贸易港建设的政策文件，有些政策的含金量是很高的，在全国也是独一无二的。现在海南自由贸易港正处于推动具体政策落地的关键时期。第三，全国人大正在抓紧开展《海南自由贸易港法》的立法，这也充分反映了中央建设海南自由贸易港的决心。同时，海南自上而下形成了统一的思想认识。近年来，海南在如何打造法治化、国际化、便利化的营商环境等方面进行了探索，也取得了一定进展，比如企业自主登记制度等。

◇八　连续 20 年参加博鳌亚洲论坛年会

2021 年是博鳌亚洲论坛成立 20 周年。20 年前，博鳌还是一个名不见经传的小渔村。20 年之后，博鳌已成为关注中国、关注亚洲的一个窗口，博鳌亚洲论坛也已成为兼具亚洲特色和全球影响的国际交流平台。20年来，我一次不落地参加了每一届博鳌亚洲论坛年会，并见证了博鳌亚洲论坛从创立到发展的整个过程，也见证了博鳌亚洲论坛为深化区域合作、解决亚洲和全球问题发挥的独特作用。

1. 中改院与博鳌亚洲论坛的不解之缘

一个成功的国际性论坛最重要的是什么？在我看来，华丽的会场、良好的基础设施固然重要，但最重要的是它有没有吸引力，这直接取决于主题议题设置，这是学术活动的"灵魂"。我还记得2001年2月博鳌亚洲论坛正式宣布成立，并决定首届年会在2002年4月举行。但到了2001年9月，论坛尚未建立起自己的研究机构，首届年会学术筹备工作仍未启动。

在这种情况下，2001年9月14日，陈锦华同志在北京专门召开会议，正式交办中改院承担为论坛提供智力支持的任务。第二天，我从北京赶回后立即组织召开会议，组成论坛年会主题议题设计小组。随后的4天时间里，我们组织了5次内部讨论会，通宵达旦地讨论、修改，再讨论、再修改，提出了第一份主题议题和背景报告题目的征求意见稿，当时主题方案就准备了3个。9月20日，博鳌亚洲论坛秘书处时任秘书长辛格率团访问中改院，经过友好商谈，论坛秘书处以备忘录形式，正式委托中改院为论坛的智力支持机构，具体承担4项工作：一是根据双方会谈，细化主题，修改和补充议题；二是撰写论坛年会背景报告；三是推荐年会各个讨论单元演讲和主持的专家人选；四是组织一次论坛主题议题中外专家讨论会。

2001年9月20日，博鳌亚洲论坛秘书长阿吉特·辛格到访我院

当天下午，中改院就抽调一批研究骨干，组成工作小组，开始了夜以继日的讨论。我们用了3天时间，形成了用于征求各方意见的"首届年会主题议题建议稿""首届年会背景研究报告提纲"和"首届论坛年会中外嘉宾邀请名单建议稿"。9月21日，派人赴国务院发展研究中心、北京大学、清华大学、厦门大学、中国社会科学院、中国国际问题研究所、亚洲研究所等机构征求全国知名亚洲专家意见，整理提出了主题议题设计和相关背景报告的讨论稿。同时，为了更广泛地听取各方意见，中改院成立了亚洲问题专家委员会，由国内以及亚洲发展银行的知名亚洲问题专家组成，就主题议题及相关背景报告题目的建议等进行了讨论。

2001年9月29日，中改院形成的《博鳌亚洲论坛2002年年会主题议题讨论稿》中，形成了5个主题方案，其中第五个为"新世纪、新挑战、新亚洲"，这也成为博鳌亚洲论坛2002年年会的主题。为什么首届博鳌亚洲论坛要设置"新世纪、新挑战、新亚洲——亚洲经济合作与发展"这个主题呢？这主要是从当时国际，尤其是亚洲经济和国内的大背景考虑的。主题议题设计有了初步思路后，随后的工作就得到了较快推进。10月8日，中改院向秘书处正式提交4套文件的电子版。10月13日，中改院向秘书处提交了4套文件的中英文书面文本。10月30日当天，陈锦华同志还召开中方协调会，决定由中改院根据秘书处的委托，承办11月15日的主题议题专家学者讨论会。

11月15日，在中改院召开了由高尚全同志主持的专家学者讨论会，13个国家和地区的专家和官员出席。会议围绕中改院提交

2001年11月15日"博鳌亚洲论坛专家学者讨论会"在中改院举行

的 4 份建议进行了充分的讨论。当时中外专家认为，我们提交的文件基本反映了亚洲国家共同关注的经济社会发展问题，也对会议组织程序给予肯定，邀请函附有提交讨论的所有文件，体现了论坛年会主题议题形成的透明度和公开性。

在首届年会上，参会代表充分表达了加强亚洲区域经济合作的愿望和共识。有了第一次成功，第二次年会的议题设计又顺理成章地落到了中改院身上。直到 2006 年年会，中改院一直是其唯一智力支持机构，为年会提供主题议题方案设计，并积极参与相关活动。在博鳌亚洲论坛的议题设计中，中改院的专家做了大量工作。作为博鳌亚洲论坛年会初创阶段的智力支

受博鳌亚洲论坛秘书处的委托，2003 年 2 月 19 日，中改院在北京召开中改院亚洲专家委员会会议

持机构，我们建立了由 480 多名全球知名的亚洲问题专家组成的专家数据库。每届年会结束的 3 个月之后，中改院都会启动下一届年会主题议题的策划，向专家发函咨询对下一届年会主题议题的建议。

2004 年 2 月，博鳌亚洲论坛秘书处与中改院正式签署了"中改院作为博鳌亚洲论坛智力支持机构的协议"，明确了中改院参与制定年会议题、为年会提供工作人员、参与博鳌亚洲论坛秘书处组织的其他会议的议题设计、协助博鳌亚洲论坛秘书处建立专家委员会、承担博鳌亚洲论坛秘书处委托的其他服务等多方面的智力支持内容，我们还同意承担博鳌亚洲论坛秘书处在海南的联络工作，为秘书处在海南的工作提供后勤保障。作为博鳌亚洲论坛的智力支持机构之一，中改院的工作得到了各方面的广泛认同。现在回想起 20 年前中改院受命参与首届年会议题设计，我仍心潮澎湃。这 20 年来，所有论坛年会的证件我都留存作为纪念，中改院也保留了相当珍贵的博鳌亚洲论坛专项档案。

2. 博鳌亚洲论坛 20 周年受访《面对面》

2021 年 4 月 16 日，在博鳌亚洲论坛 2021 年年会前，我接受了央视《面对面》的采访。主持人董倩问我的第一个问题就是中国在 2001 年成立博鳌亚洲论坛的背景是什么、目标是什么、要解决什么问题？

2021年4月18日，央视新闻频道播出［面对面］专访迟福林院长——
迟福林：海南大文章

实际上，在正式成立博鳌亚洲论坛前三年，也就是1998年就提出了亚洲论坛的设想。首先，当时最大的一个背景就是受亚洲金融危机的严重冲击，亚洲GDP增速明显下滑。如何复苏成为当时亚洲及世界关注的首要问题。其次，亚洲各国共同关注的一个问题就是如何能在经济增长中实现共赢。最后，随着亚洲经济规模的快速扩大，全球对亚洲问题的关注度已越来越高。尤其是进入 21 世纪，亚洲面临哪些新问题、新挑战，如何判断亚洲的发展前景，全球对此高度关注。

我还记得 2001 年 2 月 27 日成立大会的前一天晚上，中央主要领导同专家学者站着聊了 1 个多小时，希望支持论坛，一定把它办好。我理解，中央如此高度重视博鳌亚洲论坛，就是要将其办成像达沃斯论坛一样，不仅具有亚洲影响力，而且具有国际影响力的一个"大平台"。20 世纪 90 年代初我曾去过达沃斯论坛，我当时都没有想到，这个在瑞士的小镇举办的论坛能够成为全球最受关注的论坛。在海南举办博鳌亚洲论坛，也正是借鉴了达沃斯论坛的成功经验，从全球的角度看亚洲，邀请全球的专家、企业家、官员来研究亚洲的问题，这是一个最核心的问题。此外，让更多的人，尤其是更多的企业家、专家学者来参会。

应当说，对于 20 世纪末、21 世纪初的中国而言，举办一个高水平国际性论坛的经验明显不足。而海南博鳌更是一片白纸，不仅基础设施严重滞后，而且严重缺乏举办大型国际论坛的经验。一开始大家不理解，为什么不将博鳌亚洲论坛放在北京、上海、杭州等其他城市举办。在我看来，海南是中国最大的经济特区，在亚洲具备独特的区位及地缘优势，这也是博鳌亚洲论坛落地海南的原因所在。事实证明，在海南举办这种国际性多方参与的高层次论坛是成功的。而论坛的成功举办，无疑也提升了海南的国际影响力。

3. 第 20 次参加博鳌亚洲论坛年会

我了解到，2021 年博鳌亚洲论坛注册参会人数达到 4000 人，与 2019 年的规模持平。应当说,在全球疫情尚未得到有效控制的背景下,举办这样一个如此高规格、大规模且以线下为主的大型论坛十分不容易。近年来,尤其是 2016 年以来博鳌亚洲论坛开始讨论全球性问题,博鳌亚洲论坛已从"区域"走向"全球"。直至今日,中国与世界的关系、中国在全球的地位和作用已经成为重大的话题。2021 年,大国关系之间的复杂变化以及中国坚持开放的多边主义的理念,都使博鳌亚洲论坛在创立 20 年之后有了更加广泛的探讨话题,被赋予了更为特殊的历史使命,这要求博鳌亚洲论坛不仅要对全球治理、"一带一路"建设等重大的国际经济社会话题作出讨论并提出解决方案,也要在此发出中国全面深化改革开放的信息与推进经济全球化、参与全球治理的重大信息。

2021 年 4 月 19 日,应邀参加博鳌亚洲论坛 2021 年年会并主持"RCEP:前景与影响"分论坛

4月18晚上,我从海口赶到博鳌,开始了忙碌的博鳌之旅。19日中午,我受邀主持"RCEP:前景与影响"分论坛。作为世界上人口最多、经贸规模最大、最具发展潜力的自由贸易协定,经过8年的艰辛谈判并最终签订,其发展前景如何?生效后对全球经济复苏、维护多边贸易体制、完善全球治理将产生哪些重要影响?这些都是国内外广泛关注的重大话题。在我看来,此次分论坛进行了比较有深度和充分的讨论,产生了很多重要观点。比如,RCEP的签订表明世界重心向亚太地区转移;同时,RCEP将对国内全面深化改革产生重要影响。在分论坛结束后,有两位国际组织的工作人员主动找到我讲这场讨论太有意义了,讨论的内容正是他们想要了解的信息。

4. 习近平主席主旨演讲再次提出推进海南自由贸易港建设

4月20上午,我在主会场聆听了习近平主席在博鳌亚洲论坛2021年年会开幕式上的视频主旨演讲。习近平主席从应对世界百年未有之大变局、积极推动构建新型国际关系的战略全局角度提出"推进海南自由贸易港建设,推动建设更高水平开放型经济新体制"。我在现场听了以后感到很受鼓舞,同时也感到压力和责任更大了。开幕式一结束,我接受了中央广播电视总台《新闻联播》的采访,谈了谈聆听习近平总书记讲话后的感受,我说道:"海南建设自由贸易港,已经成为中国高水平开放的新前沿、新高地,海南将在中国建设更高水平开放型经济新体制当中扮演重要角色。"

5. 博鳌亚洲论坛首次举办"全球自由贸易港发展趋势分论坛"

年会中，专门安排了主题为"大变局中的自由贸易港"的分论坛。中改院作为此分论坛的承办机构，在筹备阶段就议题设计、专家邀请等方面做了大量工作。4月20日下午，"全球自由贸易港发展趋势分论坛"召开，冯飞省长和商务部钱克明副部长分别作了主题发言。我作为此次分论坛的主持人，与国内外12位专家学者围绕经济全球化新形势与自由贸易港的发展、区域经济一体化趋势下的自由贸易港角色、全球自由贸易港模式比较、加快建设海南自由贸易港的重大政策与制度创新等议题进行了比较充分的交流。

为时仅一个半小时的论坛，请了十多位"大咖"参与讨论，他们提出许多有价值的意见。在这次分论坛中，我就海南自由贸易港与香港联手共建免税消费产业链供应链话题与香港贸易发展局总裁方舜文进行了交流。他认为，海南自由贸易港可以借助土地资源优势，在免税商品的仓储、包装、加工等方面积极布局，形成与香港的差异化衔接，并借助香港进一步优化消费环境，形成面向全球的免税产业合作大网络。我相信，如果海南与香港联手把这篇文章做好了，对促进建设国际旅游消费中心将发挥重要作用。

◇◇ 九 我对海南自由贸易港的未来充满信心

近一两年，时常有老领导和老朋友问我，为什么你对海南自由贸易港建设比较乐观，你的信心来自哪里？

第一，我的乐观与信心来自"国家重大战略"。海南自由贸易港建设作为国家重大战略需要倾注国家之力，共同做好世界上最大的自由贸易港这篇大文章，以使海南在泛南海合作、在整个亚太区域合作中扮演越来越重要的角色。

第二，从《海南自由贸易港建设总体方案》看，中央赋予了海南完整的对标世界最高水平开放形态的政策与制度体系，这也是与国内自由贸易试验区最大的区别。

第三，全国人大正在抓紧《海南自由贸易港法》的立法工作。我理解，这是海南自由贸易港建设的主体法，将使海南自由贸易港政策与制度体系得到法律保障，并赋予海南充分的改革开放自主权。

第四，从发展基础看，今天的海南已经不能与30年前同日而语。无论是经济实力、基础设施还是人员素质，都有很大提高。

（一）未来的海南开放水平是最高的

有一种议论，认为海南的政策虽然有些"特"，但是总体上看还没有深圳的"特"，如中央给深圳的授权比海南大得多。我并不认同这种观点。从现实看，目前深圳的营商环境、改革发展程度是海南难以与之比较的。但是，从长远发展目标看，中央要求海南自由贸易港对标世界最高水平的开放形态，加快建立与之相适应的一整套比较完整的、具有国际竞争力的开放政策和制度体系。什么叫世界最高水平开放形态？《总体方案》中提出的"五大自由便利"+"数据安全有序"+"零关税、低税率、简税制"，基本反映了"最高水平开放形态"的一般特征，这是深圳和国内其他自由贸易试验区都无法比拟的。

1. 贸易高度自由便利

形成以"一线放开、二线管住、岛内自由"为突出特点的贸易自由化便利化的海关制度安排。"一线放开、二线管住、岛内自由"是国际自由贸易港海关制度的首要特征。"一线放开，二线管住"也是我们建省初期研究"特别关税区"的一个最具体的制度安排。从海南自由贸易港实际看，海关制度设计要在有效防范经济金融风险的前提下，既要面向国际市场又要服务国内14亿人的内需大市场；既要保证海南与境外市场在各要素流动上的自由和便利，也要有利于海南与内地市场在各要素流动上的自由和便利。

2. 投资高度自由便利

实行以大幅度放宽市场准入为重点的投资自由化便利化的制度安排。最大限度地降低边境后准入壁垒，实质性降低企业制度性交易成本，以产业大开放推动产业大发展，是海南自由贸易港制度创新的重大任务。我理解，聚焦投资贸易自由化，这是自由贸易港制度安排的核心，也是海南自由贸易港与其他自由贸易试验区的不同所在。

3. 跨境资金流动自由便利

资金自由进出是自由贸易港的基本要素，是实现投资贸易自由化便利化的重要条件。建设海南自由贸易港，实现跨境资金流动的自由便利至关重要。

建省之初在研究特别关税区时,最复杂的是资金流动。因为海南的资金流量很小,在金融管理上的经验和人才缺失。能否在海南放开跨境资金流动的同时,又不冲击国内的金融市场,是面临的一大挑战。海南在20世纪80年代中前期发生的汽车事件,严重干扰了我国的外汇市场,全国的兑换券都流到海南。现在《总体方案》提出逐步走向跨境资金自由流动。

一是分阶段开放资本项目。要进一步完善自由贸易账户体系,构建海南金融对外开放基础平台;适应贸易与投资自由化便利化的需求,逐步放宽跨境融资、贸易结算、证券投融资、个人跨境交易等政策,提高货币兑换便利性,最终实现海南自由贸易港内非金融企业外债项下完全可兑换。

二是扩大金融业对内对外开放。在率先取消金融业外资股比限制的基础上,进一步放宽外资金融机构业务范围,逐步取消对外资金融机构经营范围单独设限的一系列规定,实现内外资银行公平竞争。支持在海南设立国际能源、航运、大宗商品、产权、股权、碳排放权等交易场所,加快发展结算中心、财务管理中心,加快发展海南自由贸易港住房租赁业务。

三是创新金融监管的体制机制。例如,建立混业金融监管体制,强化海南自由贸易港的宏观审慎管理和系统性风险防范;运用大数据、人工智能等技术手段发展监管科技,进一步强化创新监管与功能监管,提高海南自由贸易港的金融风险识别能力和系统性风险防范能力。

4. 人员进出的自由便利

聚集优质人才资源，尤其是现代服务业与高新技术产业领域人才资源，是推进海南自由贸易港建设的关键因素。实行更加便利的以移民与出入境管理政策为重点的人员进出自由便利的制度安排。这次《总体方案》对海南的人才问题有重要突破。

一是以实行单向认可清单制度为重点构建更加开放的引才引智制度。例如，率先在旅游业、现代服务业与高新技术产业领域内对主要发达国家实行专业资格单向认可，最大限度便利高层次人才来海南就业创业；建立市场导向的人才引进和认定机制。

二是允许符合条件的境外人员担任海南自由贸易港内法定机构、事业单位、国有企业的法定代表人。建议国资委率先选择有现代管理经验的外国人当一个国有公司的法定代表人。

三是建立健全人才移民服务管理制度。以放开菲佣为例。当前，各方对放开菲佣需求强烈。2019年11月，我在菲律宾参加中国外交学会召开的中菲研讨论坛的时候，菲律宾警察署原署长问我："迟先生，海南什么时候能放开菲佣？"我说，海南会在有条件的背景下，逐步放开菲佣市场，为海南家庭或者外来投资者提供便利。

四是实施更加便利的出入境管理政策。在现有59国免签政策基础上，尽快取消"旅行社邀请接待模式"，拓展入境海南免签事由范围，进一步延长免签停留时间等。在有条件的情况下逐步放宽免签国家。现在个人免签不需要旅行社，不需要团体，有适当理由就可以入境免签，按照《总体方案》，进一步延长免签停留时间，比如说邮轮可以有十五天的旅游时间。

5. 运输来往自由便利

以实施高度自由便利开放的运输政策为主要标志的运输来往自由制度安排。我们过去都谈三大自由，这次《总体方案》中是五大自由，其中一条就是运输来往自由。以"中国洋浦港"为船籍港，积极开展船舶进口、登记、交易、经纪与管理、信息咨询、技术鉴定、海事仲裁等业务。进一步拓展国际航线，加快建设具有较强服务功能和辐射能力的国际航运枢纽，不断提高全球航运资源配置能力。进一步放宽空域管制与航路航权限制，加快试点第七航权，取消船舶登记主体外资股比限制，取消船舶和飞机境外融资限制。深化与东南亚沿线岛屿地区在机场、港口、码头等方面的合作。发展多样化的船舶租赁、航运保险、航运衍生品等航运金融业务。

6. 零关税、低税率、简税制

第一，实行"零关税"。除法律法规和相关规定明确不予免税、国家规定禁止进口的商品外，对企业进口自用的生产设备，实行"零关税"负面清单管理；对岛内进口用于交通运输、旅游业的船舶、航空器、车辆等营运用交通工具及游艇，实行"零关税"正面清单管理；对岛内进口用于生产自用或"两头在外"模式进行生产加工活动（或服务贸易过程中）所消耗的原辅料，实行"零关税"正面清单管理；对岛内居民消费的进境商品，实行正面清单管理，允许岛内免税购买。全岛封关运作前，对部分进口商品，免征进口关税、进口环节增值税和消费税。全岛封关运作、简并税制后，对进口征税商品目录以外、允许海南自由贸易港进口的商品，免征进口关税。

第二，实行"低税率"。大家都很关心这个事。《总体方案》明确提出，从本方案发布之日起，对注册在海南自由贸易港并实质性运营的鼓励类产业企业，按15%减征企业所得税。对在海南自由贸易港设立的旅游业、现代服务业、高新技术产业企业，其2025年前新增境外直接投资取得的所得，免征企业所得税。对企业符合条件的资本性支出，允许在支出发生当期一次性税前扣除或加速折旧和摊销。

对在海南自由贸易港工作的高端人才和紧缺人才，其个人所得税实际税负超过15%的部分，予以免征。有人问哪些属于高端人才和紧缺人才？我认为总要有个办法，不能对所有人都要求在海南工作183天以上才能享受这个政策。比如，公司在海南注册的，并且在海南交社保的，取得海南长期居住证的，有海南户籍的，在海南工作期间有重要贡献的，是不是都可以列入政策适用范围。

第三，探索推进"简税制"。虽然《总体方案》只提了一个简税制，但海南在税收制度改革上肯定会走在全国的前列。一方面，海南自由贸易港税种有可能由目前的22种下降到六七种，有明显减少；另一方面，要明显降低间接税的比重，提高直接税的比重，税负水平会明显降低。

(二) 以服务贸易为主导的海南产业发展前景广阔

习近平总书记"4·13"重要讲话提出,"海南发展不能以转口贸易和加工制造为重点,而要以发展旅游业、现代服务业、高新技术产业为主导"。对此,各方面有不同解读。一种观点认为,这是为海南量身定做的。我认为这个观点有一定道理,但不全面。另一种观点,有人消极地认为海南做不了什么,无非是搞点旅游、免税购物。海南是一个工业化最不发达的地区,没有工业文明能发展起来吗?还有人认为,不搞转口贸易、加工制造,那还叫什么自由贸易港?这就涉及如何客观分析海南产业发展前景的问题。

1. 高质量发展服务贸易

我理解习近平总书记说的旅游业、现代服务业、高新技术产业都属于服务贸易范畴,所以提出以服务贸易创新发展为主导。首先,这是党中央着眼于国际国内发展大局,尤其是着眼于经济全球化的趋势和我国对外开放面临的突出矛盾做出的重大决策;其次,这是从我国对外开放全局,尤其是对外开放的短板出发,希望海南有所作为;最后,以服务贸易为主导的产业定位,完全符合海南的发展方向和实际情况。具体来看,有四个方面需要把握。

第一,**服务贸易是全球自由贸易的战略重点**。在经济全球化面临挑战的同时,全球服务贸易呈现较快发展的趋势。2008年国际金融危机之后,全球货物贸易增长率虽然有所反弹,但总体来看，货物贸易增速低于全球服务贸易增速，改变了过去货物贸易增速一直高于全球贸易与服务贸易增速的态势。具体来看，2010—2019年，全球服务贸易额年均名义增长4.8%，是货物贸易增速的2倍；服务贸易额占贸易总额的比重由20.3%提高至23.8%，提升了3.5个百分点。与服务经济占全球经济总量70%的比重相比，服务贸易占全球贸易的比重明显偏低，从全球来说，还有巨大提升空间。尤其是新兴经济体的经济服务化进程加快，将进一步释放服务贸易增长的潜力。过去讲制造业，主要是围绕"全球化、信息化、服务化"九个字来讲，现在则重点突出服务化。也就是说，制造业的服务化已成为制造业发展的突出特点和制造业核心竞争力的关键所在。比如从3D打印机，到机器人，再到人工智能的发展，都体现了这一点。

服务贸易对经济全球化的拉动作用十分明显。虽然目前全球服务贸易占贸易总额在24%左右，但占全球贸易80%左右比重的货物贸易中，有30%是由服务贸易带动的。简言之，现在的货物贸易离不开服务贸易。随着制造业服务化趋势日益明显，越来越多的服务被包含在货物中，并以货物贸易为载体实现跨境流动。为此，服务贸易发展水平在很大程度上影响着货物贸易的发展。

服务贸易成为全球经贸规则重构的重点。当前，全球贸易的主要障碍已不是货物贸易领域内的关税，而是服务贸易与投资领域内的监管、非关税壁垒以及市场的开放度，服务贸易自由化便利化水平将在越来越大的程度上影响和决定全球和区域自由贸易的进程和格局。2007年年底前签订的区域双边自由贸易协定中，涉及服务贸易内容的仅有56个，占同期区域贸易协定数量的

33.9%；2008—2020年签订的区域双边自由贸易协定中，涉及服务贸易内容的增加至998个，占比达到71.7%。前几年，我们一直在努力做一件事情，就是力争在建立中欧双边的服务贸易自由贸易区上起到一些重要作用。但是从2017年6月开始，形势发生了很大的变化。

第二，服务贸易是我国扩大开放的重点。我国社会主要矛盾的变化对服务贸易需求日益增大。主要表现在以下两个方面：第一，恩格尔系数发生明显变化。2020年我国的恩格尔系数下降到30.2%，食品支出明显减少。第二，消费结构发生明显变化。预计到2025年，城镇居民服务型消费占比有望达到55%左右，城乡居民服务型消费需求占比有望达到52%。老百姓对文化、娱乐、医疗、健康、教育、旅游、信息产品等方面的需求，也就是服务贸易需求比以往要大得多。通过考察可以看到，日本不仅在商场里建大药堂，而且在旅游景点也建大药堂，而大药堂的主要采购者都是中国游客。按照日本的统计，2016—2021年，到日本做健康检查、医疗检查的中国游客花费将达到350亿美元。同时，2017年我国赴日本游客将近800万人，日本到我国只有不到100万人。我国服务贸易的发展不仅要积极应对经济全球化所带来的挑战，更要满足我国社会主要矛盾变化对服务贸易日益快速增大的实际需求。

习近平主席在博鳌亚洲论坛2018年年会开幕式上的主旨演讲以及在庆祝海南建省办经济特区30周年大会上的重要讲话中，向全球发出了新阶段中国开放的重要信息，就是"扩大服务业特别是金融业对外开放"，并宣布了四大举措：大幅度放宽市场准入；

创造更有吸引力的投资环境;加强知识产权保护;主动扩大进口。

第三,符合全球知名自由贸易港产业转型的基本方向。从国际知名自由贸易港发展经验看,中国香港自由贸易港产业发展大致经历了转口贸易型、加工贸易型、综合型和跨区域综合型4个发展阶段。新加坡自由贸易港经历了从以转口贸易为主的完全自由贸易港向具有综合功能的有限自由贸易港的过渡。2005—2018年,新加坡服务业占GDP的比重由67.5%提高至73.8%;服务贸易占贸易总额的比重由19.2%提高至32.1%;服务贸易占GDP的比重由80%提高至106.8%。[①] 可以看出,绝大多数自由贸易港的起步阶段都以发展转口贸易或加工贸易为主,随着发展水平的提升,大多都向综合型的服务贸易转型升级。

第四,服务贸易创新发展符合海南发展定位。习近平总书记在庆祝海南建省办经济特区30周年大会上的重要讲话中指出,"现代服务业是产业发展的趋势,符合海南发展实际,海南在这方面要发挥示范引领作用。要瞄准国际标准提高水平,下大气力调优结构,重点发展旅游、互联网、医疗健康、金融、会展等现代服务业,加快服务贸易创新发展,促进服务业优化升级,形成以服务型经济为主的产业结构"。习近平总书记在讲话里对海南产业发展的定位十分清晰,相当明确。从实际情况看,海南具有独特的旅游资源,又是一个相对独立的地理单元,具备服务业市场全面开放与服务贸易创新发展的基础条件。我理解,服务贸易创新发展既符合国家战略需求的方向,也是海南这个岛屿经济体实现跨越式发展的现实选择。

---

① 根据联合国贸易和发展会议数据库计算得出。

2. 打好免税、健康两张"王牌"

第一张"王牌"是免税购物。关于这件事情,我和我的团队近年来一直在呼吁。我分别在全国政协十一届二次会议和五次会议上提交了《关于建立海南消费品免税区的建议》和《关于支持海南加快"国际购物中心"建设的建议》。2015年,《国务院关于积极发挥新消费引领作用加快培育形成新供给新动力的指导意见》提出"依托中心城市和重要旅游目的地,培育面向全球旅游消费者的国际消费中心"。我和我的团队再次提出《建立海南"消费品免税区"的建议(18条建议)》。在疫情冲击下,2020年海南离岛免税购物实现了翻倍增长。未来,海南离岛免税购物市场还会加快发展。建议在政府明确条件、严格规制的前提下,引入竞争,放宽免税经营主体限制,允许支持更多符合条件的国有、民营企业经营免税购物业务。此外,海南要与香港联手打造免税购物的产业链、供应链,以提升海南免税产品的质量、服务的标准并降低价格。

第二张"王牌"是医疗健康。应当说,教育、医疗是海南的"短腿",这几年虽然有较快发展,但由于基础差,与广东等发达地区比差距还很大。海南的教育、医疗不仅是基础产业,而且是基础产业发展的重中之重,是影响带动其他产业的产业。如果未来的5—10年,海南能够在教育、医疗健康方面上一个大台阶,就会极大地拉动相关产业发展。

我一直在呼吁将博鳌乐城国际医疗旅游先行区的某些政策尽快向全岛推开。2013年全国两会上,我向全国政协提交的《关于支持海南成为全国服务业综合改革试点省》提案中就专门提到这条建议。国家发展改革委等部委联合给予的答复中明确提出，如果海南省提出申请，可将博鳌乐城国际医疗旅游先行区中关于"境外医师在先行区内执业时间试行放宽至3年"等政策放宽至海南省全境。

可惜，这项建议一直没有被省里采纳。我认为，海南要建设成为具有世界影响力的国际旅游消费中心，仅一个博鳌是难以适应国内外不断上涨的健康服务消费需求的。从现实情况看，博鳌无论是旅游产品还是生活配套的供给在全省都不具备突出优势。为此我建议，在将博鳌乐城明确定位为我国"医疗硅谷"的前提下，尽快将先行区的大部分政策实施范围扩大到全岛，真正把海南建成一个中外游客都向往的"健康岛"。

3. 建设"智慧海南"

新一轮科技革命和产业变革正在重塑服务贸易发展业态。随着新一代信息技术不断突破和广泛应用，数字经济发展迅速。2019年我国数字经济占GDP的比重达到36.2%，[①] 估计未来几年可能会提高到50%左右，这为海南构建现代产业体系提供了重要条件。建议设立区块链技术国家级实验室；依托互联网信息产业园，建立国际数据交易所，打造数字贸易交易促进平台，拓展与国际标准相接轨的数字版权确权、估价、交易、结算交付、安全保障、数据资产管理等服务功能；加快推进优势特色服务贸易内

[①] 《中国数字经济发展白皮书（2020年）》。

容数字化转变；推进服务贸易支付模式数字化转变，加快在服务贸易领域推广第三方支付、移动支付、云端交付等数字交付方式，在以服务贸易为主导的产业发展上走出一条新路。

4. 建设全球热带农业中心

热带农业高度依赖于先进制造业、现代服务业、高新技术产业。应当说，建省办经济特区30多年来，海南的热带农业有了较大变化，突出反映在品种革命上。以杧果为例，30年前海南杧果主要是小小的"鸡蛋芒"。今天，外面有的品种海南基本都有。但是，虽然品种革命了，生产方式却没有发生重大变革。为什么？因为海南农业的工业化水平太低。

《总体方案》要求海南建设"全球热带农业中心"。我认为，打造全球热带农业中心，关键在于能不能在海南形成热带农产品保鲜、储藏、加工、运输等产业链和供应链，将海南打造成为面向东南亚的热带农产品保鲜、加工、储藏基地。就是说，海南要成为全球性、区域性热带农业中心，要走"热带农业＋制造业＋数字经济"的现代热带农业发展之路。如果把这件事情做成了，将明显提升海南热带农业的竞争优势。

（三）海南会成为营商环境最好的地区之一

我理解，市场主体能不能"活起来"，产业能不能"做起来"，直接取决于营商环境；改善营商环境是海南落实自由贸易港高水平政策制度的一个关键性因素。制度、政策再好，没有好的营商环境，实施效果照样会大打折扣。评价一个地区营商环境好不好，企业最有发言权。尽管海南的营商环境离中央的要求、离企业的实际预期还有比较大的差距，但是我相信，只要海南能按照习近平总书记的指示，把制度集成创新摆在突出位置，实现重要突破，未来是有条件成为国内营商环境最好的地区之一。对此，要有信心。

1. 引导企业跳出短期看中长期

在实际接触中，我看到有些企业比较茫然。比如，在中国企业家俱乐部举行的第四期"线上绿盟圆桌会"上，有企业家直截了当地提出"海南的问题是政策难以落实、行政效率低下，以我正在办理的在线教育相关证件为例，在湖北是 12 天，在海南已经三个月了，还没有摸到门"。

《总体方案》要求"到 2025 年营商环境总体达到国内一流水平；到 2035 年营商环境更加优化"。我估计，海南再有三年到五年的时间将成为国内营商环境最好的地区之一。为什么这么说？因为它要向自由贸易港过渡。比如说，基本实现零关税、低税率、企业自主登记制度等，会为企业创造国际化的营商环境。再比如，海口把企业注册登记的时间由一周变为一天。更重要的是，政府能够主动为企业发展服务。海南正在向好的方向发展，不要看眼前，要看未来三四年后的变化。更重要的是，用不了几年，海南将成为全国最好的医疗健康服务的重要基地。这为各类企业提供重大投资机遇的同时，也为企业留住人才提供重要条件。

为此，我在公开场合一再鼓励岛内外的企业跳出短期看中长期，立足海南、着眼长远、把握机遇，投身海南新一轮的改革开放事业，在为海南发展做出自身贡献时，也分享海南改革发展的红利。

2. 把制度集成创新摆在突出位置

自由贸易港的制度集成创新，既涉及经济运行的体制机制，又涉及行政体制、社会治理体制、司法体制、立法体制等。以新加坡为例，它有16个政府部门、67个法定机构，建立了一个专业、权威、高效的行政体制、司法体制和立法体制。这些重要的体制安排，值得海南研究、借鉴。如何形成与最高水平开放形态相适应的体制安排？我的观点是：一是以建设高效政府为重点推进行政体制改革。二是深化市场化改革。建立健全公平竞争市场制度，强化竞争政策基础性地位；打造公开、透明、可预期的投资环境；统筹强化产权保护与知识产权保护。三是打造共建共治共享的社会治理格局和高效的社会治理体系。四是探索推进适应海南自由贸易港建设的司法体制改革。比如适应自由贸易港，成立知识产权法院，加快推进数字法庭，等等。

3. 海南自由贸易港法的法律制度保障

我理解，立法是制度集成创新的最高层面、最关键所在。30多年的实践一再证明，政策与体制的不相适应是海南改革发展的突出矛盾。例如，国际旅游岛赋予了海南离岛免税购物政策，但决定权不在海南，每增加一分钱、一个品种，都要由相关部委批准决定。只有赋予海南更充分的改革开放自主权，才能从制度安排上解决长期以来存在的政策与体制不协调的突出矛盾。

全国人大常委会第二十四次会议对《中华人民共和国海南自由贸易港法（草案）》进行审议。我认为，这个法应当成为海南自由贸易港建设的基本法，用该法协调除宪法外的其他法律法规；应当对标自由贸易港的一般特征，成为一部最高水平开放法；应当成为一个授权法，赋予海南更大、更充分的改革开放和经济发展自主权；应当成为适应经济全球化大趋势、适应全球自由贸易发展大趋势的一部创新法。

按着习近平总书记提出的"对标世界最高水平开放形态""把制度集成创新摆在突出位置""解放思想、大胆创新"的基本要求，以"功成不必在我"的精神境界和"功成必定有我"的历史担当，保持历史耐心，发扬钉钉子精神，一张蓝图绘到底，一任接着一任干，就一定能把海南自由贸易港建设好，完成好中央赋予海南的"打造成为引领我国新时代对外开放的鲜明旗帜和重要开放门户"重要战略目标。对此，我充满信心。

结　语

　　有责任才会追求，有情感才会坚守。建设自由贸易港是海南千载难逢的历史机遇，在这样一个重大历史机遇到来的时候，需要每一个在海南工作、生活的人，为海南的明天做出自己的贡献。

　　三十三年来，我从未放弃对海南改革开放重大问题的研究，并且尽可能客观地发表自己的见解。应当说，我保持了这种风格。我很喜欢海南本地一些干部对我的评价："老迟来海南30多年了，人没有走，观点也没有变。"听到这两句话，我真的感到很欣慰。改革开放是我们这一代人为党和国家、为老百姓做事的一个历史机遇。因此，我的人生目标很明确，成长在改革开放时代，有责任为改革开放事业贡献自己的一生。我总体上是很幸运的、顺利的。当然，幸运、顺利当中经历一些挫折，也是难免的。但是，这些从来没影响我。因为我坚信，按照党和国家的要求从事改革开放研究这个崇高的事业，无愧于自己，无愧于信仰，无愧于时代。今天我也可以说，无愧于海南，无愧于海南百姓。

　　回想起来海南之时，说好的2年就回北京，如今一晃却已是33年过去了。从特别关税区到自由贸易港，走向大开放，是我

33年来建言海南的一条主线。一个岛屿经济体，要发展关键在于开放；要发挥在国家改革开放中的旗帜作用，更在于开放。作为一名学者，我热爱海南、痴心这片热土。同时，能为这片热土奉献一生，我感到很欣慰、很幸福。我心底，真的感到一个字："值！"